幇助犯の
規範構造と処罰根拠

Normtheoretische Struktur und Strafgrund
der Beihilfe

小島秀夫
Hideo Kojima

成文堂

はしがき

　本書は、2012年3月に明治大学大学院法学研究科から承認を受けた博士学位論文に、その後公表した論文を加え、必要な修正を行った上でまとめたものである。

　若輩ながら日本の刑法学を概観する限り、幇助犯に関する研究は依然として表面的であるとの感が否めない。検討の多くは、共犯の処罰根拠論が出発点とされているように思われるからである。しかし、そもそも刑罰法規は、いかなる（人間の行動としての）行為が禁止され、あるいは許容されるのかを明らかにする規範として解釈されている。そうであるならば、論理的に一貫した解釈論的結論を提示するためには、規範論、すなわち規範を通じて展開される刑法理論を出発点とすることが、決定的に重要であると考えられよう。本書は、こうした規範論に基づいて、幇助犯の構造や処罰根拠を論究したものである。その成果として、絶望の章ないし暗黒の章と称されてきた共犯論に一筋の光が差し込まれるならば、望外の喜びである。

　さらに本書では、幇助の故意に着目して、幇助犯に関わる主要な論点を考察している。従来の理論的な研究が幇助の因果関係に着目していたことからすれば、このようなアプローチは、いささか奇妙に思われるかもしれない。しかし、因果関係の起点となる実行行為には故意が内在している。幇助犯としての可罰性の限界を理論的に明確化するためには、因果関係にとどまらず、故意に関する問題も主題的に取り上げる必要があるだろう。

　とはいえ、一冊の書物としてまとめてみると、残された課題が全くないわけではない。それでも、このような形になるまで研究を続けることができたのは、数多くのご指導やご鞭撻の賜物に他ならない。とりわけ、私の指導教授である増田豊先生には、格別の謝意を申し上げたい。

　幇助犯に関する私の研究史は、2005年に行われた博士前期課程の授業にさかのぼる。当時、ドイツ語文献（*Urs Kindhäuser*, Strafrecht Allgemeiner Teil, 2005.）の輪読に参加していた私は、共犯の処罰根拠に関する記述が、

日本の著名な教科書に書かれている内容と異なる点に疑問を抱いた。その点を質問すると、増田先生は、学部時代に習得した判例や通説を批判的に考察することの大切さについて、優しい語り口でご指導下さった。私はその時、真の知識を修得できたことに感動し、共犯の中でも幇助犯の研究に取り組むことを決めた。そして、学界の注目を集める先生の規範論は、今こうして本書のエッセンスとなっている。学問の父である先生には、今後も研究活動に励むことで親孝行する所存である。

また、本書の刊行を強く勧めて下さった（故）三原憲三先生と（故）津田重憲先生にも、この場を借りて謝意を述べたい。明治大学のリベラルな校風を愛していた三原先生や津田先生からも、若手の自由な研究のためにご尽力を賜った。両先生にも本書を直接ご高覧いただきたかったが、今日その望みを叶えることができないのは、大変残念でならない。

さらに、着任以来、自由な研究活動のためにご配慮いただいている大東文化大学法学部の先生方にも御礼を申し上げたい。特に山本紘之先生からは、本書の内容についても有益なご意見を賜ることができた。

本書の刊行に際しては、成文堂の阿部耕一社長、阿部成一専務取締役をはじめ、編集部の飯村晃弘氏から一方ならぬご助力にあずかり、深く感謝申し上げたい。また、校正に関しては、竹内健互氏（駿河台大学法学部専任講師）、植田俊太郎氏（明治大学大学院法学研究科博士後期課程在籍・明治大学法学部助手）、田村翔氏（明治大学大学院法学研究科博士後期課程在籍）から、きめ細かなチェックを受けることができた。ここに記して謝意を表したい。

最後になってしまったが、研究活動の源泉となっている父・康男、母・秀子、弟・栄次にも、心を込めて感謝したい。ありがとう。そして、研究者への道に進むことを温かく見届けてくれた亡き祖母・春野に本書を捧げたい。

2015 年 1 月

小 島 秀 夫

目　次

はしがき

序　章 …………………………………………………………………… 1
 Ⅰ　刑法の課題と幇助犯の成否をめぐる議論との関係 ………… 1
 Ⅱ　犯罪論の試金石としての幇助犯論 …………………………… 3
 Ⅲ　本書のパースペクティヴ ……………………………………… 4

第1章　正犯・共犯の構成モデルと共犯の規範構造 ……………… 8
 Ⅰ　はじめに ………………………………………………………… 8
 Ⅱ　統一モデル ……………………………………………………… 8
  1　統一的正犯者概念 …………………………………………… 9
  2　批判的考察 …………………………………………………… 12
 Ⅲ　区別モデル ……………………………………………………… 16
  1　拡張的正犯者概念 …………………………………………… 17
  2　制限的正犯者概念 …………………………………………… 19
  3　検討 …………………………………………………………… 21
 Ⅳ　過失犯における構成モデル …………………………………… 24
 Ⅴ　まとめ …………………………………………………………… 29

第2章　共犯の処罰根拠 ……………………………………………… 31
 Ⅰ　はじめに ………………………………………………………… 31
 Ⅱ　共犯の処罰根拠に関する学説の展開 ………………………… 32
  1　堕落説 ………………………………………………………… 34
  2　惹起説 ………………………………………………………… 39
  3　連帯説 ………………………………………………………… 43
 Ⅲ　共犯従属性の体系的地位と共犯の処罰根拠 ………………… 44
  1　不法要素説 …………………………………………………… 45

　　　　　2　処罰条件説 ………………………………………………… 48
　　　　　3　共犯独立性説の再検討 …………………………………… 51
　　　　　4　共犯従属性の観点からみた共犯の処罰根拠 …………… 54
　　　　　5　質的従属性の一考察 ……………………………………… 60
　　　Ⅳ　まとめ ……………………………………………………………… 66

第3章　共同正犯と幇助犯の区別基準 ………………………………… 68
　　　Ⅰ　はじめに …………………………………………………………… 68
　　　Ⅱ　従来の対立――客観説と主観説 ……………………………… 70
　　　　　1　客観説 ……………………………………………………… 70
　　　　　2　主観説 ……………………………………………………… 75
　　　Ⅲ　行為支配説の現状 ……………………………………………… 79
　　　　　1　行為支配説の二つの潮流 ……………………………… 80
　　　　　2　行為支配説に対する批判的考察 ……………………… 82
　　　Ⅳ　故意の再評価 …………………………………………………… 86
　　　　　1　自律性と行動規範 ……………………………………… 86
　　　　　2　実行行為に内在する共同決定としての「構成要件的故意」
　　　　　　　による区別 …………………………………………… 87
　　　Ⅴ　わが国の判例理論 ……………………………………………… 89
　　　Ⅵ　まとめ …………………………………………………………… 93

第4章　いわゆる共謀共同正犯における実行行為概念の再検討 …… 95
　　　Ⅰ　はじめに ………………………………………………………… 95
　　　Ⅱ　従来の共謀行為と実行行為の関係性 ……………………… 97
　　　　　1　共同正犯の行動規範 …………………………………… 97
　　　　　2　諸説の論拠と批判的考察 ……………………………… 101
　　　Ⅲ　共謀共同正犯の事例に潜在する複数行為 ………………… 105
　　　　　1　承継的共同正犯の裏返しとしての共謀共同正犯 …… 105
　　　　　2　離隔犯的構造を有する事前共謀 ……………………… 110

	Ⅳ	事前共謀の実行行為性判断と未遂犯の成立時期 …………	113
		1　申し合わせの可罰性をめぐるドイツの議論 …………	113
		2　共謀行為の推進力 ………………………………………	117
	Ⅴ	まとめ ………………………………………………………	121

第5章　いわゆる承継的共犯の規範論的考察 ……………… 123

 Ⅰ　はじめに ……………………………………………………… 123
 Ⅱ　いわゆる承継的共犯の犯罪構造 …………………………… 125
  1　正犯行為の内側で行われる幇助行為 ………………………… 125
  2　幇助犯成立の時間的限界 ……………………………………… 132
 Ⅲ　行動規範論に基づく承継的共同正犯の否定 ……………… 139
  1　いわゆる承継的共犯の故意概念と行動規範 ………………… 139
  2　後続行為者に関する罪数問題 ………………………………… 148
 Ⅳ　まとめ ……………………………………………………… 153

第6章　幇助犯における因果関係の意味 …………………… 156

 Ⅰ　はじめに ……………………………………………………… 156
 Ⅱ　幇助行為と正犯結果との因果関係の要否 ………………… 157
 Ⅲ　条件関係必要説の再検討 …………………………………… 162
  1　従来の認定方法 ………………………………………………… 162
  2　合法則的条件公式の適用可能性 ……………………………… 165
 Ⅳ　危険増加原理に対する批判的考察 ………………………… 167
  1　危険犯としての幇助犯と危険増加原理 ……………………… 167
  2　因果関係の意味としての危険増加原理 ……………………… 171
 Ⅴ　一括消去モデルによる必要条件公式の適用可能性 ……… 174
 Ⅵ　まとめ ……………………………………………………… 179

第7章　幇助犯における故意の認識対象 …………………… 182
　Ⅰ　はじめに ………………………………………………………… 182
　Ⅱ　正犯結果の要否 ………………………………………………… 182
　Ⅲ　正犯行為の要否 ………………………………………………… 185
　　1　行動規範論と制裁規範論の相違 ………………………… 186
　　2　認識対象としての正犯行為の具体化 …………………… 191
　Ⅳ　まとめ …………………………………………………………… 199

第8章　幇助行為の可罰性と故意帰属 ……………………… 200
　Ⅰ　はじめに ………………………………………………………… 200
　Ⅱ　いわゆる中立的行為による幇助をめぐる議論 …………… 201
　　1　ウィニー提供事件の概要 ………………………………… 201
　　2　客観的帰属論の展開とその所見 ………………………… 207
　　3　故意帰属の基準としての「故意的に創出された許されない
　　　　危険な行為」………………………………………………… 222
　Ⅲ　幇助犯における因果経過の齟齬事例 ……………………… 224
　　1　客観的帰属論の意義と限界 ……………………………… 225
　　2　故意帰属の基準としての「故意的に創出された許されない
　　　　危険の実現」………………………………………………… 229
　Ⅳ　まとめ …………………………………………………………… 230

終　章 …………………………………………………………………… 232

参考文献一覧 …………………………………………………………… 238
事項索引 ………………………………………………………………… 253

初出一覧

　本書は、2014年までに公表した論文を基礎に構成されている。それらの論文は、以下の通りである。

序　章　・書き下ろし
第1章　・「正犯者概念と幇助構成要件」法学研究論集29号（2008年）
第2章　・「犯罪論における共犯従属性の意義と機能」法学研究論集31号（2009年）
　　　　・「共犯の処罰根拠―共犯従属性の観点から―」明治大学社会科学研究所紀要48巻2号（2010年）
第3章　・「共同正犯と幇助犯の区別基準―故意の再評価―」法学研究論集33号（2010年）
第4章　・「共謀共同正犯における実行行為概念の再検討」大東法学22巻1・2号（2013年）
第5章　・「いわゆる承継的共犯の規範論的考察」大東法学24巻1号（2014年）
第6章　・「幇助犯における因果関係の意味―必要条件公式の適用可能性を契機として―」三原憲三／増田豊／山田道郎編『刑事法学におけるトポス論の実践　津田重憲先生追悼論文集』（成文堂、2014年）
第7章　・「幇助者の故意に関する一考察―ドイツの判例を素材にして―」法学研究論集27号（2007年）
　　　　・「幇助の故意における認識的要素」法学研究論集28号（2008年）
第8章　・「共犯論における客観的帰属と故意帰属―いわゆる中立的行為による幇助の事例をめぐって―」法学研究論集32号（2010年）
　　　　・「中立的行為による幇助―故意帰属の観点から―」刑法雑誌50巻1号（2010年）
　　　　・「幇助犯における因果経過の齟齬―規範論的アプローチ―」法学研究論集34号（2011年）
終　章　・書き下ろし

序　章

I　刑法の課題と幇助犯の成否をめぐる議論との関係

　刑法の目的は、一部において異論が見られるものの、一般的には法益の保護、すなわち人間の共同生活において必要不可欠な利益を守ることにあるとされている。そのため刑法では、法益を侵害したり危険にさらしたりする行為を「犯罪」として処罰の対象としている。もっとも、法治国家的原理の尊重から刑法において極めて重要な原則となっている罪刑法定主義によれば、処罰の対象となる行為はあらかじめ明示されていなければならない。わが国の最高法規である憲法には基本的人権に属する各種の自由権が保障されているが、それらの背景には、国家が個人の領域に権力的に介入することを排除し、個人の自由な意思決定とその意思決定に基づく行動を保障する、という理念が存在している。犯罪となりうる行為を事前に明示することによって、行動の自由が過度に制限されないようにする必要がある。また、法益を侵害したり危険にさらしたりする行為すべてが犯罪として当罰性を有するものではない。刑罰が最も峻厳な制裁であることに鑑みれば刑法の謙抑性が導かれることは言うまでもなく、それに基づいて、刑罰は、法益保護が他の手段において不十分な場合にのみ補充的に発動されるべきである。さらに、刑罰の性格上、すべての法益侵害行為を処罰すべきではなく、刑罰を科すことによって保護する必要のある限度で、断片的に刑罰権を発動させるべきである。したがって、法益保護と行動の自由および刑罰権の謙抑性、補充性、断片性との間でどのように折り合いをつけるかは、刑法の最も重要な課題であると言えよう。

　ところで、犯罪の行為形態は、一人だけで行う単独形態が原則的に想定さ

れているが、複数の行為者が関与する共犯形態も考えられ、そのうち任意的共犯として、実際わが国の刑法典には、第1編総則第11章「共犯」において共同正犯、教唆犯、従犯が規定されている。この三つの共犯類型の中でも、とりわけ従犯（幇助犯）については、その成否を検討する際、上述した刑法の課題に直面する。

幇助犯は、63条に「正犯の刑を減軽する」と規定されていることから、刑の必要的減軽事由である。一方、共同正犯や教唆犯については、60条や61条の規定から正犯と同等の刑が科されることになっている。そのため、共犯形態内部において、いかなる場合に幇助犯が成立するのか、とりわけ共同正犯と幇助犯の区別基準をめぐって古くから論争が繰り広げられてきた。具体的な事例を挙げるならば、銀行強盗を計画している者から依頼されて犯行場所まで運転する関与者は、共同正犯なのだろうか、それとも幇助犯なのだろうか。判例は、行為者の主観面を重視して共同正犯と幇助犯を区別しているようであるが[1]、そのような判例理論に対しては、学説から批判が向けられている。学説を概観すると、客観説が多数を占めているが、近年は行為支配説が支持を広げつつある。もっとも、今もなお学説の分類に見解の一致が見られない状況であり、共同正犯と幇助犯を区別する基準は混迷している。この論争においては、法益保護と刑罰権の謙抑性との折り合いが関係していると考えられる。

一方、幇助犯の成否をめぐる近時の議論は、法益保護と刑罰権の性質のみならず、行動の自由との折り合いにも関係している。それは、1990年代に、ドイツでの議論がわが国に紹介されたことに端を発する、いわゆる中立的行為による幇助の可罰性をめぐる問題である。この問題では、関与行為それ自体が日常生活を送る中で一般的に行われている行為である場合、幇助犯等の罪責を関与者に問うことは可能か、ということがテーマとなっている。最近の刑事事件では、ウィニー提供事件において、この問題が最大の争点として俎上に載せられている[2]。いわゆる中立的行為が法益侵害結果の発生に関与

---

(1) 例えば、最判昭和24年10月1日刑集3巻10号1629頁、千葉地松戸支判昭和55年11月20日判時1015号143頁等。

している場合、確かに、そのような行為には法益侵害の客観的危険性が認められるが、刑罰の性格を考慮すると、いかなる行為に対して補充的、断片的に刑罰権を発動すべきかについては、慎重な検討を要するだろう。日常生活における行為が関与行為として容易に処罰されうるならば、法治国家的原理に基づく行動の自由の保障は、単なる仮面に過ぎないものともなりかねない。

このように、幇助犯の成否については、共同正犯と幇助犯の区別とともに幇助犯と不可罰的関与行為との区別が問題となっており、これらは刑法の課題と密接に関係していることが指摘されよう。そこで、幇助犯に軸足を置いて、いかなる場合に幇助犯が成立するのかを深く検討することは、刑法の課題に取り組む上で大きな意義を有すると思われる。

Ⅱ　犯罪論の試金石としての幇助犯論

従来、共犯論は犯罪論の試金石とされてきた。すなわち、犯罪論の基礎理論が共犯論においていかに展開されるのかということが問題とされ、その意味で共犯論は犯罪論の諸問題を検証する場として重要な役割を果たしてきた[3]。それゆえ、狭義の共犯に属する幇助犯を論究することは、犯罪論の諸問題を解決することにもつながるだろう。

代表的な例として、客観的帰属論と共犯論の関係が挙げられる。「客観的帰属」とは、客観的な観点から行為への結果帰属を排除する原理であり、ドイツにおいて広く採用されている。今日わが国でも、相当因果関係説に代わる理論として有力に唱えられるようになった。もっとも、客観的帰属の意義については、わが国のみならず、ドイツにおいても十分に解明されていないのが現状である。そのような状況の中、例えば、いわゆる中立的行為による幇助の可罰性をめぐる問題では、いわゆる中立的行為が許されない危険創出行為であるかどうかを客観的帰属論に基づいて判断し、法益侵害結果を行為に帰属できる場合、故意幇助犯としての可罰性を認める見解が散見される。

---

(2)　最決平成 23 年 12 月 19 日刑集 65 巻 9 号 1380 頁。
(3)　高橋則夫『規範論と刑法解釈論』（成文堂、2007 年）163 頁。

果たしてこのような見解は、結果帰属性の判断基準として十分と言えるだろうか。また、他の事例に目を向けると、因果経過の齟齬事例は、全て客観的帰属の問題であるかのような理解が見受けられる。幇助犯においても因果経過の齟齬事例は考えられうるが、客観的帰属論によって妥当な結論を導き出すことは可能だろうか。幇助犯の成否が問題となるこうした事例を論究することで、客観的帰属論の意義と限界が浮き彫りになるように思われる。

そもそも、罪刑法定主義と並んで刑法の重要な原則とされる責任主義の意義は、なぜ幇助犯が処罰されるのかを追究する共犯の処罰根拠論や共同正犯と幇助犯の区別において試されている。責任主義から具体化された自己答責性原理によれば、各人の答責領域は原理的に自己の行為に限定されるのであって、他人が自己答責的に遂行した行為は決して帰責されない。現在わが国で主張されている学説の大半が依拠している混合惹起説や従属性指向惹起説は、この自己答責性原理と整合性を保つことができるのだろうか。また、共同正犯のように複数の行為者が想定される犯罪の場合、自己答責性原理は例外として扱われるのだろうか。あるいは、他者の行為も規範的に自己の行為として捉える余地はあるのだろうか。もし、共犯に対しても自己答責性原理を貫徹させることが可能ならば、狭義の共犯において正犯行為はいかなる意味を持つのか、問題となる。正犯行為が狭義の共犯にとって中間結果であると同時に最終結果に至る因果経過の一部であるとすれば、共犯体系における正犯行為の地位と機能を考察することは、現実に発生した結果や因果経過を刑法体系における不法構成的要素と捉える通説的な理解に再検討を迫る契機を与えることになるだろう。

Ⅲ　本書のパースペクティヴ

わが国で幇助犯にスポットライトを当てた研究は、これまで幇助犯における因果性の解明に集中していたと言っても過言ではない。確かに、わが国において、共犯の処罰根拠を発生した結果との因果性に求める、いわゆる因果的共犯論が展開されてきたことを踏まえれば、その因果性の内容が問題とな

ることは、当然の成り行きかもしれない。その際に問題となる「因果性」が事前的な因果性を意味するのか、それとも事後的な現実の因果経過を意味するのか、あるいは規範的に判断される結果の帰属性をも包括しているのかは明らかではないが、いずれにしても、幇助犯の成否を検討するに当たっては、因果性のみが問題となるわけではない。詳細は後述するが、因果性よりもむしろ「実行行為に内在する故意」こそが、共同正犯と幇助犯、あるいは幇助犯と不可罰的関与行為を区別する決定的な基準となるように思われる。通説によれば、わが国の刑法典には行動規範と制裁規範が内在している。犯罪が成立するためには、第一に、行動規範に違反する行為の存在が絶対的な要件であると理解されているならば、幇助行動規範に違反する行為、すなわち幇助の故意を具備する行為が、その他の関与行為との区別を図る最適な基準となりうるのではないだろうか。因果的共犯論にとどまる限り、いわゆる共謀共同正犯や承継的共犯が問題となる事例において、刑法の課題に答えることはできないように思われる。

　幇助者の故意を検討する意義は、それにとどまらない。先に言及した因果経過の齟齬事例では、故意の認識対象として、因果経過に関する認識の要否も問題となっている。この点については、すでにドイツで行われている、幇助犯に要求される故意内容をめぐる議論に参加することが、解決への足がかりとなるだろう。幇助者にとって、正犯行為が最終的な法益侵害結果に至る因果経過の一部分でもあるとするならば、幇助者に故意が認められる要件として正犯行為に関する認識の要否や具体化を検討することは、因果経過に関する認識の要否をめぐる問題の真の所在を明確化することに役立つと考えられる。

　以上の問題意識から、本書は幇助者の故意に着目して、いかなる場合に「幇助犯」が成立するのかを検討するものである。そもそも幇助者の故意とは何か、その概念を探るためには、故意規制機能を有する幇助構成要件や幇助構成要件に機能的に内在する幇助行動規範について立ち入った考察をする必要があるだろう。そこで最初に、幇助犯固有の行動規範の存否を明確にするため、正犯と共犯の関係がどのように構成されるべきか、狭義の共犯にお

ける規範構造と共に論究する（第1章）。故意犯の領域においては、正犯と共犯を区別する区別モデルに基づき、共犯を刑罰拡張事由として理解する制限的正犯者概念が通説となっている。もっとも、正犯者概念の意義について疑問を呈する見解が主張されているため、そうした見解に対して反論を試みたい。一方、過失犯の領域では、正犯と共犯を区別しない統一モデルや観念的に過失共犯を認めて区別しつつも共犯を刑罰縮小事由として理解する拡張的正犯者概念に依拠する見解がドイツでは通説となっており、わが国でも主張されている。そうした見解の当否についても考察を加えたい。

　幇助犯固有の行動規範と制裁規範が存在するのであるならば、なぜ幇助犯は正犯に対して二次的な形であれ処罰されるのかを追究する共犯の処罰根拠論について、検討を加えなければならないだろう（第2章）。共犯の処罰根拠については、惹起説が基本的には妥当であるという方向で固まりつつあるものの、惹起説本来の内容に一定の修正を加えるべきか否か、どのような修正を加えるべきかをめぐって対立が続いている。議論の応酬に終止符を打つためには、責任主義や正犯者概念を意識した共犯従属性の体系的位置づけに配慮しながら、惹起説を検討する必要があるだろう。

　第1章、第2章で得られた共犯の基礎理論に基づいて、本書の課題に取り組みたい。課題の一つである、（実行）共同正犯と幇助犯の区別基準を検討すると、わが国では、客観的な側面から共同正犯と幇助犯を区別する傾向が強く見られる。しかし、共同正犯の場合、なぜ他者によって遂行される行為が、当該部分を自己遂行する場合と同様の規範的評価を受けることになるのか、という点を突き詰めて考えると、実行行為を客観的に捉えて判断するアプローチには限界があるように思われる（第3章）。

　もっとも、「実行行為に内在する故意」は、いわゆる共謀共同正犯と幇助犯を区別する際にも有効な基準となりうるだろうか。通説によれば、共謀者は実行行為を遂行しない者であると理解されているため、一部実行の存在を区別基準の前提とする私見に対して疑問が向けられることは想像に難くない。それゆえ、いわゆる共謀共同正犯における実行行為概念を深く検討する（第4章）。

その検討過程においては、いわゆる共謀共同正犯の犯罪構造が、承継的共同正犯の裏返しであることが浮かび上がってくる。では、承継的共同正犯は肯定されうるだろうか。行動規範論に基づいた考察を行うことで、プロトタイプとは異なる幇助行為の存在が明らかとなり、幇助犯が成立しうる時間的な限界も示すことができるだろう（第5章）。
　ともあれ、「実行行為に内在する故意」が幇助行為を限界づける上で最も重要な基準となりうるのであるならば、幇助犯における故意の認識対象を明示する必要がある。それに先立ち、幇助犯における因果関係の意味を探りたい（第6章）。そもそも幇助犯が成立するに当たって因果関係を不要とする見解や、正犯行為との間に因果関係が認められれば足りるとする見解が主張されており、こうした見解の相違は、幇助犯における故意の認識対象にも影響を及ぼすからである。
　因果関係の意味を踏まえた上で、幇助犯における故意の認識対象を具体的に検討する（第7章）。わが国では、依然として正犯結果に関する認識の要否をめぐって争いが見られるが、ドイツでは、故意の特定性として、正犯行為に関する認識の具体化について議論されている。ドイツの議論に参加することで、わが国における故意の認識対象、とりわけ因果経過の認識の要否をめぐる議論にも一石を投じることができるのではないだろうか。
　最後に、幇助行為と不可罰的関与行為の区別が問題となる具体的事例として、いわゆる中立的行為と幇助犯における因果経過の齟齬事例を検討したい（第8章）。これらの事例では、客観的帰属論によって解決を図る見解が注目を集めている。客観的帰属の下位基準がさまざまに主張されている今日、そうした見解から目を背けることはできないだろう。本書での検討を通じて、客観的帰属論の意義と限界を多少なりとも明らかにしたい。
　わが国の現行刑法が制定過程においてドイツ刑法の影響を受けていること、また、いわゆる中立的行為の可罰性をめぐる問題がドイツから紹介されたこと等を想起すれば、ドイツの判例や学説は、わが国における幇助犯の成否を検討する上で有益な素材となるだろう。以下では、ドイツの判例や学説を適宜引き合いに出しながら、検討を進めていく。

第 1 章
正犯・共犯の構成モデルと共犯の規範構造

I　はじめに

　関与行為が幇助犯としての可罰性を有するためには、第一に、関与者の行為が構成要件に該当しなければならない。関与行為の構成要件該当性が問題となる場合、それは同時に、関与行為の行動規範違反性が問われていることを意味している。構成要件該当性と行動規範違反性が表裏一体の関係であることに鑑みれば、まずは幇助行動規範の性質を明らかにする必要があるだろう。わが国の現行刑法において、幇助行動規範は固有の規範として存在しているのだろうか、それとも正犯行動規範に含有されているのだろうか。幇助行動規範に関する理解の相違は、共犯の処罰根拠を左右するばかりか、共同正犯と幇助犯の区別基準にも影響を及ぼすものと思われる。そこで本章では、幇助行動規範の性質を明らかにするため、正犯と共犯の関係をどのように構成すべきか検討する。構成モデルを統一モデルと区別モデルに大別した上で、妥当なモデルを基盤として狭義の共犯における規範構造を洞察したい。

II　統一モデル

　統一モデルとは、立法形式において正犯と共犯を区別しない構成モデルである。すなわち、共犯概念を認めず、全ての行為形態が正犯として評価される。したがって、このモデルによれば、共犯固有の行動規範はおよそ観念されないことになり、基本的には統一的正犯者概念（Einheitstäterbegriff）を前提とすることになるだろう。

1 統一的正犯者概念

統一的正犯者概念は、リストによって初めて主張されたと言われており[1]、その歴史において「包括的正犯者概念」(umfassender Täterbegriff)とも称されていた[2]。このモデルを確立したキーンアプフェルによれば、統一的正犯者概念の理念は、後に述べる拡張的正犯者概念 (extensiver Täterbegriff) ないしは排他的正犯者概念 (exklusiver Täterbegriff) と一致する[3]。正犯と共犯の概念的な対置は放棄され、行為に関与した全ての者は、正犯として法律上原則的には同等に評価される。そして、同一の法定刑が置かれ、関与者の不法や責任の程度によって刑罰の個別化が図られる[4]。したがって、統一的正犯者概念に基づくならば、共犯構成要件や共犯固有の行動規範は存在せず、正犯構成要件ならびに正犯行動規範のみが存在することになる。

統一的正犯者概念には、次のような利点があるとされている。例えば、複数人による犯行の際に誰が正犯であるかを特定する必要がない。というのも、行為に関与した全ての者が正犯とみなされるからである。それゆえ、間接正犯と教唆犯、共同正犯と幇助犯、教唆犯と幇助犯等の限界に関する問題は生じない。また、この概念によれば、正犯は自己の不法と責任についてのみ答責される。すなわち、不法要素や責任要素を自ら実現した者のみが、正犯として処罰されることになる[5]。

統一的正犯者概念にはいくつかのヴァリエーションが存在するが[6]、大きく分けると形式的統一的正犯者体系 (formales Einheitstätersystem) と、機能的統一的正犯者体系 (funktionales Einheitstätersystem) に二分されよう。

---

(1) Vgl. *Diethelm Kienapfel/Frank Höpfel/Robert Kert*, Grundriss des Strafrechts Allgemeiner Teil, 14.Aufl., 2012, S.221; 高橋則夫『共犯体系と共犯理論』(成文堂、1988年) 7頁参照。
(2) わが国では、木村亀二がこのように称している。木村亀二「包括的正犯者概念の比較法的意義」法律論叢39巻4・5・6号 (1966年) 509頁。
(3) Vgl. *Kienapfel/Höpfel/Kert*, a.a.O. (Anm.1), S.219.
(4) *Kienapfel/Höpfel/Kert*, a.a.O. (Anm.1), S.221f.
(5) Vgl. *Kienapfel/Höpfel/Kert*, a.a.O. (Anm.1), S.220.
(6) 高橋・前掲註 (1) 46頁以下参照。

形式的統一的正犯者体系は、統一的正犯者概念の理念を厳格に守り、考えられうる全ての行為者形態、行為形態を統一的に理解する[7]。このシステムによれば、間接正犯や教唆犯、幇助犯といった概念は全て放棄され、それらは全て一つの正犯構成要件の中に含まれる。まさに、形式的統一的正犯者体系は一元的正犯者体系（Ein-Täter-System）であると言えよう[8]。

このような体系は、異論の余地はあるもののドイツ秩序違反法に見てとれる、と理解されている[9]。秩序違反法14条1項には、「複数人が秩序違反に関与した場合は、それらの者の各々が秩序違反を行ったものとする。処罰の可能性を根拠づける個人的な特性が1人の関与者にのみ存在する場合にも、また同様とする。」と規定されているだけで、関与の役割などについては全く述べられていない[10]。一つの構成要件の中に全ての行為形態が含まれているのであるならば、秩序違反法では形式的統一的正犯者体系が採用されているとの見方に賛同を示したい。

しかし、法益侵害結果に向けられた処罰に値する行為態様を構成要件に示さず、いかなる行為態様をも正犯構成要件として一つの構成要件にまとめる形式的統一的正犯者体系には、国民の自由を保障する構成要件の法治国家的保障機能を害するおそれがあるとの批判が向けられた[11]。そこで、形式的統一的正犯者体系の欠陥を埋めるべく展開された体系が、機能的統一的正犯者体系である。

機能的統一的正犯者体系は、形式的統一的正犯者体系に向けられた批判を克服するため、法治国家に要請される明確性や伝統的な構成要件の解釈、可

---

(7) *Kienapfel/Höpfel/Kert*, a.a.O. (Anm.1), S.220f.
(8) *Diethelm Kienapfel*, Das Prinzip der Einheitstäterschaft, JuS 1974, S.5.
(9) *Kienapfel*, a.a.O. (Anm.8), S.5.
(10) Vgl. *René Bloy*, Neuere Entwicklungstendenzen der Einheitstäterlehre in Deutschland und Österreich, in: Festschrift für Rudolf Schmitt zum 70. Geburtstag, 1992, S.36. また、佐川友佳子「ルネブロイ『ドイツ及びオーストリアにおける統一的正犯論の近時の展開傾向』」立命館法学303号（2005年）342頁も参照。
(11) Vgl. *Diethelm Kienapfel*, Erscheinungsformen der Einheitstäterschaft, in: Heinz Müller-Dietz (Hrsg.), Strafrechtsdogmatik und Kriminalpolitik, 1971, S.29. また、高橋・前掲註（1）26頁、72頁も参照。

罰性を限界づける目的等から、行為者形態、行為形態を区別するものである(12)。この体系によれば、行為形態が複数存在することを概念上認め、構成要件を区別するものの、正犯構成要件が複数存在するだけで、共犯構成要件は存在しない。したがって、複数の正犯構成要件が価値的、本質的、責任的に一律同等であり、同一の法定刑にまとめられているため、この体系も統一的正犯者概念の一種であると言えるだろう(13)。

　機能的統一的正犯者体系については、オーストリア刑法典に採用されているとの見方が一般的なようである(14)。同法12条では、「直接正犯のみならず、可罰的行為を実行するよう他者に決意させたり、さらにはまた可罰的行為の実行を援助したりする者も、可罰的行為を行ったものである。」との規定が見られる。行為形態を直接正犯（unmittelbarer Täter）、決意させる正犯（Bestimmungstäter）、援助正犯（Beitragstäter）の三つに区別しつつも、決意させる正犯と援助正犯が直接正犯と同列に挙げられていることからすれば、同法12条が機能的統一的正犯者体系の典型例であるとの評価には、一定の理解を示すことができよう。

　機能的統一的正犯者体系の利点としては、第一に、複数の犯行類型を概念上認めることによって、従来からの解釈、すなわち直接正犯とそれに関連する構成要件を維持しうる点が挙げられよう。したがって、形式的統一的正犯者概念に向けられていた批判は回避され、構成要件の法治国家的保障機能を維持することができる。また、構成要件のレヴェルで犯罪行為となりうる態様を限定しつつも、全ての行為態様が正犯としてまとめられ、同一の法定刑が予定されているため、刑事訴訟法上も好都合である。というのも、全ての正犯類型は法的に見れば同価値なため、どの正犯類型に該当するかという点にのみ認定の誤りがあるとして判決の無効を主張する上訴には、利益が認められないからである。それゆえ、犯行形態に関する択一的認定が許容され、

---

(12)　*Kienapfel/Höpfel/Kert*, a.a.O. (Anm.1), S.221.
(13)　*Kienapfel*, a.a.O. (Anm.8), S.5.
(14)　こうした見方に疑念をもつ論者として、*Florian Engert*, Einheitstäter oder getrennte Behandlung von Täter und Teilnehmer?, 2005, S.28ff. を参照。

上級裁判所の負担軽減につながる、と評されている[15]。

わが国では、高橋則夫がこの機能的統一的正犯者体系に賛同している。高橋によれば、共犯の場合は、第一に共同者を一体として考察する必要があり、刑法的評価の対象は共同者各自の分割された行為ではなく、まさに共同現象そのものでなければならない。そして、共犯者各人の行為は、共同現象内部における行為として意味があり、それ自体分割された独立の行為ではない、とする[16]。そうだとすると、構成要件的行為・教唆行為・幇助行為という概念は、当該犯罪が二人以上の共同作品である場合には単に行為態様の類型としての意味しか有さないことになり、この種の考え方は、行為態様を概念的・類型的に区別する機能的統一的正犯者体系の採用するところである、と論じている[17]。

2　批判的考察

しかし、こうした機能的統一的正犯者体系をわが国で採用することは、極めて困難ではないだろうか。わが国の現行刑法は、60条以下に教唆、幇助、身分犯に関する「共犯」規定を設けており、全ての関与者を正犯とみなす体系と馴染まないからである。もっとも、この点を措くとしても、機能的統一的正犯者体系は、理論を貫徹しえないように思われる。

キーンアプフェルは、統一的正犯者概念の特徴として、どの正犯形式も法的に等価値であり、正犯はもっぱら自己の不法と責任のみ答責され、質的従属性（要素従属性）が放棄される点を挙げている。しかし実際、こうした特徴は影を潜めている。エンゲルトは、オーストリアの判例理論を分析し、機能的統一的正犯者体系の限界を示唆している。

---

[15]　Vgl. *Kienapfel*, a.a.O. (Anm.8), S.6.
[16]　高橋・前掲註（1）69頁。
[17]　高橋・前掲註（1）70頁。わが国の学説では、故意犯の領域における統一的正犯者概念の採用に否定的な見方が大勢を占めているが、実務では、共謀共同正犯の多用により、事実上統一的正犯者概念が妥当している、と指摘されている。平野龍一『犯罪論の諸問題（上）総論』（有斐閣、1981年）13頁、松宮孝明『刑事立法と犯罪体系』（成文堂、2003年）208頁以下参照。

Ⅱ　統一モデル

　エンゲルトによって引き合いに出されている判例のうち、一つは次のような事案である。被告人 St と H は、深夜、1 階に住む被害者の部屋に窓から侵入した。事件当時、被害者は 13 歳で、被告人らは被害者のことを「蓮っ葉な娘」と格付けしていた。St は土地勘があり、被害者の実年齢も知っていたが、H は土地勘がなく、被害者の年齢についても知らず、外見上 15 歳か 16 歳であると思っていた。一足先に侵入した St が被害者とわいせつな行為をした後、両被告人は H と性交するよう口説いた。そして、H が準備をしている間、St は被害者の衣服を脱がせるのを手伝った。

　このような事案につき、オーストリア最高裁判所は、H が被害者の実年齢を把握せず、その故意は未成年者との婚姻外の性交に向けられているわけではないとして、H を不可罰とする一方、ウィーン・ラント裁判所により下された St の無罪判決を破棄し、St を援助正犯とした。その理由として、直接正犯以外の方法で行為に関与した者の可罰性は、直接正犯の行為が客観的構成要件に該当する行為であれば充足され、主観的構成要件、それゆえ直接正犯の故意行為が実現することを要するわけではない、と述べた[18]。

　こうした判例の基準について、エンゲルトの考察は以下の通りである。すなわち、本来ならば、機能的統一的正犯者体系によれば従属性概念は存在しないため、援助正犯の（未遂としての）可罰性は、直接正犯の行為が客観的構成要件を充足しない場合でも認められるはずである。それにもかかわらず、援助正犯の可罰性を認める際、直接正犯の行為が客観的構成要件を充足しなければならないのであれば、そうした要件は、出発点としての統一的正犯者概念と矛盾しているのではないだろうか[19]。

　同様の問題は、身分犯の領域でも見られる。ここでもオーストリアの判例を見てみたい。第一被告人 B は、B 株式会社における監査役会の長として、

---

(18)　OGH, ÖJZ 1995, S.33ff.
(19)　*Engert*, a.a.O. (Anm.14), S.85, S.147. さらにハンドルフも、統一的正犯者概念に対する批判として、オーストリアの判例理論が量的従属性（実行従属性）を要求していることを挙げている。*Kai Hamdorf*, Beteiligungsmodelle im Strafrecht, 2002, S.48.

故意に権限を濫用し、会社に財産的損害を与えた。その損害は、被告人Bらが、ゼネコンの社長である第二被告人Nや下請業者の手で不当に追記された決算を正当なものであると承認したことによって発生したものであり、損害額は約2837万シリングに及んだ。Bの背任罪に対する援助正犯としてグラーツ・ラント裁判所から有罪判決を下された第二被告人Nは、ラント裁判所による認定を不当として上告した。

オーストリア最高裁判所は、次のように論じてNの主張を認めた。背任罪に対する援助正犯は、行為の主観面として、当該（援助）正犯が、特別な義務関係の中での協力を通じて故意による権限濫用が行われることを確信していなければならない。すなわち背任罪固有の行為不法は、未必の故意であれ、身分者の特別な信頼関係違反によって実現されるが、非身分者である援助正犯の構成要件的故意は、そうした行為不法に関する認識を要件とするものである。それにもかかわらず、ラント裁判所は、Bが故意で権限を濫用するとの認識の下でNが行為に関与したかどうかを認定しておらず、NはBが信頼関係に基づいて会社の機関として自らの権限を故意で濫用することについて「本当のところはありうるかもしれないと思っていたに過ぎない」との認定にとどまっている[20]。

エンゲルトの指摘によれば、援助者ないし決意させる者に二重の故意（Doppelvorsatz）を要求するならば、それは従属性を有する共犯体系においてのみ可能である。機能的統一的正犯者体系と整合性のある解決をするならば、非身分者における故意の認識対象は、客観的不法となるはずである。質的従属性の要件が常に不要とされるにもかかわらず、非身分者に二重の故意を要求していることに鑑みれば、オーストリアの判例理論は、身分犯の領域では関与者の従属性を容認していることになるだろう[21]。

このように、機能的統一的正犯者体系は、その出発点において質的従属性の放棄を理念として掲げているにもかかわらず、実質的にはそうした理念を尊重していない。それは、後に述べる拡張的正犯者概念にも当てはまりうる

---

(20) OGH, ÖJZ 1987, S.151f.
(21) *Engert*, a.a.O. (Anm.14), S.129, S.147.

が、統一的正犯者概念が因果的アプローチであることに起因するのではないだろうか。質的従属性を放棄することによって正犯固有の不法を見出しても、結果に対して条件を与えた者を全て正犯と捉える限り、正犯としての可罰的行為が広く認められてしまうため[22]、そのような不都合を回避すべく結局は従属性概念を忍び込ませざるをえないのである[23]。

　そこで、従来の主張を乗り越えるべく、ロッチュは近年、新たな統一モデルを提唱している。ロッチュは、過失犯のみならず、不作為による関与や間接正犯、共同正犯等多くの事例を検討しながら、判例や学説が統一的正犯者概念への傾斜を深めていることを指摘して[24]、共犯体系によって各関与者を区別するモデルは、もはやその機能を果たしていない、と主張する。もっとも、古い統一的正犯者体系の採用は、因果的アプローチへ後退することを意味するだけでなく、関与形態の相違が量刑レヴェルでの問題に過ぎなくなる等の批判が向けられるため[25]、適切ではない。そのため新しい犯罪論、すなわち規範的機能的な犯罪モデル（normativ-funktionales Straftatmodell）が構築されうる。ロッチュは、法益を侵害する行為形態が直接的または間接的のいずれかしか存在しない点に着目し、このことは、問題となっている法益侵害に対して、行為者が、刑事不法上重要ないずれかの方法、すなわち直接的または間接的な方法で管轄を有することを意味するものであって、その管轄性は、構成要件に該当する結果発生についての管轄性が要件となる、と述べている[26]。まず、この管轄性の判断基準には、客観的帰属を用いるべきであり、惹起された結果が客観的に帰属可能であるならば、さらに当該結果が規範の保護目的の侵害と結びついているかどうかを問うべきである、と主張する[27]。ロッチュによれば、可罰性の限界線は、特別な属性や犯罪行

---

[22]　統一的正犯者概念が可罰的領域の拡大を招くとの批判は、ロクシンも主張している。*Claus Roxin*, Täterschaft und Tatherrschaft, 8.Aufl., 2006, S.451.
[23]　機能的統一的正犯者体系を支持する高橋則夫も、未遂犯の処罰根拠を論拠としつつ、従属性原理を容認している。高橋・前掲註（1）70頁以下。
[24]　*Thomas Rotsch*, „Einheitstäterschaft" statt Tatherrschaft, 2009, S.302ff.
[25]　*Rotsch*, a.a.O. (Anm.24), S.145, S.459.
[26]　*Rotsch*, a.a.O. (Anm.24), S.423.

為の自手性によるのではなく、常に惹起行為と惹起結果との間の近接性によって引かれるものであり、それゆえ必ずしも法益侵害との結びつきによって引かれるものではない[28]。

　ロッチュが提唱するモデルの特徴は、正犯と共犯の区別を放棄し、犯罪構成要件を直接的な法益侵害と間接的な法益侵害に分類した上で、客観的帰属性と規範の保護目的の侵害を充足することによって構成要件に該当する不法を認める点にある[29]。確かに、規範による保護目的を達成しえない場合には可罰性が否定されるならば、肥大化しやすい間接的な法益侵害行為の可罰性に一定限度で絞りをかけることができよう。そして、ロッチュが可罰性を判断するにあたって最も重視する惹起行為と惹起結果との近接性は、規範の保護目的と相対的な関連性が認められるかもしれない。

　しかし、惹起行為と惹起結果との間の近接性が認められない場合でも、規範による保護目的を達成しうる場合が考えられるのではないだろうか。暴力団の組長が部下に指示を出すことによって法益侵害結果を発生させる事例を想像すれば明らかなように、規範による保護目的を達成しうるにもかかわらず惹起行為と惹起結果との近接性が認められないことを理由に可罰性を否定するのであるならば、客観的帰属のフィルターとして用いられる規範の保護目的は、軽視されることになってしまうだろう。また、可罰性の限界基準が必ずしも法益侵害と結びつかないことを認めるならば、刑法の目的を法益保護に見出すことは困難になるだろう。

　以上の考察から、機能的統一的正犯者体系にせよロッチュの体系にせよ、統一モデルは採用されるべきでないと考える。

Ⅲ　区別モデル

　したがって、正犯・共犯の構成モデルについては、共犯概念を認める区別

---

(27)　*Rotsch*, a.a.O. (Anm.24), S.423, S.453.
(28)　*Rotsch*, a.a.O. (Anm.24), S.470ff.
(29)　*Rotsch*, a.a.O. (Anm.24), S.484f.

モデルが妥当であろう。区別モデルには、拡張的正犯者概念（extensiver Täterbegriff）と制限的正犯者概念（restriktiver Täterbegriff）の二つのヴァリエーションが存在する。これらは、狭義の共犯に関する行動規範について、理解の相違が見られる。

1 拡張的正犯者概念

拡張的正犯者概念という呼称は、後に述べる制限的正犯者概念を主張するツィンマールが、自説を際立たせるため、自身の見解と相反する見解に名づけたものである[30]。ツィンマールは、共犯が絶望の章と言われる原因について、共犯論の研究が主観的共犯論と客観的共犯論の問題に非常に多く費やされてきた点にあることを指摘して、そもそもなぜ共犯規定が存在するのか、という観点から共犯規定の存在意義について詳細に検討している[31]。そして、共犯規定について不必要であるか、あるいはそのように断定しないまでも絶対的に必要とは言えないとする見解が存在するとして、このような解釈を構成要件の拡張的解釈（extensive Interpretation der Tatbestände）と呼んでいる[32]。それゆえ、統一モデルを検討する際に登場した統一的正犯者概念は、拡張的正犯者概念に先立つ概念であり、統一的正犯者概念こそが、構成要件の拡張的解釈に最も忠実な正犯者概念である、と言えるのではないだろうか。

さて、拡張的正犯者概念、より正確に言えば構成要件の拡張的解釈に従うと、法律上の構成要件は次のように捉えられることになる。すなわち、構成要件の実現に対して因果的である者は、有責的である限りにおいて処罰されうる[33]。例えば、刑法199条に規定されている殺人罪の構成要件に含まれる「人を殺した者」とは、人の殺害を因果的に成し遂げた者を指すことにな

---

(30) Vgl. *Claus Roxin*, Strafrecht Allgemeiner Teil, Band II, 2003, S.6; 島田聡一郎『正犯・共犯論の基礎理論』（東京大学出版会、2002年）37頁参照。
(31) *Leopold Zimmerl*, Grundsätzliches zur Teilnahmelehre, ZStW 49, 1929, S.39ff.
(32) *Zimmerl*, a.a.O. (Anm.31), S.39f.
(33) *Zimmerl*, a.a.O. (Anm.31), S.40.

る。したがって、故意であれ過失であれ、有責的に人の殺害という法益侵害結果を因果的に成し遂げた者は、殺人の故意正犯あるいは過失正犯として処罰されることになる。

　だが、この概念によれば、教唆や幇助のように特殊な態様で因果的に関った者も正犯とされ、正犯と同等の刑が科されてしまうことになるが、特殊な態様で関わった者の刑罰を減軽するためには、教唆や幇助の処罰に関する特別規定を設けなければならない[34]。構成要件の拡張的解釈によれば、教唆や幇助を共犯として刑を減軽する目的から特別に分類し、それが共犯規定であると考えるため、この解釈に従えば共犯は刑罰縮小事由（Strafeinschränkungsgründe）として捉えられることになろう[35]。

　このように、結果に対して因果的である者を全て正犯と考える拡張的正犯者概念は、等価説（条件説）を念頭に置いている[36]。等価説によれば、結果に対して存在する何らかの原因を全て等価的に扱うことによって、結果との因果関係が認められる者を全て正犯と考えることができるからである。その点で拡張的正犯者概念は、正犯者概念を因果的に捉えることを理由として、正犯と共犯の区別基準における客観説の一種であると理解することもできなくはない[37]。しかし、客観面において等価的な教唆犯、幇助犯、正犯のうち、教唆犯と幇助犯のみが総則規定によって刑罰縮小事由となる根拠を説明するためには、行為者の主観面によって正犯と共犯を区別する主観説を採用しなければならないだろう[38]。主観説によれば、行為者の内心によって正犯と共犯を区別することになるため、拡張的正犯者概念からは、正犯の意思をもって因果的な行為関与に及んだ者が正犯であり、共犯の意思をもっ

---

(34)　Vgl. *Zimmerl*, a.a.O. (Anm.31), S.40.
(35)　Vgl. *Günter Heine/Bettina Weißer*, in: Adolf Schönke/Horst Schröder, Strafgesetzbuch, Kommentar, 29.Aufl., 2014, S.487.
(36)　Vgl. *Hans-Heinrich Jescheck/Thomas Weigend*, Lehrbuch des Strafrechts Allgemeiner Teil, 5.Aufl., 1996, S.649.
(37)　このように理解する論者として、木村龜二『犯罪論の新構造（下）』（有斐閣、1968 年）85 頁。
(38)　Vgl. *Jescheck/Weigend*, a.a.O. (Anm.36), S.650.

て因果的な行為関与に及んだ者が共犯である、ということになる。したがって、学説史的に見れば、拡張的正犯者概念と主観説は密接な関係を有している、と言えよう。

2 制限的正犯者概念

一方、制限的正犯者概念は、ツィンマールによる構成要件の制限的解釈（restriktive Interpretation der Tatbestände）に由来する概念である。共犯規定を本来は不必要であるとする拡張的正犯者概念、すなわち構成要件の拡張的解釈に対して、制限的正犯者概念、すなわち構成要件の制限的解釈によれば、共犯規定は制裁規範にとどまらない必要不可欠な規定であると捉えられることになる。

構成要件の制限的解釈に従えば、法律上の構成要件は次のように理解される。構成要件は正犯のみが該当し、教唆の行為性や幇助の行為性は、正犯構成要件に含まれない[39]。それゆえ、例えば、刑法199条に規定されている殺人罪の構成要件に含まれる「人を殺した者」には、殺害行為に及んだ者のみが該当することになり、殺害行為を単に唆したり援助したりする者は、199条に規定された殺人罪の構成要件には包括されない。教唆行為者や幇助行為者は、正犯行為から見れば外部領域の行為（die Handlungen der Außenzone）を遂行する者に属するため、それらに該当する者は刑法各則に規定された犯罪構成要件に該当しない、と理解されうる[40]。

このような理解によれば、教唆者や幇助者は、刑法各則に規定された犯罪に該当せず、不可罰との帰結に至るだろう。しかし、そのような帰結は、刑法の目的とされる法益保護の観点から妥当ではなく、共犯の処罰根拠論とも相容れない。共犯の処罰根拠論において惹起説に立つならば、教唆行為や幇助行為は正犯を介す形ではあるが法益侵害の惹起を志向する行為として捉えられ、そのような行為態様で法益侵害の惹起を志向する者は処罰されるべき共犯に該当する、と理解されるからである[41]。そこで、共犯の処罰根拠論

---

(39) *Zimmerl*, a.a.O. (Anm.31), S.45.
(40) *Zimmerl*, a.a.O. (Anm.31), S.45.

と融合する形で構成要件の制限的解釈を貫くためには、共犯という新たな特別規定を設けて、刑法各則における構成要件には含まれない教唆行為や幇助行為を包含する固有の構成要件が必要となる[42]。制限的正犯者概念は、特別の共犯規定を設けることによって可罰的領域を拡張させることから、共犯を刑罰拡張事由（Strafausdehnungsgründe）として捉えることになるが、特別の共犯規定を設けることによって新たに特別の構成要件が設定されることに鑑みると、共犯を刑罰拡張事由として捉える前に構成要件拡張事由（Tatbestandsausdehnungsgründe）として捉えるのが適切な理解であろう[43]。

この考え方を基にすれば、刑法総則に規定されている共犯規定は、次のような存在意義をもつことになる。刑法60条以下の規定によって、狭義の共犯には固有の構成要件が設定され、共犯固有の行動規範、ならびに制裁規範が存在する[44]。具体例を挙げれば、幇助犯は62条に規定されている「正犯を幇助した者」に該当し、63条による「従犯の刑は、正犯の刑を減軽する」との規定によって刑が減軽される。ただし、62条には「正犯を幇助した者」と規定されているため、幇助犯が成立するためには、刑法各則に正犯の処罰規定が、より正確に言えば正犯構成要件が存在することを前提とする。また、共犯規定には過失を処罰する規定が存在しないため、過失共犯に関する構成要件は存在しないことになり、それゆえ制限的正犯者概念によれば、例えば、資産家への強盗を企てている者に誤って金庫の場所等の情報を提供した者のような過失幇助や、あるいは過失教唆といった過失による狭義の共犯は不可罰となるだろう。

なお、制限的正犯者概念を採用した場合、正犯構成要件、教唆構成要件、幇助構成要件が存在することになるので[45]、関与行為の構成要件該当性を

---

(41) 共犯の処罰根拠論に関する詳細は、本書第2章を参照。
(42) Vgl. *Zimmerl*, a.a.O. (Anm.31), S.45.
(43) Vgl. *Zimmerl*, a.a.O. (Anm.31), S.45; *Heine/Weißer*, a.a.O. (Anm.35), S.486.
(44) 増田豊『規範論による責任刑法の再構築』（勁草書房、2009年）355頁以下参照。
(45) 共同正犯に固有の構成要件が存在するかについては、本書第4章第2節を参照。

判断する際、行為者の行為態様が重視されることになろう。

3 検討

ここまで、拡張的正犯者概念と制限的正犯者概念の本質を見てきたが、それらの本質から次のようなことが明らかになった。拡張的正犯者概念によれば、刑法各則に規定された犯罪類型に備わっている各構成要件は、拡張的な解釈によって、教唆行為や幇助行為も含まれる。それゆえ、共犯には固有の構成要件、ならびに固有の行動規範が存在せず、刑法総則に規定された各共犯規定は、特別な行為態様によって法益侵害結果に対して因果的な関係をもつに至った者、すなわち共同正犯や教唆犯、幇助犯を処罰するために制裁規範を定めているに過ぎないことになる[46]。

一方、制限的正犯者概念によれば、構成要件を制限的に解釈することによって、刑法各則に規定された犯罪類型に備わっている各構成要件には教唆行為や幇助行為は含まれない。それゆえ、刑法総則の各規定によって、狭義の共犯固有の構成要件が見出され、狭義の共犯固有の行動規範、ならびに制裁規範が存在することになる。

それでは、正犯・共犯の構成モデルについて区別モデルを採用する場合、どちらの正犯者概念を基礎とすべきであろうか。

結論から先に述べると、拡張的正犯者概念が抱える欠点を考慮すれば、制限的正犯者概念を採用すべきであろう。その一つとして、拡張的正犯者概念に依拠すると、教唆行為自体の未遂や幇助行為自体の未遂において不当な刑罰拡張現象がもたらされることが挙げられよう[47]。それらの事例は、もは

---

[46] 立法論的には統一的正犯者概念が妥当であるとし、解釈論的に拡張的正犯者概念を主張する高橋則夫によれば、正犯に妥当する規範は共犯にも妥当するものの、刑法各則における制裁規範は、正犯としての行為規範違反に対応するものであり、共犯としての行為規範違反には妥当せず、刑法総則における共犯規定が、共犯に対する制裁（媒介）規範として位置づけられ、この規定があって初めて共犯が処罰される、とする。高橋則夫『規範論と刑法解釈論』（成文堂、2007年）125頁参照。

[47] *Joachim Renzikowski*, Restriktiver Täterbegriff und fahrlässige Beteiligung, 1997, S.14.

や今日では異論なく認められている共犯従属性説に拠る限り不可罰であるにもかかわらず、拡張的正犯者概念によれば、正犯に未遂規定がある限りで教唆の未遂や幇助の未遂も正犯の未遂と等価値と判断され、実行の着手が認められれば可罰的とされる。これはまさに正犯なき共犯を認めることになり、さらには共犯独立性説へとつながるため[48]、共犯を刑罰縮小事由と考える前提と逆行する共犯の刑罰拡張を招くことになってしまうように思われる[49]。

もっとも、未遂犯の処罰根拠を、行為者の意思や性格の危険性ではなく、行為の客観的危険性に求めつつ、間接正犯や離隔犯と同様に、実行の着手時期と未遂犯の可罰性が認められる時期を区別する場合には[50]、必ずしも共犯の刑罰拡張を招くとは言えないだろう。というのも、実行の着手時期は教唆行為や幇助行為に着手した時点、あるいは教唆行為や幇助行為を終了した時点であるとしつつも、客観的な危険性は正犯が行為に着手した時点まで認められないと解するならば、教唆行為や幇助行為に着手した段階では危険性が認められず、未遂としての可罰性を有しないと考えることも可能だからである。

しかし、教唆行為や幇助行為の未遂犯が成立する時期を遅らせることは可能であるとしても、そもそもなぜ幇助行為については、結果に対して因果的に見れば正犯行為と等価値であるにもかかわらず、法定刑が減軽されるのだろうか。幇助行為と正犯行為が共に等価値であるならば不法の相違は見出せないため、その根拠は責任の相違に求められよう。

責任の相違を明らかにする際、正犯と共犯の区別基準が重要な鍵を握るが、拡張的正犯者概念を基盤とするならば、その基準は従来の主観説へと傾斜を深めるだろう。客観的に判断されうる因果性の観点から正犯も共犯も等

---

(48) 共犯独立性説の検討については、本書第2章第3節を参照。
(49) 増田・前掲註（44）355頁参照。
(50) 離隔犯についてこのような主張を展開する論者として、例えば、塩見淳「間接正犯・離隔犯における実行の着手時期」川端博／浅田和茂／山口厚／井田良編『理論刑法学の探究④』（成文堂、2011年）28頁以下、曽根威彦『刑法総論 第4版』（弘文堂、2008年）240頁以下等。

価値であれば、両者を区別するためには主観的な基準を採用しなければならないからである。しかし、第3章で論じるように、従来の主観説に対しては多くの批判が提出されている。結局のところ、拡張的正犯者概念は、主観説の欠陥をそのまま抱えてしまうように思われる。

　立法的な観点から検討しても、拡張的正犯者概念をわが国の現行刑法で採用することには躊躇する。例えば、61条2項には間接教唆の処罰に関する規定があるものの、間接幇助の処罰規定は現行刑法には存在しない。幇助の処罰を刑法総則に規定されている制裁規範に求め、総則に規定されていない間接幇助の処罰は各則に規定されている制裁規範に従うことを現行刑法が想定しているとは考えにくい。実際に判例は、間接幇助を62条1項の規定に読み込むことができるかどうかは別として、間接幇助を処罰するに当たって62条1項を適用している[51]。この点から、判例も拡張的正犯者概念を採用していないことがうかがえる。

　拡張的正犯者概念に対してはこのような欠点があるが、制限的正犯者概念に対しても若干の批判が向けられているので、批判に反論する必要があるだろう。

　制限的正犯者概念に対する批判として存在するのは、制限的正犯者概念によれば、正犯性の判断基準として構成要件に該当する行為の物理的な意味での自手実行が要求されるが、このように正犯者概念を物理的に把握すると、間接正犯のような事例において行為者を正犯とすることができないのではないか、というものである[52]。確かに、構成要件の制限的解釈を提唱したツィンマールによれば、（重度の）精神病者を唆して法益侵害行為を実現する典型的な間接正犯の事例に対して、精神病者を唆す行為を正犯行為とみなしてはならず、教唆行為として扱わなければならない、と述べている[53]。しか

---

(51) 例えば、大判大正14年2月20日刑集4巻73頁、大判昭和10年2月13日刑集14巻83頁、最決昭和44年7月17日刑集23巻8号1061頁等。
(52) 団藤重光『刑法綱要総論 第3版』（創文社、1990年）388頁、大谷實『刑法講義総論 新版第4版』（成文堂、2012年）397頁、川端博『刑法総論講義 第3版』（成文堂、2013年）534頁、前田雅英『刑法総論講義 第5版』（東京大学出版会、2011年）453頁以下。

し、構成要件を制限的に解釈しても、間接正犯を正犯として扱う余地はあると考える。というのも、構成要件を制限的に解釈することによって得られる結論は、刑法各則に存在する各構成要件は正犯のみを含むものであり狭義の共犯は含まれない、とのテーゼを明らかにするに過ぎず、何が正犯であり何が共犯であるか、すなわち正犯と共犯の区別基準を提示するものではないからだ。正犯と共犯の区別は、主張内容を大別すると主観説、客観説、行為支配説に三分される論争に収斂されるべきであり、正犯者概念を用いて論じられるテーマではないのである。したがって、制限的正犯者概念に対するそのような批判は、お門違いと言えるであろう[54]。

　また、そもそも正犯者概念論は不必要であり、かつ、不当であるとの見解[55]や理論刑法学上の使命を果たし終えた過去の議論であるとの指摘[56]も見られる。しかし、正犯者概念、すなわち正犯と共犯の構成モデルをどのように捉えるかによって、可罰的領域に差異が生じることは、これまでにも述べてきた通りである。例えば、統一的正犯者概念や拡張的正犯者概念からは狭義の共犯における過失共犯は可罰的となるが、制限的正犯者概念からは不可罰と考えることになる。したがって、正犯者概念論は今なお刑法上重要な使命を果たしており、これを不必要とする見解には到底賛同することができない。

IV　過失犯における構成モデル

　今日わが国の通説も、故意犯の領域では共犯概念を認める区別モデルを支持し、制限的正犯者概念に依拠している。もっとも、過失犯の領域でも制限的正犯者概念に依拠すべきであろうか。わが国の学説を概観すると、故意犯

---

(53)　*Zimmerl*, a.a.O. (Anm.31), S.48.
(54)　松宮孝明『刑法総論講義 第4版』（成文堂、2009年）262頁、齋野彦弥『基本講義 刑法総論』（新世社、2007年）264頁以下参照。
(55)　団藤・前掲註（52）388頁。
(56)　内海朋子「遡及禁止論と過失共犯論」亜細亜法学39巻1号（2004年）64頁。

では制限的正犯者概念を採用しつつ、過失犯では統一的正犯者概念ないし拡張的正犯者概念を採用すべきであると明言する論者が見られる[57]。また、そのように明言しないとしても、管理・監督過失では、過失犯について統一的正犯者概念ないし拡張的正犯者概念を採用して、過失による共犯を、こっそり過失正犯として処罰しているのではないか、との疑問も提出されている[58]。そのため、過失犯における正犯・共犯の構成モデルについて、若干ながら検討を加える必要があるだろう。

　過失犯の領域で統一的正犯者概念ないし拡張的正犯者概念に依拠する見解は、わが国に先立ってドイツで有力に主張されている。例えば、目的的正犯者概念を唱えるヴェルツェルにとって、過失犯とされる者とは、社会生活上必要な注意の程度を逸脱する行為によって、故意なくして構成要件に該当する結果を惹起する者である。社会生活上必要な注意を払わない行為を通じて非故意的に惹起される、構成要件該当結果に対する共同惹起の程度が、当該過失犯の正犯性を根拠づけるのである。したがって、ヴェルツェルの見解によれば、過失犯の領域において正犯と共犯の相違は存在しない。つまり、社会生活において適切な注意を払わない行為による、非故意的な結果惹起を共同で実現するという態様が、すでに正犯性を具備している、とされる[59]。

　イェシェック／ヴァイゲントは、過失犯の領域において統一的正犯者概念が妥当する根拠として、結果に対する全ての関与者が構成要件該当結果の予見を同程度に欠いていることを挙げている[60]。そして、認識ある過失の場合には、関与者を分類することが可能であるとしても、ドイツ刑法典26条、27条は故意共犯のみを処罰する規定であるため、過失犯の領域には正犯と共犯の区別はなく、せいぜい注意義務違反のグレードによって過失犯内部で

---

(57)　山中敬一『刑法総論 第2版』(成文堂、2008年) 366頁、井田良『講義刑法学・総論』(有斐閣、2008年) 455頁。

(58)　松宮・前掲註(54) 271頁。同様の指摘をする論者として、内藤謙『刑法講義総論(下) Ⅱ』(有斐閣、2002年) 1381頁、浅田和茂『刑法総論 補正版』(成文堂、2005年) 427頁、町野朔『プレップ刑法 第3版』(弘文堂、2004年) 214頁以下等。

(59)　*Hans Welzel*, Das Deutsche Strafrecht, 11.Aufl., 1969, S.99.

(60)　*Jescheck/Weigend*, a.a.O. (Anm.36), S.654.

分類することができるに過ぎない、と述べている[61]。

　また、プッペによれば、正犯と共犯の区別は、主観説を採るにせよ行為支配説を採るにせよ、概念的に故意を要求しているところから可能となるのであり、過失犯における正犯と狭義の共犯の区別は、単に概念上可能であるとしても、不法レヴェルにおいて相違がないために、過失犯においては統一的正犯者概念が妥当する、としている[62]。

　さらにヤコブスも、過失による関与の場合、複数人が共有しうるのは行為のみであり、過失結果は各行為者による認識の欠如により共有することができないのであるから、正犯と共犯を区別することは不可能であり、それらは統一化されるが、行為態様にしたがって関与者を区別することは可能である、と述べている[63]。結果的加重犯の場合、基本犯においては故意犯であり、加重結果の部分は過失であるため、このような区別に意義が見出せるからである[64]。

　こうして見ると、ドイツでは、過失犯の領域において正犯と共犯の区別をしないものの、関与者内部による区別が概念上可能であるとの立場が支配的なように思われる。これは、先に論じたように、正犯と共犯の区別をしないものの、正犯内部において複数の犯行類型があることを認める、機能的統一的正犯者体系である。ドイツの学説を見る限り、故意犯については区別モデルを採用し、過失犯については統一モデルを採用して機能的統一的正犯者体系に依拠する、モデル併用説が主流である、と理解してよいであろう[65]。

　しかし、このようなモデル併用説に対しては、そもそも正犯と共犯を区別するに当たってその採用を否定された統一的正犯者概念が、なぜ過失犯の領

---

(61) *Jescheck/Weigend*, a.a.O.（Anm.36）, S.654f.
(62) *Ingeborg Puppe*, in: Urs Kindhäuser/Ulfrid Neumann/Hans-Ullrich Paeffgen（Hrsg.）, Strafgesetzbuch, Nomos Kommentar, Band 1, 4.Aufl., 2013, Vor §§ 13ff Rn.179; *dies.*, Die Erfolgszurechnung im Strafrecht, 2000, S.146.
(63) *Günther Jakobs*, Strafrecht Allgemeiner Teil, 2.Aufl., 1991, S.653f.
(64) *Jakobs*, a.a.O.（Anm.63）, S.653.
(65) 　過失共同正犯を比較法的に考察する内海朋子も、ドイツでは過失犯の領域において拡張的正犯者概念よりも統一的正犯者概念が主流である、と論じている。内海朋子『過失共同正犯について』（成文堂、2013年）151頁以下参照。

域において認められるのか、甚だ疑問である。統一的正犯者概念は、あらゆる関与者を全て正犯として扱うため、不当な刑罰拡張をもたらすとの批判にさらされてきた。この批判は過失犯に対しても当てはまるのではないだろうか[66]。故意であれば教唆や幇助に該当する行為が、過失であれば一律正犯として評価されるのは、これまで各過失犯規定によって過失教唆や過失幇助が処罰されてこなかったという現状に鑑みると、明らかに刑罰を不当に拡張することになるであろう[67]。実際ドイツでは、1983年以来、統一的正犯者概念を採用していると思われる秩序違反法14条1項の規定について、その適用がもはやほとんど異論なく故意行動の場合に制限されていることが明らかになっている[68]。連邦通常裁判所においてこのような結論が今なお支持されている理由としては、過失犯の正犯性が故意犯の正犯性と異なることも挙げられうるが、過失犯としての可罰的領域を制限する目的も少なからずあるのではないだろうか。

　また、具体的な事例においても不当な結論に至りうる。今日しばしば問題となっている、チーム医療における手術ミスの場合、執刀医と助手では危険な事情の認識に差があることは明らかであろう。過失においても過失幇助を観念して、個人の危険な事情の認識を不法に反映させるべきであるにもかかわらず、そのような個人の認識を無視して過失結果のみを捉えてチーム全員に一律同等の正犯不法を認めるのは妥当ではない。

---

(66)　同様の疑問を投げかける論者として、嶋矢貴之「過失犯の共同正犯論（1）―共同正犯論序説―」法学協会雑誌121巻1号（2004年）107頁が挙げられる。

(67)　嶋矢・前掲註（66）121頁参照。また、島田聡一郎も、過失犯における統一的正犯者概念の採用を支持する見解に対して、故意があれば幇助にしかならない行為を過失であれば正犯として処罰するのは妥当と思われないと批判して、過失犯においても制限的正犯者概念が妥当することを主張している。島田聡一郎「間接正犯と共同正犯」斉藤豊治／日髙義博／甲斐克則／大塚裕史編『神山敏雄先生古稀祝賀論文集 第一巻 過失犯論・不作為犯論・共犯論』（成文堂、2006年）449頁以下。さらに金子博は、因果性に基づく統一的正犯者概念について、帰責判断が限定的にしか機能しないことを論証している。金子博「過失犯の共同正犯について」立命館法学326号（2009年）63頁以下。

(68)　*Renzikowski*, a.a.O.（Anm.47), S.297.

さらに、過失犯において拡張的正犯者概念を基礎とする場合、共犯を刑罰縮小事由と捉える理論が崩れることになる。例えば、過失幇助犯について考えてみたい。拡張的正犯者概念によれば、過失幇助は刑法各則の犯罪構成要件に該当する。しかし、過失幇助に関する制裁規範は総則に規定されていないため、故意幇助の処罰に関する63条を適用することはできず、各則に規定された法定刑にしたがって処罰されることになる。すると、過失幇助犯は過失正犯と同等の法定刑となり、幇助を刑罰縮小事由と捉えることができなくなってしまう。このように拡張的正犯者概念は、過失共犯の場合、総則に固有の制裁規範が存在しないため、正犯行為と教唆行為ならびに幇助行為を区別することができず、共犯を刑罰縮小事由と捉えることを徹底しえないのである。

もっとも、こうした考え方に対しては、本来総則の規定は刑を加重する場合を含めて明文化されていなくても過失犯の規定にも適用されるべきものであるから、共犯規定の過失犯への適用も肯定できる、とする反論が考えられよう[69]。この反論によれば、過失幇助犯には63条が適用されることになり、過失共犯も刑罰縮小事由と捉えることができそうである。しかし現行刑法は、故意犯処罰の原則を38条1項に規定しており、制限的正犯者概念だけでなく拡張的正犯者概念からも例外規定であると理解される共犯規定を38条1項よりも後に規定している。規範論に基づくならば、過失幇助の処罰は、いわば例外の例外であると言えよう。そうであれば、単なる例外規定である63条によって、例外の例外である過失幇助を処罰することは罪刑法定主義に反すると思われる。したがって、拡張的正犯者概念に基づいて過失共犯を現行の共犯規定で処罰することには、やはり無理があるだろう。

なお、わが国においてモデル併用説を主張する論者から、過失犯において統一的正犯者概念が採用されている根拠として、次の二つが挙げられている。第一は、条文上の明確な規定なしに、例外的処罰を定めた狭義の共犯の規定が、例外的に処罰される過失犯に適用されることはないと解すべきであ

---

(69) 松生光正「ワークショップ1 過失と共犯」刑法雑誌40巻2号（2000年）129頁参照。

る。第二に、過失犯処罰を故意犯の意味における正犯的形態に限定することは、実質上不合理である[70]。このような論拠から過失犯については正犯構成要件の中に共犯構成要件も含まれることが導き出されているが、しかしこのような見解には疑問がある。というのも、この見解によれば、過失犯において統一的正犯者概念を採用する一方で、過失による教唆の不可罰性を制限的正犯者概念によって説明しているからである[71]。これは明らかに矛盾していると言えよう。もし、正犯構成要件の中に共犯構成要件も含まれると考えるならば、それは拡張的正犯者概念に基づく考え方であろう。だが、拡張的正犯者概念を採用することによって到達する過失教唆や過失幇助の可罰性に対する結論が不当であることは先に述べた通りであるから、結局このような見解にも賛同することができない。

V　まとめ

　本章では、幇助行動規範の性質を解明するため、幇助構成要件の存在意義にも関わる正犯・共犯の構成モデルについて検討した。構成モデルは、統一的正犯者概念をベースとした統一モデル、拡張的正犯者概念あるいは制限的正犯者概念をベースにした区別モデルが存在するが、統一的正犯者概念や拡張的正犯者概念は、刑罰を不当に拡大する等の理由から、区別モデルを採用した上で制限的正犯者概念に依拠すべきことが、結論として得られた。また、制限的正犯者概念は過失犯においても維持されるべきであることが導き出された。

　このような帰結から、まず幇助構成要件の存在意義は次のように理解されることになる。区別モデルにおける制限的正犯者概念は、刑法各則に規定された犯罪類型に備わっている各構成要件を制限的に解釈するため、刑法各則からは正犯構成要件しか見出すことができない。幇助構成要件は、共犯規定を設けることによって初めてその存在が認められることになる。それゆえ、

---

(70)　山中・前掲註（57）366 頁。
(71)　山中・前掲註（57）894 頁参照。

幇助犯は構成要件拡張事由であり、かつ刑罰拡張事由である。

幇助構成要件の存在意義が構成要件の拡張と刑罰の拡張にあることからすると、幇助構成要件は固有性を有しており、幇助固有の行動規範が機能的に内在していることが明らかになる。もっとも、あくまで幇助構成要件は正犯構成要件の存在を前提に拡張されたものであるため、幇助行動規範は、正犯行動規範が存在することを前提として初めて機能することになろう。

なお、構成要件の故意規制機能に鑑みると、幇助構成要件には、幇助犯に固有の故意内容を提示する機能を有していると言える[72]。具体的に述べるならば、正犯の殺人行為を幇助する者は、刑法199条、62条1項の構成要件によって存在する「人を殺すことを幇助してはならない」との行動規範に違反することになる。その際、幇助者に故意が認められるためには、その内容として最低限、自らの行為が正犯を幇助することになる、との認識が要求されることになろう。幇助犯における故意の認識対象については、こうした規範論に基づいて、後に論究することにしたい。

---

[72] 山本紘之「構成要件論の機能について」川端博／椎橋隆幸／甲斐克則編『立石二六先生古稀祝賀論文集』（成文堂、2010年）65頁参照。

第2章 共犯の処罰根拠

I はじめに

　わが国の刑法では、正犯処罰の原則の例外として「共犯」という犯罪類型が規定されている。前章で論究したように、正犯・共犯の構成モデルに関しては学説によって相違が見られ、統一モデルによれば「共犯」という犯罪類型そのものが観念されないが、区別モデルに依拠するならば正犯とは異なる「共犯」が観念される。区別モデルの中でも拡張的正犯者概念によれば共犯は刑罰縮小事由として理解され、制限的正犯者概念によれば共犯は刑罰拡張事由ならびに構成要件拡張事由として理解されることになる。前章では、区別モデルを採用した上で制限的正犯者概念に基づくのが妥当であるとの立場を示したが、制限的正犯者概念に依拠するならば、そもそもなぜ例外的に教唆行為や幇助行為が処罰されなければならないのか、すなわち共犯の処罰根拠が必然的に問われることになろう。共犯の処罰根拠は、関与行為の可罰性を判断するに当たって重要な役割を果たしている。例えば、幇助犯と不可罰的関与行為との限界事例において、シューマンは正犯者との連帯の有無によって関与行為の可罰性を判断すべきであると主張している一方[1]、ヤコブスは共同組織化の有無をその判断基準にすべきであると主張している[2]。こうした見解の当否を見極めるためにも、共犯の処罰根拠を論究することが不

---

(1) *Heribert Schumann*, Strafrechtliches Handlungsunrecht und das Prinzip der Selbstverantwortung der Anderen, 1986, S.54ff.

(2) Vgl. *Günther Jakobs*, Akzessorietät, Zu den Voraussetzungen gemeinsamer Organisation, GA 1996, S.261ff. 松宮孝明／豊田兼彦「ギュンター・ヤコブス『従属性―共同組織化の前提条件について―』」立命館法学253号（1997年）204頁以下参照。

可欠であると思われる。そこで本章では、共犯の処罰根拠について検討することにしたい。

II　共犯の処罰根拠に関する学説の展開

　共犯の処罰根拠をめぐっては今なお決着が見られず、そもそも学説の分類すら統一が図られていない[3]。とりわけ、「不法共犯説」という表現には、注意が必要である。わが国では、不法共犯説を堕落説の一部として捉える見解[4]と、それを惹起説と同義であると捉える見解[5]が存在している。議論の無用な混乱を避けるためには、わが国が模範としているドイツ刑法学に目を向けるべきだろう。

　例えば、キントホイザーの説明によれば、制限的正犯者概念に基づく不法共犯説とは、共犯の不法を正犯者と共犯者との共同事象に見られる共同惹起ないしは正犯行為の促進の中に見出すものである[6]。また、シュトラーテンヴェルト／クーレンも、不法共犯説によれば、正犯が遂行する不法の実現に教唆者や幇助者が関与することこそが共犯の処罰根拠である、と叙述している[7]。一見すると、ドイツで支配的な見解である「不法共犯説」は、わが国の理解における従属性指向惹起説（いわゆる従来の修正惹起説）や混合惹起説に近い。しかし、両者の記述によれば、「不法共犯説」という用語は、決

---

(3)　共犯の処罰根拠論に関する学説の分類が統一されていないことは、以前から指摘されている。これについては、香川達夫『共犯処罰の根拠』（成文堂、1988年）21頁以下、照沼亮介『体系的共犯論と刑事不法論』（弘文堂、2005年）158頁以下参照。

(4)　例えば、高橋則夫『共犯体系と共犯理論』（成文堂、1988年）96頁以下、山中敬一『刑法総論　第2版』（成文堂、2008年）804頁以下、照沼・前掲註(3) 157頁以下等。

(5)　例えば、大塚仁『刑法概説（総論）第3版増補版』（有斐閣、2005年）274頁、川端博『刑法総論講義　第3版』（成文堂、2013年）528頁以下等。

(6)　*Urs Kindhäuser*, Strafrecht Allgemeiner Teil, 6.Aufl., 2013, S.323.

(7)　*Günter Stratenwerth/Lothar Kuhlen*, Strafrecht Allgemeiner Teil, 6.Aufl., 2011, S.249.

して純惹起説も含めた惹起説の総称として使われているわけではない[8]。したがって、不法共犯説を惹起説と同義に捉えるべきではないだろう。混乱を避けるために、本書では責任共犯説を従属性の観点から修正した見解について「堕落説的不法共犯説」と称し、純惹起説を修正した見解については「従属性指向惹起説」や「混合惹起説」または「従属的法益侵害説」等と称したい。

なお、わが国では、惹起説の同義語として「因果的共犯論」という表現が使われているが[9]、ドイツで主張されている「惹起説」は、わが国における「因果的共犯論」よりも広く捉えられている点も、ここで明らかにする必要があろう。「因果的共犯論」とは、正犯を介した間接的な法益侵害としての結果の惹起（結果無価値）自体を処罰根拠とする学説である[10]。これに対して惹起説は、共犯の処罰根拠を結果の惹起自体に限るものではなく、人格的不法論者からも主張される見解である[11]。したがって、惹起説と因果的共犯論が混同されることも避けるべきであり、以下では「惹起説」という呼称に統一して議論を進めることにしたい。

---

(8) Vgl. *Kindhäuser*, a.a.O. (Anm.6), S.323; *Stratenwerth/Kuhlen*, a.a.O. (Anm.7), S.248f. それゆえ、共犯の処罰根拠を責任共犯論、不法共犯論、因果共犯論に大別する浅田和茂も、不法共犯論を行為無価値型と結果無価値型に分けた上で後者にいわゆる修正惹起説が位置づけられる一方、純惹起説や混合惹起説は因果共犯論に分類されるのが適切である、と主張している。浅田和茂「共犯の本質と処罰根拠―川端説を契機として―」井田良／高橋則夫／只木誠／中空壽雅／山口厚編『川端博先生古稀記念論文集 上巻』（成文堂、2014年）504頁。

(9) 例えば、西田典之『刑法総論 第2版』（弘文堂、2010年）336頁、山口厚『刑法総論 第2版』（有斐閣、2007年）296頁等。

(10) 豊田兼彦「客観的帰属論と共犯の処罰根拠論の関係」刑法雑誌50巻1号（2010年）6頁以下。

(11) 増田豊『規範論による責任刑法の再構築』（勁草書房、2009年）358頁参照。豊田・前掲註（10）6頁以下によれば、因果的共犯論とドイツの「惹起説」は、いずれも正犯を介した「結果惹起」に共犯の処罰根拠を求めるものであり、その点では共通している、と述べられているが、「結果の惹起を志向する行為」に共犯の処罰根拠を求める立場も惹起説に属することに鑑みれば、因果的共犯論と惹起説はその点においても共通するものではない。

1 堕落説

共犯の処罰根拠を共犯が正犯を堕落させる点に求める堕落説（Korruptionstheorie）は、過去において有力に主張された学説である。とりわけ堕落説の中でも、正犯を堕落させることによって有責的で刑罰を科される者へと陥れる点、またはそのように正犯を巻き込む点に処罰根拠を見出す責任共犯説（Schuldteilnahmetheorie）の歴史は古く、すでにカノン法において、誘惑者が被誘惑者に対して特別の不法を加えるという責任共犯説のコアとなる考え方が普及していた[12]。責任共犯説は主に教唆犯の処罰根拠を引き合いに展開され、戦後はヘルムート・マイヤーやヴェグナーらによって主張された。責任共犯説の代表的論者に挙げられるヘルムート・マイヤーによれば、犯罪を外見上の侵害の惹起よりも倫理秩序違反に見出すならば、誘惑という要素は客観的な法益侵害よりも重大であるとみなされる。それゆえ、教唆犯の典型的な行動は正犯とは異なるものの、誘惑という観点から少なくとも正犯と同程度に犯罪的であり、教唆犯の処罰根拠は正犯を誘惑する点にある、と主張している[13]。また、ヴェグナーは教唆犯について、犯罪行為を惹起するだけではなく、他人を犯罪者に作り上げることを理由に処罰されるのである、と説明している[14]。

わが国では瀧川幸辰が、共犯の処罰根拠について、犯罪の決意なき者または決意の定まらない者を犯罪の実行に誘導する点に求めている[15]。さらに江家義男は、他人の行為を利用する犯罪の実行と教唆による犯罪人の創造が教唆犯の反社会性に当たると述べて、単独犯としては犯罪にならない行為であっても教唆犯としては犯罪になる場合がありうることを認めている[16]。これらの見解は、教唆犯の処罰根拠を念頭に置いたものであるが、責任共犯

---

[12] 責任共犯説の歴史については、*Marios Nikolidakis*, Grundfragen der Anstiftung: Strafgrund—agent provocateur—Objektsverwechslung, 2004, S.19f. を参照。
[13] *Hellmuth Mayer*, Strafrecht Allgemeiner Teil, 1953, S.319; ders., Täterschaft, Teilnahme, Urheberschaft, in: Festschrift für Theodor Rittler, 1957, S.254f.
[14] *Arthur Wegner*, Strafrecht Allgemeiner Teil, 1951, S.237.
[15] 瀧川幸辰『犯罪論序説』（有斐閣、1955年）246頁以下。
[16] 江家義男『刑法（総論）』（千倉書房、1952年）190頁。

説を意識した立場であると考えられる。

 だが、こうした責任共犯説に対しては、共犯の質的従属性に関連する批判が向けられている。責任共犯説は、正犯を構成要件に該当する違法かつ有責な行為に巻き込むことを共犯の処罰根拠とするので、極端従属性説に結びつく。しかしドイツ刑法典は、26条1項で「違法な行為を故意で行うよう、故意をもって他者に対して決意させた者は、教唆犯として正犯と同様に処罰される。」と規定されているように、明確に極端従属性説を否定し、制限従属性説を採用している。また、わが国においても、犯罪の関与者間において「違法は連帯的に、責任は個別的に作用する」という「個別責任の原則」から制限従属性説が通説となり、判例も、刑事未成年者を利用する場合であっても教唆犯や共同正犯が成立する場合があることを認めていることから[17]、制限従属性説への傾斜を示すに至っている[18]。したがって、現在のドイツ刑法学ならびにわが国の刑法学に適合しえない責任共犯説は、もはや歴史的・法政策的意義を持つに過ぎないと言えるであろう[19]。

 そこで、制限従属性説と整合性を有する形で主張された堕落説が、「修正された責任共犯説」[20]とも呼ばれている堕落説的不法共犯説である。レスやトレクセル等によって主張されたこの見解は、共犯の処罰根拠を、共犯者が正犯を不法な行為に陥れる（巻き込む）点に求めている。レスは、教唆犯における巻き込み説（Verstrickungstheorie）には二重の不法内容、すなわち犯罪行為の惹起と法共同体の不法への巻き込みが存在するとして、この見解を支持している。レスによれば、教唆者は、法共同体を不法へ巻き込むこと

---

(17) 例えば、最決昭和58年9月21日刑集37巻7号1070頁（12歳の養女に窃盗を行うよう命令した被告人に対して間接正犯を認めたものの、養女が刑事未成年者であることを理由にせず、被告人の日頃の言動に畏怖し意思を抑圧されている養女を利用した点を理由に挙げ、意思抑圧がなければ被告人に間接正犯ではなく教唆犯ないしは（共謀）共同正犯が成立することを示唆した事例）、最決平成13年10月25日刑集55巻6号519頁（是非弁別能力を有する12歳10か月の長男に命令し、強盗を実行させた母親に対し、強盗罪の共謀共同正犯を成立させた事例）等。
(18) 渡辺忠嗣「判批」ジュリスト803号（1983年）92頁。
(19) *Claus Roxin*, Strafrecht Allgemeiner Teil, Band II, 2003, S.133.
(20) *Rainer Keller*, Rechtliche Grenzen der Provokation von Straftaten, 1989, S.163.

によって法敵対性という事実的状態に置き、法共同体の社会的完全性を害する[21]。また、トレクセルは、教唆者の故意が認められるためには被教唆者に不法へと働きかける意図が重要であり、堕落要素の内容は、教唆者が被教唆者を責任に陥れる点に見出されるのではなく、社会統合の解体に陥れる点に見出される、と主張している[22]。

わが国ではヴェルツェルの見解も堕落説的不法共犯説に分類されているが[23]、この点については再考を要する。ヴェルツェルは、「共犯の内在的な処罰根拠は共犯者が社会的に耐えがたい行為、つまり構成要件に該当する違法な行為を決意させた、あるいは促進した点に認められる」と述べて制限従属性説を擁護しているものの、自説が堕落要素を含むいわゆる修正された責任共犯説であると明言しているわけではない[24]。そればかりか、教唆の故意についてヴェルツェルは、正犯を介した犯罪構成要件の実現を認識しなければならないと明言しており、未遂の教唆(アジャン・プロヴォカトゥール)を不可罰としたライヒ裁判所の結論に反対していない[25]。後に述べるように、堕落説的不法共犯説が共犯の故意に正犯結果の認識を要求せず、未遂の教唆を原則可罰的と捉えていることに鑑みると、ヴェルツェルの見解を堕落説的不法共犯説に位置づけるのは疑問であろう。

今日わが国では、堕落説的不法共犯説に立つことを言明している見解はほとんど見られない。もっとも、荘子邦雄は教唆犯について次のように述べている。教唆犯は、自分自身の手を汚さずに正犯に実行行為をさせる者ではあるが、他人を犯罪行為の道に誘惑して犯罪を実現させることから、教唆犯には正犯と同様の犯罪性を認めうる余地がある。そして、共犯従属性の観点から、共犯と正犯とは、一個の犯罪実現に向けて違法を共同にするとはいえ、共犯と正犯との類型的差異、ならびに、責任非難の本質的差異を顧みる時に

---

(21) *Günter Less*, Der Unrechtscharakter der Anstiftung, ZStW 69, 1957, S.47.
(22) *Stefan Trechsel*, Der Strafgrund der Teilnahme, 1967, S.54f.
(23) 例えば、高橋・前掲註(4) 130頁以下、豊田兼彦『共犯の処罰根拠と客観的帰属』(成文堂、2009年) 9頁等。
(24) *Hans Welzel*, Das Deutsche Strafrecht, 11.Aufl., 1969, S.115.
(25) *Welzel*, a.a.O. (Anm.24), S.117.

は、形式的な客観主義に基づくことなく、それぞれの責任を個別化して考察すべきである[26]。この見解は、もともと責任共犯説を唱える見解の代表的な例として挙げられてきたが[27]、共犯の従属性において制限従属性説を採用している以上、堕落説的不法共犯説に分類するのが適切であるように思われる。

堕落説的不法共犯説の利点は、制限従属性説に適合する点であろう。というのも、この見解によれば、正犯行為が構成要件に該当する違法な行為であれば共犯者を処罰することができ、正犯行為が構成要件に該当する違法かつ有責的な行為である必要はないからだ。したがって、この見解からは、制限従属性（違法従属性）が共犯の処罰根拠として理解されることになろう。

こうした見解に基づくと、未遂の共犯は次のような帰結に至る。共犯は正犯を通じて発生する法益侵害結果の認識がなくても故意が認められ、制限従属性が共犯の処罰を根拠づけるものとして捉えられるため、正犯の未遂が違法に成立する以上、これに連動して共犯の可罰性も直ちに肯定されることになる。しかし、このような帰結は、制限的正犯者概念を支持する立場からは受け入れ難い。故意正犯の処罰を原則とする制限的正犯者概念によれば、行為者が法益侵害結果を認識していることが要求されるにもかかわらず、法益侵害結果の認識を有しない共犯者にも可罰性が認められるとすれば、例外規定であるはずの共犯へ正犯よりも広く刑法が投入されてしまうからである。

また、この見解からは、真正身分犯の共犯が容易に認められうる。非身分者は身分者を構成要件に該当する違法な行為による社会統合の解体に陥れることが可能であるため、その帰結は現行刑法と調和しうる[28]。しかし、必要的共犯の帰結は、わが国の現行刑法と整合しないように思われる。この説からは、正犯を構成要件に該当する違法な行為へ陥れれば共犯の処罰根拠が満たされるため、正犯への関与者は原則共犯とされることになろう。だが、

---

(26) 荘子邦雄『刑法総論 第3版』（青林書院、1996年）454頁以下。
(27) 例えば、中山研一「共犯の処罰根拠」中山研一/浅田和茂/松宮孝明『レヴィジオン刑法1 共犯論』（成文堂、1997年）14頁以下。
(28) 豊田・前掲註（10）9頁参照。

わいせつ物頒布罪（175条）を例に挙げれば、対向者の一方だけに処罰規定があるのみで、正犯を教唆または幇助した者について処罰規定が存在しない。現行刑法によれば、通常175条は、わいせつ物頒布罪の対向者について可罰性を想定していないのである。堕落説的不法共犯説はこの点について説明に窮するように思われる。もっとも、対向者が一定の限度を超えた場合は、教唆犯や幇助犯、あるいは共同正犯の成立する余地が残されていよう。実際、住専事件[29]やイトマン絵画取引事件[30]等において、最高裁は不良融資の相手方、すなわち借主に特別背任罪の共同正犯の成立を認めている[31]。ともあれ、ここでは非身分者や対向者の共犯成立に関して、共犯の処罰根拠が関連することを指摘したい。

堕落説的不法共犯説は、共犯の法的性格からも支持しえない。堕落説的不法共犯説は、正犯を堕落させて犯罪へ巻き込むことに処罰根拠を求めるが、堕落させるという要素は法益侵害とは関係なく[32]、犯罪へ巻き込むという要素は法益侵害の危険を表すものであろう。正犯に成立する犯罪が侵害犯の場合に、その教唆犯や幇助犯が危険犯であるとの理解は、規範論の観点から

---

(29) 最決平成15年2月18日刑集57巻2号161頁。
(30) 最決平成17年10月7日刑集59巻8号1108頁。
(31) 石川銀行事件（最決平成20年5月19日刑集62巻6号1623頁）でも借主に特別背任罪の共同正犯が認められている。このように、非身分者である不良貸付の借主について、対向犯的性格を有する背任罪の共犯の成否を検討したものとして、長井圓「背任罪における自己答責原理と取引相手に対する共犯の成否—北国銀行事件控訴審判決をめぐって—」神奈川法学35巻3号（2003年）135頁以下、伊東研祐「特別背任罪における正犯性—非身分者による共犯の成否—」板倉宏博士古稀祝賀論文集編集委員会編『現代社会型犯罪の諸問題』（勁草書房、2004年）286頁以下、内田幸隆「背任罪の共犯—不良融資における借り手の刑事責任—」季刊企業と法創造2巻1号（2005年）42頁、関哲夫「不正融資における借手の刑事責任（背任罪・特別背任罪）に関する学説の検討」国士舘法学38号（2006年）228頁、島田聡一郎「取引の相手方による背任行為への加功—銀行取引を中心に—」上智法学論集50巻3号（2007年）19頁以下、品田智史「不正融資に対する刑事責任」阪大法学61巻3・4号（2011年）244頁以下等も参照。
(32) それゆえ、レスやトレクセルらが主張する「社会統合の解体」という概念が非常に不明確である、との批判が向けられている。Vgl. *Hans Theile*, Tatkonkretisierung und Gehilfenvorsatz, 1999, S.37.

妥当ではない。

そもそも堕落説は、幇助犯の処罰根拠を適切に説明しえない、という致命的な欠点を抱えている[33]。堕落説の最も大きな特徴は、ヘルムート・マイヤーが示唆しているように、正犯と共犯の処罰根拠が質的に異なる点にある。すなわち、正犯は刑法各則で保護されている法益を侵害する点に処罰根拠がある一方、共犯は正犯という「人」を侵害する点に処罰根拠が求められることになる。確かに、こうした特徴は、教唆犯の処罰根拠を説明する上では傾聴に値すると言えよう。しかし、幇助犯の処罰根拠を考えると、正犯は幇助犯によって堕落されるのではなく、すでに堕落している、または構成要件に該当する違法な行為に出ることを決意している者である。幇助者はそのような者を援助することで正犯行為や正犯結果を促進するのであるから、幇助犯の処罰根拠を堕落説から説明することは困難であろう。実際に、堕落説的不法共犯説を主張しているトレクセルも、幇助犯の処罰根拠については正犯行為の犯行に対する因果的な関与に求めており、教唆犯の処罰根拠と幇助犯の処罰根拠との相違を認めるに至っている[34]。堕落説的不法共犯説を貫徹しえないことが論証されているのである。

このような理由から、責任共犯説にせよ堕落説的不法共犯説にせよ、堕落的要素のみを共犯の処罰根拠とする見解は支持者を失っているのが現状である。

2 惹起説

惹起説は、正犯を堕落させる点に着目する堕落説のように共犯の処罰根拠を正犯との関係には求めず、正犯を介した法益侵害結果の惹起、あるいは法益侵害結果の惹起を志向する行為に共犯の処罰根拠を求める見解である。このような考え方は、堕落説を否定する形で発展してきた[35]。そして、刑法の目的である法益保護と関連した形で共犯（とりわけ幇助）の処罰根拠を説明

---

(33) *Roxin*, a.a.O. (Anm.19), S.133.
(34) *Trechsel*, a.a.O. (Anm.22), S.107ff.
(35) 惹起説の歴史については、大越義久『共犯の処罰根拠』（青林書院新社、1981年）113頁以下参照。

しうることから急速に支持を集め、今日ではドイツや日本において通説となっている。しかし、惹起説内部においては今なお論戦が繰り広げられている。

純惹起説（reine Verursachungstheo-ie）は、本来の惹起説の主張を徹底し、共犯不法を正犯不法から完全に独立させ、不法の相対性を認める見解である。それゆえ、純惹起説に依拠すれば、共犯者は正犯行為には左右されず、自ら故意的にもたらした構成要件的結果の惹起に関してのみ責任を負い、共犯自身が刑法各則上の法益を侵害する、と理解することになる。ドイツでは、リューダーセンやシュミットホイザーらによって純惹起説が支持されている。純惹起説を主張する論者として代表的なリューダーセンは、共犯は共犯固有の不法により責任を負うべきだとして、正犯行為への共犯の可罰性の依存は事実的性質に過ぎないと述べている[36]。また、シュミットホイザーによれば、法益を侵害する行為の無価値が認められない限り不法構成要件は存在せず、事後的に発生する結果は不法にとって何ら重要ではない[37]。シュミットホイザーは、共犯の処罰根拠も正犯の処罰根拠と同様に、共犯も犯罪行為を自ら行いうる点にある、として純惹起説を支持している[38]。

わが国では、中山研一が、共犯固有の処罰根拠と正犯の違法への従属性との関係は本来折衷しえないとして、純惹起説から出発してこれを結果無価値論的に解決するのが妥当な方法である、との見解を表明している[39]。また、山中敬一は、刑法の任務を具体的な法益保護に限定してその謙抑的性格を維持するならば、共犯もまた構成要件的結果を惹起するがゆえに罰せられるという命題を堅持するために純惹起説を徹底すべきである、と述べている[40]。

---

(36) *Klaus Lüderssen*, Zum Strafgrund der Teilnahme, 1967, S.25, S.119.
(37) *Eberhard Schmidhäuser*, Strafrecht Allgemeiner Teil, 2.Aufl., 1975, S.219.
(38) *Schmidhäuser*, a.a.O. (Anm.37), S.532f.
(39) 中山・前掲註（27）22頁。中山は、違法従属を認めなければ結果無価値が保障されないというわけではない、と述べている。この見解が正犯不法への従属を考慮せず、従属性を共犯の処罰根拠論の枠外で、つまり処罰の根拠づけからは外在的な制約原理として捉えているならば、共犯従属性を共犯の処罰条件と解していることになるだろう。
(40) 山中敬一「幇助の因果関係」関西大学法学論集25巻4・5・6号（1975年）175頁。

これに対して、従属性指向惹起説（akzessorietätsorientierte Verursachungstheorie）は、ドイツで最も支持者が多い見解である。純惹起説を共犯従属性の観点から修正した見解であるため、修正惹起説（modifizierte Verursachungstheorie）とも呼ばれている[41]。この見解に依拠すれば、共犯の処罰根拠を間接的な法益侵害結果の惹起に求める点は純惹起説と同様であるものの、その形態を重視して、共犯の不法を正犯の不法から導く。したがって、不法の捉え方については、正犯不法から独立した共犯固有の不法、つまり不法の相対性を認める純惹起説とは反対に、それを連帯的に捉えようとする見解である。従属性指向惹起説の代表として挙げられることの多いイェシェック／ヴァイゲントによれば、共犯者は、犯罪構成要件に内在している規範を自ら侵害する者ではなく、その不法は、正犯者の規範侵害に加担する点にある。そのことは、惹起説のみが明らかにしており、ドイツ現行刑法にも合致する。共犯行為の不法はその根拠と程度において正犯行為の不法に従属するとして、共犯の不法が正犯の不法から導かれている[42]。また、マウラッハ／ゲッセルは、共犯の不法内容が正犯行為から導かれることによって必然的に従属性が生じる、と理解している[43]。

わが国では、結果無価値一元論の立場から修正惹起説を採用する見解が有力である、と指摘されている[44]。例えば、大越義久は、違法論において法益侵害説をとる以上、基本的には、修正された惹起説の立場に立脚すべきである、と述べている[45]。また、曽根威彦も、共犯の違法性は正犯行為を介

---

(41) Vgl. *Erich Samson*, in: Systematischer Kommentar zum Strafgesetzbuch, Allgemeiner Teil, Band I, 5.Aufl., 1993, Vor § 26 Rn.10.
(42) *Hans-Heinrich Jescheck/Thomas Weigend*, Lehrbuch des Strafrechts Allgemeiner Teil, 5.Aufl., 1996, S.685f.
(43) *Reinhart Maurach/Karl Heinz Gössel*/Heinz Zipf, Strafrecht Allgemeiner Teil, Teilband 2, 7.Aufl., 1989, S.322ff.
(44) このように指摘する者として、照沼・前掲註（3）169頁、高橋則夫『規範論と刑法解釈論』（成文堂、2007年）157頁以下。
(45) 大越義久『共犯論再考』（成文堂、1989年）50頁。ただし、大越は「より妥当な見解は、違法の相対性を一部認める惹起説、かりに名づけるとすると『第三の惹起説』ともいうべき見解であるように思われる」と述べている。

しての法益侵害に尽きると考えられ、それとは別に共犯行為独自の違法性を想定することは困難である、として従属性指向惹起説に依拠している(46)。

こうした従属性指向惹起説と先に述べた純惹起説の中間に位置づけられる見解が、混合惹起説（gemischte Verursachungstheorie）である。とりわけロクシンによって大きく展開されたこの見解は、純惹起説のアプローチを考慮しつつ、従属性指向惹起説の要素をも取り入れるという意味において混合惹起説と呼ばれ、惹起説に対して一つの妥協案を提出するものである(47)。今日、混合惹起説はドイツやわが国で極めて有力に唱えられている。ロクシンによれば、共犯不法は、一部につき正犯不法から導き出されるが、一部は正犯不法に左右されず、共犯固有の不法によっても導き出される。ロクシンは、共犯不法が正犯不法からも導かれる限りにおいて従属的である、として自らの立場を従属的法益侵害説（Lehre von akzessorischen Rechtsgutsangriff）とも名づけている(48)。ロクシンに引き続いてシューネマンも、従属的法益侵害説における「従属的」という呼称は、構成要件に該当する行為を行った正犯に対する共犯のみが可罰的共犯となりうることを明らかにしている、と指摘する(49)。そして、共犯不法をもっぱら従属性原理から説明することは正しくないとしつつも、共犯不法は本質的に正犯行為の不法を通じて決定づけられる、としている(50)。さらにクライ／エッサーも、教唆や幇助の処罰根拠は、一次的には正犯による法益侵害の（共同）惹起あるいは促進であり、教唆者や幇助者による自らの法益侵害は二次的である、と主張している(51)。

わが国では山口厚が、教唆犯や幇助犯は、構成要件該当事実を惹起したこ

---

(46) 曽根威彦『刑法総論 第4版』（弘文堂、2008年）245頁。
(47) 増田・前掲註（11）367頁参照。
(48) *Roxin*, a.a.O. (Anm.19), S.130f.; *ders.*, Zum Strafgrund der Teilnahme, in: Festschrift für Walter Stree und Johannes Wessels zum 70. Geburtstag, 1993, S.379f.
(49) *Bernd Schünemann*, in: Heinrich Wilhelm Laufhütte/Ruth Rissing-van Saan/Klaus Tiedemann (Hrsg.), Strafgesetzbuch, Leipziger Kommentar, 12.Aufl., 2006, Vor §§ 26ff Rn.7.
(50) *Schünemann*, a.a.O. (Anm.49), Vor §§ 26ff Rn.3f.
(51) *Volker Krey/Robert Esser*, Deutsches Strafrecht Allgemeiner Teil, 5.Aufl., 2012, S.403ff.

とについて一次的責任を負う正犯の背後に位置し、その者に影響を与えて構成要件該当事実を間接的に惹起するに過ぎない二次的責任類型と解することが妥当である、として混合惹起説を支持している[52]。また、照沼亮介によれば、混合惹起説は正犯の規範違反と共犯の規範違反の双方を要求するため、実行従属性を体系的に説明しうる、と述べられている[53]。さらに、豊田兼彦は、ロクシンと同様に客観的帰属論を共犯論にも転用させて、いわゆる中立的行為による幇助の事例を引き合いに出しながら、混合惹起説の妥当性をアピールしている[54]。

3 連帯説

　連帯説（Solidarisierungstheorie）は、上述した惹起説に対抗する形で、シューマンによって提唱された学説である。この見解は、共犯の処罰根拠を他者との不法の連帯に求めている。

　シューマンの共犯論は、行為支配説に依拠し、制限的正犯者概念による関与形式の量的相違を基礎としている。シューマンによれば、惹起説は法益侵害として理解される結果無価値を強調し過ぎている点で妥当ではない。今日ドイツにおいて刑法上の不法を行為不法に見出す見解が圧倒的通説となっていることに鑑み、共犯の処罰根拠も共犯の行為無価値の中に求められるべきである、としている[55]。そして、正犯による結果の惹起はもっぱら正犯の答責領域に属するものであり、共犯の可罰性は間接的な結果惹起によって根拠づけられるものではない。共犯の行為無価値は共犯の故意による関与を通じた、他者の故意不法との連帯の中に見出すことができる、とシューマンは理解している[56]。

　連帯説は、共犯の処罰根拠を他者の不法との連帯に置いていることから、

---

(52)　山口厚「共犯論の課題」山口厚編『クローズアップ刑法総論』（成文堂、2003年）236頁。
(53)　照沼・前掲註（3）173頁以下。
(54)　豊田・前掲註（23）172頁以下。
(55)　*Schumann*, a.a.O. (Anm.1), S.48.
(56)　*Schumann*, a.a.O. (Anm.1), S.49ff.

この点において、正犯の処罰根拠と共犯の処罰根拠を同じくする惹起説とは異なる。そして、共犯の処罰根拠を共犯の行為無価値に求めて、共犯不法を正犯不法から導かないため、共犯不法の固有性を維持することが可能となる。

連帯説の最も大きなメリットは、可罰的な幇助行為と不可罰的関与行為との限界事例において正犯との十分な連帯を要求することで、可罰的とされる範囲を限定しうる点にあるだろう。ドイツでは、この限界事例を解決するに当たって、シューマンの連帯説を参考にする論者が多く見られ[57]、中でもシルトトラッペは、幇助不法の成立要件として正犯が幇助者との連帯を認識していることを要求しており、シューマンの理論に類似的な立場を採っている[58]。

Ⅲ 共犯従属性の体系的地位と共犯の処罰根拠

ここまで、共犯の処罰根拠をめぐる学説の展開を概観した。それでは、共犯の処罰根拠はどのように考えるのが適切だろうか。この問題に答えるためには、共犯従属性の体系的地位について立ち入った考察を加える必要があるだろう。というのも、共犯の処罰根拠論は、責任共犯説から堕落説的不法共犯説へと展開していった経緯を見ればわかるように、共犯従属性をめぐる議論の発展と大きく関係しているからである。今日でも続いている、共犯の処罰根拠における惹起説内部の争いや連帯説の主張も、共犯従属性の問題の一つである、違法の相対性を意識したものである[59]。また、制限的正犯者概念に基づき、共犯固有の構成要件を承認し、共犯行為のみから共犯の不法を導く見解に対しては、もはや過去の学説としてみなされている共犯独立性説に至るという批判が向けられよう[60]。

こうした批判に鑑みて、以下では犯罪論における共犯従属性の体系的地位

---

(57) Vgl. *Peter Rackow*, Neutrale Handlungen als Problem des Strafrechts, 2007, S.263ff.

(58) *Grace Marie Luise Schild Trappe*, Harmlose Gehilfenschaft? Eine Studie über Grund und Grenzen der Gehilfenschaft, 1995, S.96f., S.188.

(59) 十河太朗『身分犯の共犯』（成文堂、2009年）177頁参照。

について論究する。「従属性」の意味をめぐっては、複数人による犯罪行為態様の特質を指していると解釈する見解が過去には存在したが[61]、今日では、共犯の犯罪成立要件が正犯に付随することを意味する、との解釈に異論はない。しかし、共犯の犯罪成立要件として、どのレヴェルで正犯に従属するのかをめぐっては、見解が分かれている。従属性の体系的地位や機能を明確に提示した上で、共犯の処罰根拠に関する一定の結論を示したい。

従属性の体系的地位に関する学説状況を概観すると、それを共犯不法の根拠、すなわち共犯の処罰根拠に見出す見解と共犯の処罰条件に見出す見解に二分される[62]。過去において共犯独立性説から共犯従属性説に向けられた批判を踏まえながら、両者を検討する。

また、従属性の内実に目を向けると、今なお質的従属性（qualitative Akzessorietät）[63]、すなわち要素従属性の従属形式をめぐって激しい対立が見られる。決着が図られない理由としては、従属性の体系的地位に関する見解の相違や犯罪論体系に関する議論の深化が挙げられよう。こうした対立も、従属性の体系的地位を考察することで、解消に向かうのではないかと思っている。

1 不法要素説

共犯の処罰根拠について従属性指向惹起説や混合惹起説、連帯説を支持する論者は、共犯の従属性を不法要素として捉えている。例えば、従属性指向惹起説を提唱するイェシェック／ヴァイゲントによれば、共犯者は、自ら犯

---

(60) Roxin, a.a.O. (Anm.19), S.131; 前田雅英『刑法総論講義 第 5 版』（東京大学出版会、2011 年）459 頁。また、照沼亮介は、共犯の処罰根拠として共犯固有の不法のみを主張する純惹起説に対して共犯独立性説への後退を懸念している。照沼・前掲註（3）160 頁以下。

(61) 詳細について、木村龜二『犯罪論の新構造（下）』（有斐閣、1968 年）121 頁以下、Karl Birkmeyer, Teilnahme am Verbrechen, VDA, Band II, 1907, S.3, S.54; Ernst Beling, Grundzüge des Strafrechts, 1930, S.60 を参照。

(62) Vgl. Kai Hamdorf, Beteiligungsmodelle im Strafrecht, 2002, S.243ff.

(63) ドイツでは、要素従属性は質的従属性、または内的従属性（innere Akzessorietät）と呼ばれている。

罪構成要件に内在する規範を侵害するわけではない。共犯の不法は、共犯者による正犯の規範侵害への寄与に見出され、その根拠と程度は、正犯行為の不法に依存する[64]。つまり、教唆や幇助の不法構成要件が正犯行為の犯行を通じて実現されるため、共犯の従属性が生じる、と解している[65]。また、混合惹起説の代表的な論者であるロクシンは、共犯不法が従属的であるという意味で正犯不法からも導かれる、と述べている[66]。

このように、従属性指向惹起説や混合惹起説は、共犯不法を少なくとも正犯不法から導き出していることにより、共犯不法の正犯不法との結びつきを従属性として理解しているように思われる。それゆえ、これらの見解は、従属性を体系的に不法要素と同じ場に位置づけ、それを共犯の処罰根拠としている、と言えるだろう。

惹起説、とりわけ混合惹起説に対して、従属性の必然性と共犯不法における違法な正犯行為の意味合いが不明確であると批判するシューマンによれば、共犯の本質は他者の故意による不法との連帯に見出され、共犯の不法は正犯との連帯の態様や程度によって決められることから、従属性の必然性もその点に存在する[67]。そうであれば、共犯不法の固有性をアピールしたシューマンの連帯説も、従属性に処罰根拠づけ機能を持たせて、従属性を不法要素としているように思われる。

従属性を共犯不法の根拠と捉える見解には、共犯の処罰根拠論からの主張に限らず、客観的帰属論を共犯論の中で積極的に展開する立場も含まれよう[68]。その例として、ブロイの所説が挙げられる。ブロイによると、あらゆる関与形式にとって決定的な帰属構造は、関与者と構成要件に該当する事象との人格的な関係を通じて構築され、正犯と共犯の帰属類型は、こうした関係の性質によってのみ異なる[69]。すなわち正犯は、犯罪行為の要素を顧慮した、構成要件に該当する事象との人格的関係が直接存在するのに対し

---

(64) *Jescheck/Weigend*, a.a.O. (Anm.42), S.685f.
(65) *Jescheck/Weigend*, a.a.O. (Anm.42), S.655f.
(66) *Roxin*, a.a.O. (Anm.19), S.130f.; *ders.*, a.a.O. (Anm.48), S.379f.
(67) *Schumann*, a.a.O. (Anm.1), S.51.

Ⅲ　共犯従属性の体系的地位と共犯の処罰根拠　　47

て、共犯は間接的に存在する⁽⁷⁰⁾。従属性は、構成要件に該当する自らの不法が実現されない場合でも、構成要件に該当する他者の不法を帰属させうる機能を有している⁽⁷¹⁾。正犯行為が欠如している場合、共犯の結果だけではなく行為無価値も欠如していることに鑑みると、従属性は、共犯の可罰性を限界づける機能と共に、共犯の可罰性を根拠づける機能も有している、とブロイは主張している⁽⁷²⁾。

　また、レッシュは、分業的になされた犯罪に対する刑法上の帰属について、関与者各人の行為ではなく関与者全ての行為が統一された全体の行為に結びついている、と理解している⁽⁷³⁾。そして、ブロイのように従属性によって他者の不法を帰属しようとする見解は自己答責性原理に反するとして、従属性の現象を、他者の（正犯行為の）不法の帰属（すなわち他者によって実現された構成要件の帰属）ではなく、行為の帰属として捉えている⁽⁷⁴⁾。

　レッシュのこうした理解は、彼の師匠であるヤコブスの影響によるものと思われる。ヤコブスは、従属性に関する論文の中で、次のように述べている。確かに、各人は自己の行為についてのみ責任を負うものである。しかし、自己の行為は自らの手によって遂行する行為のみならず、他者の手によって遂行された行為も自己の行為となりうる。というのも、自ら遂行する行為のみを自己の行為と理解するならば、先行段階での関与者を全くもって

---

(68)　もっとも、混合惹起説を主張するロクシンも、自らが主張する客観的帰属論を共犯の処罰根拠に取り入れている。*Roxin*, a.a.O. (Anm.19), S.380ff. 客観的帰属論と共犯不法との関係につき、*Joachim Kretschmer*, Welchen Einfluss hat die Lehre der objektiven Zurechnung auf das Teilnahmeunrecht?, Jura 2008, S.265ff. を参照。クレッチュマーも、ロクシンと同様に、客観的帰属論から従属的法益侵害説を支持する、と述べている。わが国における同様の論者として、豊田・前掲註（23）25 頁以下、167 頁以下。

(69)　René *Bloy*, Die Beteiligungsform als Zurechnungstypus im Strafrecht, 1985, S.313.

(70)　*Bloy*, a.a.O. (Anm.69), S.314.

(71)　*Bloy*, a.a.O. (Anm.69), S.316.

(72)　*Bloy*, a.a.O. (Anm.69), S.184f.

(73)　*Heiko Hartmut Lesch*, Das Problem der sukzessiven Beihilfe, 1992, S.271ff.

(74)　*Lesch*, a.a.O. (Anm.73), S.184f.

排除することになってしまうからである。それゆえ、先行段階における関与者は、他者の行為を共に作り出すことによって刑法上の責任を負うのではなく、作り出された行為が自己の行為でもあることによって刑法上の責任を負う。関与の従属性とは、関与と実行行為との一体関係であり、「何かに関与する」という概念と一致するのである[75]。ヤコブスによれば、複数人が犯罪に関与した場合もおよそ犯行（Tat）は一つであり、それはあらゆる関与者の全体行為（Gesamttat）として理解される。したがって、共犯者には他者の行為や不法が帰属されるのではなく、全体行為から生じた共同の不法が帰属されることになる。デンカー[76]やデルクゼン[77]も、従属性に関するヤコブスのこうした理解に同調している。

共犯の問題を客観的帰属論によって解決しようとする見解は、従属性には共犯の処罰を根拠づける機能が具備されているとして、その意義を不法の帰属に見出している。したがって、これらの見解も、共犯従属性を不法要素として共犯不法を根拠づけるものであると言えよう。

2 処罰条件説

一方、共犯の処罰根拠論において純惹起説を主張する論者らは、従属性の体系的地位を処罰条件に置いている。純惹起説によれば、共犯不法は正犯不法から決して導かれるものではないと理解されている。

例えば、純惹起説を主張する論者として代表的なリューダーセンは、正犯行為への共犯の可罰性の依存を事実的性質に過ぎないと捉えている[78]。もっとも、純惹起説に向けられる批判、すなわち共犯不法が正犯行為の評価に依存しないとする理解はドイツ刑法典における共犯規定と相容れないとの批判に対して、リューダーセンは、従属性を客観的処罰条件と捉えることで

---

(75) *Jakobs*, a.a.O. (Anm.2), S.259. 松宮／豊田・前掲註（2）202頁参照。
(76) *Friedrich Dencker*, Kausalität und Gesamttat, 1996, S.195ff.; *ders.*, Beteiligung ohne Täter, in: Festschrift für Klaus Lüderssen, 2002, S.535.
(77) *Roland Derksen*, Heimliche Unterstützung fremder Tatbegehung als Mittäterschaft, GA 1993, S.173ff.
(78) *Lüderssen*, a.a.O. (Anm.36), S.25, S.119.

その批判は免れると説明している(79)。また、シュミットホイザーは、法益を侵害する行為の無価値が認められない限り不法構成要件は存在せず、事後的に発生する結果は不法にとって何ら重要ではない、と主張している(80)。シュミットホイザーによれば、共犯の処罰根拠も正犯の処罰根拠と同様で、共犯も犯罪行為を自ら行いうるのであり、法律上、共犯が正犯による実行行為に依存している根拠は刑罰必要性の中に存在するに過ぎない。共犯にとって正犯によって行われた実行行為は、正犯における結果の発生と異なるものではない、と論じている(81)。

わが国に目を向けると、純惹起説を主張する葛原力三は、純惹起説によると従属性を放棄することになるとの理解は正しくないとして、純惹起説は共犯者自身の行為から発する因果経過の途中で十分に危険性が高まった時点を捉えて処罰の始点とすべきである、と主張している(82)。この見解が正犯不法への従属を考慮せず、従属性を共犯の処罰根拠の枠外で、つまり処罰根拠づけ機能からは外在的な制約原理として捉えているならば、体系的には従属性を共犯の処罰条件に置いていることになるだろう。

いずれにせよ、純惹起説は、共犯の処罰根拠も正犯の処罰根拠と同様に法益侵害の惹起に見出し、共犯不法を専ら共犯行為から導いている。それゆえ、従属性の体系的地位について、共犯の可罰性を制限する処罰条件と解していることがうかがえる。

同様の立場は、純惹起説を主張する論者に限らず、共犯固有の行動規範と制裁規範の存在意義を徹底させる論者にも見られる。共犯固有の行動規範を明確に主張する論者としては、まず、シュタインを挙げることができよう。シュタインは、行動規範について次のように考えている。行動規範における行動制御づけ機能から、行為が禁止されているか許容されているかは、行為

---

(79) *Klaus Lüderssen*, Der Typus des Teilnehmertatbestandes, in: Festschrift für Koichi Miyazawa, 1995, S.450f.
(80) *Schmidhäuser*, a.a.O. (Anm.37), S.219.
(81) *Schmidhäuser*, a.a.O. (Anm.37), S.532f.
(82) 葛原力三「共犯の処罰根拠と処罰の限界(下)」法学教室282号(2004年)71頁。

時にはっきりと確定されなければならない。それゆえ行動規範は、厳格な事前的観点から、行為時に認識可能な諸事情とのみ結びつくのである[83]。実際に行動規範違反を不法と捉えるシュタインは、正犯行動規範、教唆行動規範、幇助行動規範を区別している[84]。それにより、教唆不法や幇助不法は正犯不法と区別される。したがって、正犯による実行行為の遂行は、正犯行為における行為責任を示す一方で、教唆や幇助にとって、実際に発生する法益客体の侵害や危殆化と同様に、純粋に結果不法の問題であり、それは共犯の刑罰必要性として関わりを持つことになる、と述べている[85]。

また、レンツィコフスキィーも正犯の行動規範と共犯の行動規範を区別して、共犯固有の不法の存在を主張している[86]。ドイツ刑法典26条、27条によれば、共犯の可罰性は、故意かつ違法な正犯行為の存在を要件としており、この問題は制裁規範の問題として、共犯行為の違法性を根拠づける行動規範の問題とは区別されなければならない。少なくとも、正犯行為が未遂となることが、共犯固有の処罰条件である。それゆえ、立法者が規定した従属性については、刑罰必要性の検討に関わる問題なのである、と論じている[87]。

さらにヴァルネケも、レンツィコフスキィーと同じく、制限的正犯者概念の観点から、共犯不法を正犯不法と区別し、共犯不法は独自に根拠づけられうる、と述べている[88]。ヴァルネケにとって、ドイツ刑法典26条ないし27条に規定されている従属性は、共犯に向けられた行動規範のメルクマールではない。なぜなら、行動規範は行動制御づけ機能を具備しており、少なくとも共犯行為時に決定づけられていなければならないからである。従属性の存在は、故意の形成に重要な時点としての共犯行為よりも後に、すなわち正犯行為が少なくとも未遂段階に到達して初めて認められうる。それゆえ、従属

---

[83] *Ulrich Stein*, Die strafrechtliche Beteiligungsformenlehre, 1988, S.68.
[84] *Stein*, a.a.O. (Anm.83), S.235ff.
[85] *Stein*, a.a.O. (Anm.83), S.85.
[86] *Joachim Renzikowski*, Restriktiver Täterbegriff und fahrlässige Beteiligung, 1997, S.75f., S.123ff.
[87] *Renzikowski*, a.a.O. (Anm.86), S.131f.
[88] *Nikolai Warneke*, Die Bestimmtheit des Beteiligungsvorsatzes, 2007, S.131.

性の要件は、共犯に対する行動要求を示すものではなく、刑罰必要性の検討に関係しているがゆえに典型的な制裁規範のメルクマールである、とヴァルネケは主張している[89]。

わが国でも、同様のアプローチを展開している論者がみられる。増田豊は、制限的正犯者概念から正犯行為と共犯行為の違いを重視する、不法（責任）の人格性・自律性・自己答責性の理論を共犯論においても徹底させている。その理論に依拠すれば、共犯者は、他者である正犯者が自律的・自己答責的に遂行したことについて帰責されず、正犯不法とは区別された共犯固有の不法につき責任を負うことになる[90]。正犯の実行行為との従属性については、共犯の処罰条件として理解する立場を表明している[91]。

3 共犯独立性説の再検討

今日では共犯従属性説が通説となっているものの、共犯従属性の体系的地位をめぐっては、それを不法要素として捉える見解と、処罰条件に位置づける見解に二分されていることが判明した。では、従属性の体系的地位はどのように考えるのが適切であろうか。その答えを導出するためには、過去に主張された共犯独立性説の内容に目を向ける必要があるだろう。

共犯独立性説は、共犯従属性説が共犯の犯罪成立要件として正犯不法を求めるのに対し、正犯の存在を認めつつも共犯の犯罪成立要件に正犯不法を要求しない見解である。今日、わが国においてそれを主張する論者は見当たらないが、過去においては有力に主張されていた。

例えば、牧野英一は、主観主義の立場から、教唆者や幇助者も共に犯罪の完成に対して認識を持っており、その教唆や幇助は共に犯罪の完成に対して関係を具有していると述べて、個人責任の原理から共犯独立性説を主張した[92]。また、木村龜二は、共犯従属性説の欠点が個人責任の原理や責任主

---

(89) *Warneke*, a.a.O. (Anm.88), S.157f.
(90) 増田・前掲註（11）356頁以下。
(91) 増田・前掲註（11）362頁以下。
(92) 牧野英一『刑法総論 下巻 全訂版』（有斐閣、1959年）690頁以下。

義の原理に反している点にあることを明確にして、実定法的根拠等の詳細な検討を踏まえて、共犯独立性説を支持している[93]。

わが国における共犯独立性説の主張を見る限りでは、共犯独立性説が新派理論からの帰結であるようにも思われる。実際わが国では、その点を理由に共犯独立性説が否定されてきた[94]。しかし、ドイツにおける共犯独立性説の展開をみると、それが決して新派理論と必然的に結びつくものではないことが言える[95]。

具体例を挙げるならば、旧派理論の代表者として名高いビンディンクは、各犯罪主体の可罰性が固有のものであり、もっぱら各主体の規範違反行為によって根拠づけられると述べて、その可罰性を他者から導く共犯の従属的性質について、否定すべきであると主張していた[96]。一方、新派理論を推し進めたリストは、現行法が正犯を結果惹起者とみなす一方、教唆犯や幇助犯を正犯の手を介してもたらされた結果惹起への関与者とみなすべきであるとして共犯の従属的性質を認め、教唆犯の可罰性について、正犯を行為へと決意させるように招来する行為から直ちに可罰的となるのではなく、正犯の決意から少なくとも未遂となる可罰的行為へ至った場合に可罰的となる、と述べている[97]。

このように、共犯独立性説は旧派理論からも提唱されており、他方で新派理論の帰結が必ずしも共犯独立性説になるわけではない。したがって、新派

---

(93) 木村・前掲註（61）141頁以下。
(94) 共犯独立性説が新派理論から導き出されると理解する者として、大谷實『刑法講義総論 新版第4版』（成文堂、2012年）402頁、川端・前掲註（5）548頁、林幹人『刑法総論 第2版』（東京大学出版会、2008年）420頁以下、井田良『講義刑法学・総論』（有斐閣、2008年）440頁等。
(95) 木村・前掲註（61）142頁、平野龍一『刑法 総論II』（有斐閣、1975年）347頁参照。
(96) *Karl Binding,* Strafrechtliche und Strafprozessuale Abhandlungen, Band 1, 1915, S.329ff. また、コーラーも、何人も他者の行為について責任を負うのではなく、自らの行為について責任を負うべきであるとして、共犯独立性説の見地に立っている。*Josef Kohler,* Leitfaden des Deutschen Strafrechts, 1912, S.33ff.
(97) *Franz von Liszt,* Lehrbuch des deutschen Strafrechts, 21. und 22.Aufl., 1919, S.204ff.

理論と結びつくことをもって直ちに共犯独立性説を切り捨てることは不当である。それどころか、共犯独立性説は、共犯者自身の行為のみが共犯の処罰根拠となるのであって、他者である正犯行為が共犯の処罰根拠になるわけではない、という責任主義を当然のように主張していた。この点については、いかなる論者も異論を唱えないはずである。

しかし、共犯独立性説は、幇助の未遂（versuchte Beihilfe）の可罰性まで容認してしまう[98]。例えば、正犯が他人への傷害を計画し、その計画を打ち明けられた関与者が竹刀を提供したものの、正犯が実行行為に出る前に翻意して実行に着手しなかった、という事例を考えてみたい。この場合、関与者は竹刀を提供した時点ですでに自らの実行行為が終了しているため、共犯独立性説によれば、関与者は、正犯による実行の着手の有無に関係なく、自身の実行行為が終了した時点で可罰的となる。

こうした帰結に対しては、正犯自ら竹刀を調達するような準備行為が不可罰であることとのバランスに欠ける、との批判が当てはまるであろう。ドイツ刑法典も、幇助の未遂に関する処罰規定が過去には存在したものの、先のような批判を受けて、わずか10年でその処罰規定を廃止している[99]。

また、幇助の未遂について可罰性を認めるならば、わが国における未遂の処罰根拠として今やほとんど見解が一致している客観説との整合性を図ることは困難になるだろう。未遂の処罰根拠として行為に重きを置くのか結果に重きを置くのか争いはあるにしても、未遂犯が可罰性を有するためには結果無価値、つまり法益侵害結果の発生する危険が客観的に存在しなければならない。そうでなければ、全ての未遂犯が挙動犯となってしまうであろう。先の事例に当てはめてみると、竹刀の提供行為それ自体は法益侵害に対する行為の危険性が認められるとしても、いまだ結果の危険は客観的に存在しない。結果の危険は、正犯が実行行為に着手した段階で初めて、客観的に認められるのではないだろうか[100]。そうであるならば、正犯が実行行為に着手

---

(98) 木村・前掲註（61）177頁参照。
(99) Vgl. *Klaus Letzgus*, in Dieter Dölling/Gunnar Duttge/Dieter Rössner (Hrsg.), Gesamtes Strafrecht, 3.Aufl., 2013, § 30 Rn.3.

せず、法益侵害結果の発生する危険が現実化しない段階で処罰することは、刑罰権の謙抑性と相反することになり、妥当ではない。

それゆえ、共犯独立性説が今日の共犯体系から退いていることには、納得できよう。

4 共犯従属性の観点からみた共犯の処罰根拠

共犯独立性説を再検討することによって、共犯の犯罪成立要件として正犯との量的従属性（quantitative Akzessorietät）[101]、換言すれば実行従属性を要求すべきことが改めて確認された。現行刑法も、61条において「人を教唆して犯罪を実行させた者」を教唆犯、62条において「正犯を幇助した者」を幇助犯としていることから、明らかに正犯との従属性を念頭に置いているように思われる。また、79条では内乱幇助罪を処罰しているが、その際、兵器や資金や食料の供給行為、またはその他の行為のみでは処罰されず、そのような行為「により」内乱罪やその予備・陰謀を幇助した者を処罰するとしている。これはまさしく、内乱幇助行為のみでは処罰しないことを明確に表した規定であると言えよう。さらには破壊活動防止法38条によれば、内乱教唆行為や外患教唆行為のみで内乱教唆罪や外患教唆罪が処罰されることになるが、これは、現行刑法が前提としている量的従属性の例外として特別刑法に規定されている、と理解するのが適切であろう[102]。

しかし、共犯独立性説が共犯従属性説に向けていた責任主義に関する疑念に対して、共犯従属性説は十分に払拭できているだろうか。その疑念を払拭するためには、共犯不法を正犯行為から導くことは否定すべきであるように

---

(100) シュタインも、未遂の処罰根拠を印象説からアプローチしているものの、危険性が正犯行為の未遂まで現実化すれば、そこから予防の必要性が生じて共犯の未遂として可罰的となる、と論じている。Stein, a.a.O. (Anm.83), S.280. また、Klaus Letzgus, Vorstufen der Beihilfe, in: Gedächtnisschrift für Theo Vogler, 2004, S.61. も参照。

(101) ドイツでは、実行従属性は量的従属性、または外的従属性（äußere Akzessorietät）と称されている。

(102) 内藤謙『刑法講義総論（下）II』（有斐閣、2002年）1349頁、川端・前掲註（5）528頁参照。

思われる。というのも、共犯不法を他者の行為から導くならば、それは刑法が前提にしている個人責任の原理に反するからである。この点を重視するならば、共犯の処罰根拠について、従属性指向惹起説や混合惹起説は支持されうるものではない。これらの立場は、共犯不法を一部であれ他者である正犯不法に見出すからである。これは、従属性の機能を構成要件に該当する他者の不法の帰属に見出すブロイの見解に対しても同様のことが当てはまる。また、連帯説は共犯不法の独立性を主張しつつも、提唱者であるシューマン自身、教唆者や幇助者が他者の犯行につき関与者として（共同）責任を負うに過ぎないとしても、それはすでに自己答責性原理からの逸脱を意味している、と述べているように、自己答責性原理に一定の制限が加わることを認めている[103]。したがって、共犯独立性説が強調した批判は連帯説にも当てはまることになり、連帯説も妥当とは言えないだろう[104]。

では、レッシュやヤコブス等の立場から、従属性を共犯不法の根拠とする見解は適切であろうか。確かに、関与者各人の行為を一つの全体行為として捉え、犯行はおよそ一つであるとの理解に基づくならば、教唆者や幇助者にとって正犯行為も自己の行為であるがゆえに、こうした立場には、他者の不法が帰属されるので妥当ではない、という批判は当てはまらないだろう。しかし、一つの全体行為から関与者各人に帰属を分担する解決方法は、レッシュが拡張的正犯者概念に批判的な態度を示しているにもかかわらず[105]、実質的には拡張的正犯者概念、とりわけキーンアプフェルの分類における機能的統一的正犯者体系に近似することになる、と指摘されている[106]。そうだとすれば、教唆行為や幇助行為は、正犯行為として格上げされてしまうことになるだろう[107]。また、ヤコブス等は、関与者各人の行為を一つの全体行為として捉えることから、量的従属性について、教唆犯や幇助犯も正犯と

---

(103) *Schumann*, a.a.O. (Anm.1), S.42f.
(104) シューマンの連帯説に対するこのような批判として、増田・前掲註（11）368頁参照。
(105) *Lesch*, a.a.O. (Anm.73), S.76ff.
(106) Vgl. *Thomas Rotsch*, „Einheitstäterschaft" statt Tatherrschaft, 2009, S.306.
(107) Vgl. *Hamdorf*, a.a.O. (Anm.62), S.156.

同様に、統一して予備段階から未遂開始の段階へ移行し、統一して未遂終了の段階へ移行する、と理解している(108)。従来の通説によれば、実行の着手時期と未遂犯の成立時期が同時であると解するため、ヤコブス等の見解を受け入れると、狭義の共犯者にとって実行の着手時期は正犯の実行の着手時期まで認められず、法益侵害の惹起を志向する教唆行為自体や幇助行為自体の危険性は軽視されてしまうだろう。もっとも、実行の着手時期と未遂犯の成立時期について、今や通説の立場が問われるべきであることは後に指摘したい(109)。

ともあれ、このような検討を踏まえると、従属性の体系的地位を共犯の処罰条件に置くのが適切であろう。もっとも、このように理解するとしても、共犯の処罰根拠を純惹起説に頼るのは妥当ではないと思われる。純惹起説からは正犯なき共犯を認めることになるが、正犯なき共犯の可罰性は、制限的正犯者概念に基づく共犯行動規範の性質に鑑みると、正犯の行動規範なくして共犯行動規範は存在しないため、否定されるべきである。

そうであれば、共犯の処罰根拠は共犯固有の不法であって、決して正犯不法から導かれるものではないが、正犯なき共犯を否定するように純惹起説を修正しなければならない。こうした見解は、行為無価値一元論を徹底する増田豊によって「惹起志向説」として提唱されていた。惹起志向説の屋台骨を見ると、制限的正犯者概念の立場から正犯行為と共犯行為の相違が重視されており(110)、自己にとって不可能なことや他者が自己答責的に遂行したことに基づき処罰されるようなことがあってはならないとする人格的不法論（不法の人格性の理論）を堅持する。こうした理論を基盤とすれば、共犯の処罰根拠は、他者である正犯の不法の中に存するのではなく、共犯に固有な行動規範の侵害の中に求められよう(111)。

しかし、純惹起説との明白な違いは、惹起志向説が正犯なき共犯の存在を

---

(108) *Jakobs*, a.a.O. (Anm.2), S.253ff. 松宮／豊田・前掲註（2）203頁参照。
(109) 通説の立場に対する批判的考察については、本書第4章第4節を参照。
(110) 増田・前掲註（11）354頁以下。
(111) 増田・前掲註（11）356頁。

否定する点に見られる。惹起志向説も純惹起説と同様に正犯不法から独立した共犯固有の不法を認めるが、それは制限的正犯者概念から導かれる。制限的正犯者概念によれば、共犯は刑罰拡張事由であると同時に構成要件拡張事由でもある。したがって、共犯行動規範を内在する共犯構成要件の存在は、正犯行動規範を内在する正犯構成要件の存在が前提となる。共犯固有の不法として共犯固有の行動規範の侵害を共犯の処罰根拠とする惹起志向説は、共犯行動規範を正犯行動規範とパラレルに対応させ、正犯行動規範なくして共犯行動規範は存在しないと考えるため、正犯なき共犯を否定する帰結へ至ることになる。

　この見解は、理論的にも正統性を有する。第一に、惹起志向説は、それが直接的であれ間接的であれ、正犯の処罰根拠と同様に、法益侵害を志向する行為に処罰根拠を求めるものである。したがって、正犯の処罰根拠と共犯の処罰根拠の内容を全く異にする堕落説のように、共犯の法的性格が正犯と異なる不都合は避けられる。また、共犯不法を共犯者自身の行為のみから導くことにより、個人責任の原理とも調和し、共犯独立性説から共犯従属性説に対して向けられた批判を克服しうる。さらに、制限的正犯者概念によって認められる共犯構成要件の固有性から、共犯固有の行動規範を適正に機能させることができるだろう。共犯固有の行動規範には共犯行為に関する行動制御づけ機能があるため、少なくとも関与行為の時点において、規範の発動の有無は決定づけられなければならない[112]。関与行為が正犯の実行行為よりも時間的に先行することもありうる点を考慮すれば、正犯行為や正犯結果は、幇助犯の行動規範が発動されるためのメルクマールではなく、制裁規範が発動されるためのメルクマールとして理解すべきであるように思われる。

　従属性を共犯の処罰条件に位置づける妥当性は、例えば、幇助犯に対する正当防衛の可否にも現れてくるだろう。傷害を加えることを計画している（責任能力を有する）正犯を助けるため竹刀を提供しようとしている関与者に対して防衛行為に出る場合、従属性を共犯不法の根拠と捉える見解は、正

---

(112) Vgl. *Warneke*, a.a.O. (Anm.88), S.157f.

犯が実行行為に着手しない限り提供行為の違法性が認められないので、防衛者は関与者に対して、緊急避難の限度でしか防衛することができないことになる。しかし、従属性はあくまでも共犯の処罰条件に過ぎないと理解するならば、関与行為それ自体で関与行為の違法性が認められるため、防衛者は関与者に対して正当防衛が可能となる。幇助犯に対する正当防衛を認めるためには、従属性を共犯の処罰条件に見出さなければならないだろう。

確かに、共犯独立性説も共犯行為のみから共犯不法を導き出していた。そして、共犯不法が認められれば、正犯の実行を待たずして直ちに関与行為が可罰的行為と判断されるため、共犯独立性説は可罰的関与行為の領域を大幅に肥大化する結果をもたらした。その点では、共犯行為のみから共犯不法を導く見解に対して、共犯独立性説に至ることを理由に妥当ではないとする批判が向けられるのは、学説史的に見ればやむを得ないかもしれない。しかし、共犯不法を共犯行為のみから導くとしても従属性を共犯の処罰条件と捉えて共犯の犯罪成立要件とすることは可能であり、従属性を前提にすれば、共犯独立性説が批判を浴びた狭義の共犯の未遂事例も不可罰とすることができる。従属性をこのように捉えれば、本書の立場に向けられる批判、すなわち幇助構成要件の固有性を承認して幇助行為のみから幇助犯の不法を導く立場が共犯独立性説に至ってしまうとの批判は、効力を失うだろう⁽¹¹³⁾。

惹起志向説は、量的従属性について次のように理解することになる。関与

---

(113) 自己答責性原理の貫徹を理由に混合惹起説を批判する惹起志向説に対しては、もしわが国の現行刑法が自己答責性原理を貫徹させているとすれば、一切の従属関係は撤廃されているはずであって、たとえ正犯結果を処罰条件に追いやったとしてもそこには依然として従属・依存関係が存在している、との批判がなされている。照沼・前掲註(3)164頁。確かに、行為者処罰の正統化原理として、責任があれば必ず処罰せよ、とする積極的応報論を前提とするならば、自己答責性原理を貫徹させるには、従属関係を撤廃しなければならないかもしれない。しかし、積極的応報論に依拠せず、従属性の意義を共犯の処罰条件に見出して共犯の可罰性を制限する方向でのみ正犯との従属性を機能させるのであるならば、決して従属関係は撤廃されない。惹起志向説は、共犯独立性説を支持する見解ではなく、制限的正犯者概念から刑罰拡張事由と捉えることになる共犯の処罰を制限すべく正犯との従属性を要求するため、むしろ共犯従属性説を積極的に支持する見解である。したがって、惹起志向説に対する先の批判は、適切ではない。

者の実行行為は関与者自身の行為である。それゆえ、幇助犯の実行の着手時期は幇助行為開始時である。しかし、幇助犯が未遂として処罰されるためには、従属性、言い換えれば正犯行為の存在と、正犯行為から発生する結果の危険、すなわち結果無価値（事態無価値）が存在しなければならない。幇助犯の結果無価値（事態無価値）は、離隔犯等の場合を除けば、原則として正犯が実行行為に着手した段階で初めて認められる[114]。したがって幇助行為が終了し、正犯が実行行為に着手したものの既遂に至らなかった場合には、当該幇助行為は可罰性を有することになる。幇助行為が終了しても正犯がいまだ実行行為に着手していない段階では、幇助行為の違法性は認められるものの、処罰条件としての正犯の実行行為が存在しないため、幇助行為の可罰性は認められない。

　このような理解は、自殺関与罪の未遂にも当てはまることになると思われる。確かに、自殺行為が禁止されていないことに鑑みれば、自殺関与罪は制限的正犯者概念に対応する共犯ではない[115]。しかし、各則に規定されている他の未遂とは異なり、自殺関与罪の未遂は自殺関与者が実行行為に着手した段階では可罰的とはならない。なぜなら、自殺関与行為自体は違法であるものの、自殺者が自殺行為を開始しなければ結果無価値は認められず、未遂犯の処罰条件を満たさないからである[116]。そこでは、自殺関与行為の可罰性のみが自殺行為に従属しているのであって、自殺関与行為の不法が自殺行為の不法に従属しているわけではないのである。自殺関与罪が制限的正犯者概念に対応する共犯ではないとしても、従属性が有する処罰条件としての意義は自殺関与罪においても見て取れるだろう。

　以上より、共犯の処罰根拠は惹起志向説が妥当であり、犯罪論における共犯従属性の体系的地位は、共犯の処罰条件に位置づけられるべきであると考

（114）　教唆行為や幇助行為から教唆者の不法や幇助者の不法を導く見解は、正犯行為について、教唆者や幇助者にとって広義の意味における結果（中間結果ないしは第一結果）として捉えることになると思われる。共犯における結果概念について、高橋・前掲註（4）174頁以下参照。

（115）　増田・前掲註（11）23頁。

える。

5　質的従属性の一考察

さて、これまでの論述から、共犯従属性の体系的地位は処罰条件に置かれるべきであることが導き出されたが、共犯の処罰条件として、正犯がいかなる要素を具備していなければならないかを問題とする質的従属性の程度をめぐっては、従来から議論が積み重ねられている。とりわけわが国では、かつてM.E.マイヤーが分類した質的従属性の程度に関する四つの従属形式全てを不要とする見解も主張されている。

例えば、植田重正によれば、教唆犯や幇助犯は本来自己固有の犯罪であり、被利用者の行為は問題ではなく、もっぱら教唆者または幇助者の立場から見てその犯罪の実行を構成すれば足り、他に特別の要件は必要でない[117]。また、佐伯千仭は、盗品等関与罪に関する親族相互間の特例における257条2項の規定や親族相盗に関する244条2項の規定について、責任なき行為または可罰的違法類型（構成要件）の完全な実現でない違法行為についても共犯が成立することを認めたものと解すべきであり、刑法典の統一的理解から、共犯の成立に関して正犯者の行為は厳格な意味において犯罪要件を完備

---

(116)　この点につき、松宮孝明も、自殺関与罪の未遂は自殺行為の着手時期に認めるべきである、と考えている。その理由として、他殺を教唆した者は被教唆者が実行に着手しない限り殺人未遂の教唆で処罰されることはないのに対して、自殺教唆の場合、教唆した時点ですでに自殺教唆の未遂として処罰されることになれば、自殺自体がほとんど事件として扱われていない実態から見てもバランスの悪い結論になることを指摘している。松宮孝明「自殺関与罪と実行の着手」中山研一先生古稀祝賀論文集編集委員会編『中山研一先生古稀祝賀論文集　第1巻　生命と刑法』（成文堂、1997年）239頁。また、須之内克彦も、自殺関与罪の処罰について、通常の共犯と同じ処罰根拠をもつと解する方が自然であるとして、自殺関与罪の未遂が成立する時期を自殺者本人が自殺行為に着手した時期と解している。須之内克彦『刑法における被害者の同意』（成文堂、2004年）139頁以下。もっとも、須之内によれば、自殺関与罪の実行の着手時期も本人の自殺行為時としているが、実行の着手時期と未遂犯の成立時期が常に一致するかどうかは、再考を要する。この点については、本書第4章第4節を参照。

(117)　植田重正『共犯の基本問題』（三和書房、1952年）107頁。

III 共犯従属性の体系的地位と共犯の処罰根拠 61

している必要はない、と主張している[118]。さらに、山中敬一は、共犯の処罰根拠論における純惹起説の立場から、正犯の構成要件該当性を要求せず、可罰的に違法な行為であることを要求している[119]。

正犯行為が構成要件に該当することをも不要とする見解が主張される背景には、間接正犯の成立範囲を狭めようとする考えがあるものと思われる。だが、このような見解は、制限的正犯者概念を支持する立場からは受け入れ難い。なぜなら、制限的正犯者概念によれば、共犯は刑罰拡張事由であると同時に構成要件拡張事由であり、共犯構成要件は正犯構成要件が存在することを前提にして初めて機能する性質を有しているからである[120]。それゆえ、質的従属性に関して、共犯の処罰条件が満たされるためには、正犯行為が少なくとも構成要件に該当する必要があるだろう。

では、共犯の処罰条件として、質的従属性はどの程度要求されるべきであろうか。今日、わが国においては、「違法は連帯的に、責任は個別的に」とのテーゼの下で制限従属性説が通説となっているが、これに対しては、最小従属性説が疑義を唱えている。

最小従属性説によれば、正犯に構成要件該当性が認められれば質的従属性を有することになる。ドイツにおいては過去に最小従属性説が主張されていたが[121]、このような主張が近年わが国において脚光を浴びている背景には、通説が理解する制限従属性説によると違法の相対性が認められないことが挙げられよう。例えば十河太朗は、次のように述べて最小従属性説を支持して

---

(118) 佐伯千仭『4訂 刑法講義（総論）』（有斐閣、1981年）337頁以下。
(119) 山中・前掲註（4）808頁。
(120) M.E. マイヤーは、正犯・共犯の関係は刑罰拡張事由の本質に依拠していると述べ、正犯へ向けられた構成要件が拡張されていることを理由に共犯の従属性が求められる、と述べている。*Max Ernst Mayer*, Der allgemeine Teil des deutschen Strafrechts, 1923, S.390. したがって、制限的正犯者概念を採用する限り、正犯行為への従属形式にヴァリエーションが考えられることを提唱したM.E. マイヤーも、正犯行為が構成要件に該当しなくてもよいとする考えは念頭になかったものと思われる。
(121) Vgl. *Robert von Hippel*, Deutsches Strafrecht, 1930, S.448; *Wilhelm Sauer*, Allgemeine Strafrechtslehre, 3.Aufl., 1955, S.203.

いる。違法性阻却の有無は、当該行為の具体的事情を基礎に、相反するさまざまな利益を比較考慮し、社会的相当性の有無を個別的・実質的に判断するものであるから、共犯行為の違法性も結局は、共犯者自身の具体的な事情をもとに、さまざまな利益を比較考慮しつつ、その行為が社会的に相当なものであったかどうかを個別的・実質的に判断するほかない。したがって、共犯成立の必要条件としての正犯行為は、構成要件に該当することを要するが違法性まで具備する必要はない[122]。また、前田雅英によれば、制限従属性説の論拠として用いられる違法性に関する正犯と共犯の連帯性という命題は常に正しいわけではなく、正当防衛の急迫性等が行為者ごとに相対化する事情や主観的違法(正当化)要素を広く認めるべきであることに照らせば、違法性判断は相対化されうる、と述べている[123]。

確かに、最小従属性説の論者が指摘するように、違法の相対性は認められるべきである。カッターナイフを供与された正犯が、相手に傷害を負わせようとしてカッターナイフを振りかざしたところ、予期に反して、相手がサバイバルナイフを手にして向かってきたので、防衛するために、持っていたカッターナイフで相手に傷害を負わせた、という事例を考えてみれば明らかだろう。正犯には防衛の意思が存在するが、カッターナイフの供与者、言い換えれば幇助者にはおよそ防衛の意思は存在しない。したがって、正犯行為は違法性が阻却されるものの、幇助者には何ら違法性阻却事由は認められず、その限りでは違法の相対性を認めるべきであると思われる[124]。

---

[122] 十河・前掲註(59)234頁以下。同様の主張を展開する論者として、大谷・前掲註(94)407頁以下。

[123] 前田・前掲註(60)468頁以下。島田聡一郎も、行為媒介者に存在する緊急状況と背後者の行為との関係について、通説が結論を導く際に考慮する制限従属性説に疑義を唱えている。島田聡一郎『正犯・共犯論の基礎理論』(東京大学出版会、2002年)178頁以下参照。さらに、佐伯仁志も、法益の葛藤状況における違法性阻却は、その状況における適切な解決を示すためのものであり、何が適切な解決かは各行為者の状況によって異なるのであるから違法性阻却は相対的に判断すべきであるとして、共犯成立のための必要条件という意味での従属性は最小従属性説が妥当である、と述べている。佐伯仁志「共同正犯の基本問題 コメント②」山口厚／井田良／佐伯仁志『理論刑法学の最前線』(岩波書店、2001年)236頁。

Ⅲ　共犯従属性の体系的地位と共犯の処罰根拠　63

　このように違法の相対性を認めるならば、従属性を共犯不法の根拠と捉えた上で制限従属性説を採ることは不可能だろう。従属性に共犯の処罰根拠づけ機能を持たせると、正犯不法の存在が前提となるため、違法の相対性と相反する帰結に至ってしまう。それゆえ、従属性を共犯不法の根拠と捉える見解が、違法の相対性を認めるべく、正犯の構成要件該当性のみで共犯不法を認める最小従属性説を支持するのも理解できなくはない。

　しかし、最小従属性説は、次の点で妥当ではないように思われる。先に挙げたカッターナイフの事例を引き合いに出して検討すると、確かに、幇助者が志向していた傷害の結果は発生している。しかし、その結果は何ら違法な結果ではない。というのも、正犯に違法性阻却事由が認められる限り、違法性が阻却される行為から発生する結果は正当化されるからである。したがって、違法ではない結果の発生に関与した幇助者に対しても、結果無価値は存在しないのである。そうであるならば、結果無価値の存在しない幇助者を、正犯行為が構成要件に該当することを理由に処罰することは不可能であろう[125]。

　そこで、質的従属性を共犯の処罰条件と考える立場から、共犯に刑罰必要性が認められるためには、正犯行為が少なくとも構成要件に該当し、違法性を有することが求められるべきである。従属性を共犯の処罰条件に見出して共犯不法を共犯行為から導く見解は、違法の相対性を維持することができる。さらに、質的従属性を要求することで肥大化しやすい共犯の可罰性を制

---

(124)　それゆえ、共同正犯の事例ではあるが、直接侵害行為を受けていない共犯者に対する過剰防衛の成否が問われたフィリピンパブ事件（最決平成4年6月5日刑集46巻4号245頁）において、最高裁は「共同正犯が成立する場合における過剰防衛の成否は、共同正犯者の各人につきそれぞれその要件を満たすかどうかを検討して決するべきであって、共同正犯者の1人について過剰防衛が成立したとしても、その結果当然に他の共同正犯者についても過剰防衛が成立することになるものではない」として、違法性の判断を相対的に行ったが、この点については支持しうる。質的従属性の体系的地位を共犯の処罰条件に置くのであるならば、最小従属性説だけではなく制限従属性説や極端従属性説からも、違法の相対性を説明することは可能である。もっとも、本文で挙げたカッターナイフ提供事例においては、正当防衛の成立要件として防衛の意思は必要か、また、自ら正当防衛状況を招いた者に対して正当防衛による違法性阻却を認める余地が残されているか、といった点も問題となりうることを指摘しておきたい。

限することも可能となる。具体的に言えば、共犯行為が終了した時点で共犯行為の違法性が認められる一方、正犯行為が構成要件に該当して違法性が認められない限り、共犯行為が違法であるとしても共犯の処罰条件が満たされず、共犯は処罰されない。このように、従属性を共犯の処罰条件として理解することによって、制限従属性説と違法の相対性は両立することが可能となり、制限従属性説に対する懸念は解消されることになろう[(126)]。

　こうして最小従属性説は退けられるものの、質的従属性として正犯の有責性をも要求すべきか、すなわち極端従属性説を採用すべきか、という問題はなお残されている。この問題は、犯罪論体系に関する理解の相違に関連していると思われる[(127)]。犯罪論体系上、故意を責任要素に位置づける見解が共犯の処罰条件として正犯故意を要求する場合は、極端従属性説と親和的になるだろう。しかし、故意を責任要素に位置づける見解が質的従属性として正

---

(125) マウラッハ／ゲッセルも正犯が正当化事由を有している場合、そのような正犯に関与した者は行為を誘因した背後者に該当しない、として最小従属性説を否定している。*Maurach/Gössel*/Zipf, a.a.O. (Anm.43), S.380. もっとも、幇助者にとって正犯行為は最終的な法益侵害結果に至る因果経過の一部であると捉えれば、正犯に正当化事由が認められる場合、幇助者が志向している因果経過と事実上の因果経過との間に齟齬が生じていると言えよう。そうだとすれば、質的従属性の程度をめぐる論争以前に、因果経過の齟齬事例によって解決を図る余地があると思われる。幇助犯における因果経過の齟齬事例についての検討は、本書第8章第3節を参照。

(126) 混合惹起説に一定の理解を示す曲田統によれば、制限従属性説は、本来、正犯者の違法性を共犯成立の必要条件とする考え方であり、決して正犯の違法性と共犯の成立とを連動させようとする見解ではない。その上で、教唆犯については最小従属性説が妥当であるものの、幇助犯については制限従属性説が妥当である、と主張する。曲田統「共犯の従属性に関する一試論」法学新報120巻1・2号（2013年）832頁以下。しかし、こうした見解に対しては、教唆犯の質的従属性について先の最小従属性説に向けられた批判が当てはまるばかりか、幇助犯の質的従属性についても、共犯の処罰根拠を混合惹起説に求めるならば、共犯不法を一部であれ正犯不法から導く限り、正犯の違法性と共犯の違法性は連動するため、混合惹起説との理論的一貫性が問われることになるだろう。

(127) ハンドルフは、極端従属性説と制限従属性説の問題が、故意による正犯行為の必要性の問題と関連していることを明確に指摘している。*Hamdorf*, a.a.O. (Anm. 62), S.18ff.

犯故意を要求しないのであれば、制限従属性説を支持することも可能である。一方、故意を構成要件要素として理解する立場からは、共犯の処罰条件として正犯の有責性を要求するかどうかが制限従属性説と極端従属性説の相違となるだろう。制限従属性説に依拠しつつも正犯故意との従属性に反対する見解が有力に唱えられているが(128)、こうした見解を唱える論者が故意を構成要件要素として理解しているのであるならば、そのような見解に対しては、制限従属性説との整合性に疑問が生じると言わざるをえない(129)。

もっともドイツでは、ヤコブスが制限従属性説に対して異論を提出している。ヤコブスによれば、有責的に行動する正犯のみが刑法上重要な意味を示すことになり、犯罪行為への関与は、自然的経過を制御することとは異なり、有責的な正犯行為を要件とする(130)。その理由として、責任能力者のみが刑法上重要な意味のレヴェルに到達するのであり、刑法的な観点では責任なき者あるいは免責者の違法な行為は、自然界の事象とやはり何ら異なるところはなく、それゆえ、答責的でない者との協力は、間接正犯などが問われない限り、共同の意味における産物へおよそ至らないことを挙げている(131)。

確かに、共犯論に関してヤコブスの理解を前提にすれば、制限従属性説は懐疑的に捉えられることになるだろう。というのもヤコブスの共犯論は、統一的正犯者概念における機能的統一的正犯者体系や拡張的正犯者概念に類似しており、この立場が本来関与者も正犯として理解するのであるならば、質的従属性に関しても有責性が求められるからである。しかし、そうした正犯者概念に近似することは避けるべきであり(132)、ヤコブスの制限従属性説に

---

(128) Vgl. *Roxin*, a.a.O. (Anm.19), S.139ff.; *Günther Jakobs*, Strafrecht Allgemeiner Teil, 2.Aufl., 1991, S.662; *Helmut Frister*, Strafrecht Allgemeiner Teil, 6.Aufl., 2013, S.380f.

(129) Vgl. *Stratenwerth/Kuhlen*, a.a.O. (Anm.7), S.253f.; *Krey/Esser*, a.a.O. (Anm.51), S.408f. 故意を責任要素として捉える古典的な体系の下では、制限従属性説と極端従属性説の対立は、質的従属性を認める要件として正犯に故意が必要であるか、いわゆる正犯故意への従属の要否に関わる重要な意義を有していた。しかし、わが国では今なお異論が見られるものの、通説的な理解のように故意を構成要件要素とする場合、その対立は、もはや形式的な議論に過ぎないと思われる。

(130) *Jakobs*, a.a.O. (Anm.2), S.253.

対する批判は、従属性を処罰条件に位置づける本書の立場に影響を及ぼすものではないだろう。

共犯の処罰条件として質的従属性を要求する立場からは、共犯の処罰条件として正犯が構成要件に該当して違法であればよいのか、それともさらにハードルを上げて正犯の有責性まで要求するのかは政策的な相違に過ぎないと考えられる。責任阻却事由が正犯に存在する場合でも、正犯の違法な行為から発生した結果は共犯の結果無価値であり、共犯に行為無価値と結果無価値が存在し、共犯者自身に責任阻却事由が存在しないのであれば、共犯の処罰条件は満たされるのではないだろうか。そうであるならば、極端従属性説を採用して敢えてハードルを上げる根拠は乏しく、共犯の処罰条件としての質的従属性は、正犯行為が構成要件に該当して違法であることを要求する制限従属性説に依拠する方が適切であると思われる。

Ⅳ　まとめ

本章における検討からも示唆されるように、共犯の処罰根拠論は、未遂の教唆や正犯なき共犯、共犯なき正犯、可罰的幫助行為と不可罰的関与行為の限界等、具体的事例における妥当な帰結を目指して発展してきたと考えられる。ドイツの影響を大きく受けるわが国では、その発展過程において、当初は学説の正確な理解がなされず、従属性指向惹起説が堕落説的不法共犯説に

---

(131) *Jakobs*, a.a.O. (Anm.2), S.253ff. 松宮／豊田・前掲註 (2) 198頁以下参照。また、ザックスは、共犯者は正犯が構成要件に該当し、違法かつ有責的であること、したがって可罰的行為を決定づけたり幫助したりすることを認識し、意欲しなければならない、と主張している。*Walter Sax*, Zur Problematik des „Teilnehmerdelikts", ZStW 90, 1978, S.942. わが国において極端従属性説を支持する論者としては、例えば、瀧川・前掲註 (15) 205頁以下、斎藤信治『刑法総論 第6版』(有斐閣、2008年) 259頁が挙げられる。斎藤は、極端従属性説を「被利用者に故意犯 (構成要件該当の違法で有責な故意行為) を実行させようという場合は、間接正犯にはなり得ず、共犯だけしか成立し得ない」という意味に理解し直すべきであるとして、自説を「消極的極端従属形式」と名づけている。

(132) 本書第1章を参照。

IV　まとめ

位置づけられるなど、共犯の処罰根拠を論ずる以前に学説の分類方法に混乱が見られた。近年ではようやく正確な分類が定着されつつあり、共犯の処罰根拠論をめぐる今日の学説状況を概観すると、ドイツにおいてもわが国においても、従属性指向惹起説や混合惹起説に立つ論者が圧倒的に多い状況である。従属性指向惹起説や混合惹起説が支持を広げている背景には、妥当な帰結を導けるとの思惑があるように感じられる。しかし、かつて共犯従属性説が共犯独立性説から批判を受けたように、責任主義や自己答責性原理を貫徹しえないこれらの見解には従うことができない。惹起説の核心を堅持しながら制限的正犯者概念に基づいて修正を図る惹起志向説が、他の見解に比べて優れているのではないだろうか。

　また、共犯の処罰根拠を導出する過程で検討した共犯従属性の体系的地位は、共犯の処罰条件に位置づけられるべきであることが示され、それにより、幇助構成要件の固有性は共犯従属性となお整合性を保ちうることが明らかになった。わが国では従来から、共犯の処罰根拠における従属性指向惹起説や混合惹起説と関連して、従属性の体系的地位について、共犯不法の要素として捉えているように思われる。しかし、従属性をそのように捉えると、制限従属性説を採用する限り、違法の相対性は認められなくなってしまう。質的従属性の議論は現在の解釈論において問題解決機能を失っている、とまで主張されるようになったが[133]、従属性の体系的地位を共犯の処罰条件に置くことによって、質的従属性の果たす役割は今なお重要であると考える。正犯行為を介して発生する法益侵害結果は共犯にとって処罰条件、すなわち刑罰必要性の要素であるから、幇助の違法性は幇助行為のみから導かれる。違法の相対性を維持しつつ、量的従属性や質的従属性における制限従属性説を通じて、幇助の可罰性を制限することが可能となるだろう。

---

(133)　前田・前掲註（60）469頁参照。

第3章　共同正犯と幇助犯の区別基準

I　はじめに

　前章までは、共犯の基礎理論について検討した。その結果、幇助犯には固有の行動規範が存在し、その処罰根拠は「正犯に寄与することを通じて間接的に法益侵害を志向する行為」であることが明らかになった。このような基礎理論を踏まえて、本書の主題である幇助犯の成立範囲を論究していきたい。

　幇助犯の成立範囲を検討するに当たっては、まず、共同正犯と幇助犯を区別する基準が問題となる[1]。例えば、事前に綿密な計画を立てた上で、店内に誰もいない深夜の宝石店に侵入した仲間が他人に気付かれないよう外で見張る者は、窃盗罪の共同正犯であろうか、それとも窃盗罪の幇助犯になるのであろうか。また、命令された通りに犯行場所まで窃盗犯を乗せるに過ぎない運転手には、いかなる罪責が問われるのであろうか。

　共同正犯か幇助犯かをめぐって争われた判例は、下級審を含めると数多く存在する。共同正犯は刑法60条によって正犯とみなされ、正犯と同等の法定刑が予定されているのに対して、幇助犯の刑は63条によって正犯の刑より減軽されるからであろう。共同正犯と幇助犯の相違を条文から見る限り、共同正犯は、広義の共犯に属するものの、教唆犯や幇助犯にはない正犯性を有していると言える。そこで、共同正犯と幇助犯の相違を浮き彫りにする正犯性はどのようにして決められるのか、今日まで激しい議論が繰り広げられ

---

(1)　亀井源太郎は、可罰的関与行為と不可罰的関与行為の区別を共犯の「外側の限界」、共同正犯と幇助犯の区別を共犯の「内側の限界」と称している。そして、それぞれ重要な問題であると指摘し、特に後者の問題について論究している。亀井源太郎『正犯と共犯を区別するということ』（弘文堂、2005年）3頁以下。

I　はじめに

てきた。

　もっとも、共同正犯と幇助犯の区別基準に関するわが国の議論状況を概観すると、かみ合っていない議論が散見される。すなわち「いかなる要件を満たしていれば正犯性が認められるのか」という論点と「正犯・共犯をどのように構成すべきか」という論点が、時折混同されている[2]。後者では、共犯という例外的な犯罪類型を認めるか否かが問題となるに過ぎない。その延長線上に位置づけられるのが、統一的正犯者概念、拡張的正犯者概念、制限的正犯者概念の対立である。拡張的正犯者概念や制限的正犯者概念は、犯罪類型として共犯を認める場合に正犯と共犯の相互関係を理解するツールであるから、犯罪類型として共犯を認める以上、拡張的正犯者概念か制限的正犯者概念か、いずれかの正犯者概念を採る必要がある。しかし、どちらの正犯者概念を採用したとしても、正犯性の基準は構成モデル論とは別に問題となる。したがって、「共同正犯と幇助犯の区別」と「正犯・共犯の構成モデル」を同じレヴェルで論じてはならないだろう[3]。

　こうして論点を整理すると、正犯性が問題となる共同正犯と幇助犯の区別基準に関する学説は、客観説（objektive Theorie）、主観説（subjektive Theorie）、行為支配説（Tatherrschaftslehre）、その他の見解に大別されよう[4]。わが国では、客観説が現在もなお有力に唱えられているものの、主観説のみを主張する論者はほぼ皆無に等しい[5]。ドイツでは、判例が主観説を基盤としているのみならず、学説においても少数ながらこれを支持する論者

---

[2]　例えば、団藤重光『刑法綱要総論 第3版』（創文社、1990年）372頁以下、大谷實『刑法講義総論 新版第4版』（成文堂、2012年）396頁以下等。もっとも、これらの論者が、正犯性の基準として拡張的正犯者概念や制限的正犯者概念を用いるべきではない、という趣旨で主張しているのであるならば、そのような主張に異論はない。

[3]　松宮孝明は、この点を強調している。松宮孝明『刑法総論講義 第4版』（成文堂、2009年）262頁。

[4]　行為支配説は、実質的客観説（materiell-objektive Theorie）に位置づけられることが多い。しかし、後に論述するように、行為支配説は基準として主観的要素を排しているわけではないので、一面的な基準としての客観説に包括するのは適切ではない。本書では、行為支配説と客観説を分けて論じることとする。

が存在する(6)。また、わが国でも注目されつつある行為支配説(7)はドイツで通説となっているが、そこで主張されている行為支配説の内部に目を向けると、二つの潮流が見られる(8)。しかしその一方で、行為支配説に対する批判も提出されており、そうした議論の過程から正犯性の基準として必要不可欠な要素を導き出すことができるのではないだろうか。本章では、共同正犯と幇助犯の区別基準に関する各学説を検討し、区別するに当たって重要な要素を抽出したい。

II 従来の対立 —— 客観説と主観説

　共同正犯と幇助犯を区別する基準として従来主張されてきたのが、客観説と主観説である。両説の基準は本来一面的で、前者は自手実行や因果性等に着目して客観的に区別する一方、後者は行為者の意思のみに着目して主観的に区別する見解である。まずは、わが国でも今なお根強く支持されている客観説から見ていくことにする。

1 客観説

　正犯性を判断する基準として、構成要件に記述されている行為を、完全であれ一部であれ、自ら遂行することを要求するのが、形式的客観説（formal-

---

(5) もっとも、主観説のいう正犯意思と他人の行為に加担する意思はなお意義を有する、との主張はわが国でも見られる。川端博『共犯の理論 刑事法研究第10巻』（成文堂、2008年）16頁。

(6) 主観説を基盤とするドイツの判例と論者については、*Thomas Hillenkamp*, 32 Probleme aus dem Strafrecht Allgemeiner Teil, 14.Aufl., 2012, S.148ff. を参照。

(7) わが国において行為支配説を支持する論者として、例えば、橋本正博『「行為支配論」と正犯理論』（有斐閣、2000年）5頁以下、照沼亮介『体系的共犯論と刑事不法論』（弘文堂、2005年）143頁、伊東研祐『刑法講義 総論』（日本評論社、2010年）384頁以下等を挙げることができる。

(8) 行為支配説の二つの潮流を明確に指摘する論者として、*Harro Otto*, Grundkurs Strafrecht. Allgemeine Strafrechtslehre, 7.Aufl., 2004, S.292; *Bernd Schünemann*, in: Heinrich Wilhelm Laufhütte/Ruth Rissing-van Saan/Klaus Tiedemann (Hrsg.), Strafgesetzbuch, Leipziger Kommentar, 12.Aufl., 2006, § 25 Rn.7ff. を参照。

objektive Theorie）である。この見解は、19世紀にはすでにドイツにおいて主張されており、1930年代まで支配的だったが、今日では数少ない論者によって支持されるにとどまっている[9]。わが国では、1908年に現行刑法が制定されて以降、長期間にわたって幅広い支持を集め、現在もなお支持者が散在している[10]。

　形式的客観説の利点は、基準の明確性にあるだろう。わが国で形式的客観説を支持する論者も、条文の規定形式を手がかりとして判断できる点で他説に比べて明確な基準であることを、支持する理由に挙げている[11]。だが、形式的客観説に依拠すると、間接正犯の正犯性を適切に説明できないばかりか、共同正犯と幇助犯の区別においても支障をきたすように思われる。例えば、被害者に恨みを持っている兄弟が被害者を射殺しようと企て、兄のアドヴァイスを受けながら弟がピストルを発射した場合、兄は幇助犯とならざるをえないことになるだろう。実行行為を自らの手で行わない者は、たとえ黒幕であったとしても、正犯性が認められないことになるのである。

　もっとも、形式的客観説を支持するフロイントは、構成要件に該当する行為を実質的に決定することによって、先の不当な結論を回避しようと試みている。フロイントによれば、犯罪構成要件の形式的な充足にとらわれると、悪しき禁止された類推（verbotene Analogie in malam partem）につながる。実際、被害者が飲む清涼飲料水に毒を混入し、それを被害者が飲むことによって殺害する事例において、構成要件の実現に関する形式的な諸要件を考慮する立場からも、毒殺が肯定されるべきである。この場合、実行行為を実質的に決定することによって罪刑法定主義を満たすことが可能であり、同様

---

(9) ドイツにおける形式的客観説の歴史については、*Claus Roxin*, Täterschaft und Tatherrschaft, 8.Aufl., 2006, S.34ff.; *Hillenkamp*, a.a.O.（Anm.6）, S.145f. を参照。
(10) わが国における形式的客観説の歴史については、照沼亮介「共犯論」法律時報81巻6号（2009年）39頁を参照。
(11) 例えば、浅田和茂『刑法総論 補正版』（成文堂、2005年）405頁、山中敬一『刑法総論 第2版』（成文堂、2008年）927頁等。また、井上宜裕「正犯と共犯の区別」清和法学研究11巻2号（2004年）59頁以下は、フランス刑法を比較対象にして、客観的行為の着手の有無による基準を提唱している。

の方法によって形式的客観説からもなお妥当な結論を導くことができる、としている[12]。

しかし、このようなフロイントの主張は、形式的客観説が正犯性の基準に要求している、構成要件の「自手実行」という語義からかけ離れることになるだろう。また、構成要件に該当する行為を、いかなる基準によって実質的に決定するのかが、さらに問われることになろう。実質的な決定に頼らざるをえないフロイントの主張は、形式的客観説の限界を露呈しているように思われる。

そもそも、実質的に自手実行の有無を判断するとしても、行為の外形的な側面のみから正犯性を判断することは、およそ不可能ではないだろうか。というのも、当該行為が主観的に見て結果に対する目的(手段)関係にあることを必要とする犯罪の場合には、正犯性を判断しえないからである[13]。例えば、Aの脅迫を受けている被害者からBが財布を奪取する場合、Bに強盗罪の共同正犯を認めるためには、Bが少なくとも脅迫を奪取の目的に利用していなければならない。奪取の目的は、目的犯における目的を責任要素に位置づけてそれを故意として捉えるとしても[14]主観的要素であるため、外形的な側面からだけでは正犯性を決定することができないように思われる。このように、目的関係を必要とする犯罪における正犯性の判断は、少なくとも主観的側面からの検討が必要となるので、形式的客観説は、共同正犯と幇助犯を区別する基準として適切ではないだろう。

共同正犯と幇助犯を区別する際、先に述べた不都合から自手実行の有無を基準とする見解に反対しつつも、なお客観的な見地から因果性や役割の重要度によって区別する、実質的客観説(materiell-objektive Theorie)が、わが国では有力に主張されている。

---

(12) *Georg Freund*, Strafrecht Allgemeiner Teil, 2.Aufl., 2009, S.380.

(13) Vgl. *Urs Kindhäuser*, Handlungs- und normtheoretische Grundfragen der Mittäterschaft, in: Festschrift für Alexander Hollerbach zum 70. Geburtstag, 2001, S.629f.

(14) そのように理解する論者として、内藤謙『刑法講義 総論(上)』(有斐閣、1983年)216頁以下、浅田・前掲註(11)125頁等。

因果性によって区別する見解によれば、構成要件の実現に重要な因果的寄与[15]や重要な役割[16]、単独正犯における結果惹起との価値的相当性[17]等を共同正犯と幇助犯の区別基準とすることになる[18]。このような基準は、かつてドイツにおいて主張された基準と類似している。例えば、主因（Hauptursache）を設定したのか、それとも副因（Nebenursache）を設定したのかによって惹起者（Urheber）と幇助者を区別するフォイエルバッハ[19]や関与行為全体の中で個々の行動が果たす役割を考慮するダーム[20]らの見解が挙げられよう。

　因果性によって区別するわが国の見解に対しては、フォイエルバッハやダームらに対して向けられた批判がそのまま当てはまると思われる。すなわち、重要な因果的寄与や役割は共同正犯を認めるに当たって決定的な基準となるわけではない[21]。例えば、兄弟が住宅に侵入し、兄が物色している間、弟が目当ての金品を発見して窃取することに成功したため、兄は弟と一緒に立ち去った、という事例において、兄は構成要件の実現にとって重要な因果的寄与をしていないことを理由に窃盗罪の共同正犯ではない、とする結論は不当であろう。また、論者自身も認めているように、因果的寄与や役割の重

---

(15) 山口厚『問題探究刑法総論』（有斐閣、1998 年）280 頁。
(16) 西田典之『刑法総論 第 2 版』（弘文堂、2010 年）340 頁以下。また、亀井源太郎は、正犯と共犯を区別する基準として「因果的区別モデル」と「役割分担モデル」を比較した上で、後者のモデルを支持すべきであると主張しているが、因果的要素をも区別基準に含めている。亀井・前掲註 (1) 95 頁。
(17) 石井徹哉「共同正犯に関する一考察」西原春夫先生古稀祝賀論文集編集委員会編『西原春夫先生古稀祝賀論文集 第 2 巻』（成文堂、1998 年）383 頁以下。
(18) 因果性によって区別する見解として、森川恭剛「因果的共犯論の課題―教唆の未遂の否定と正犯と共犯の区別―」九大法学 68 号（1994 年）12 頁以下も参照。
(19) *Anselm Ritter von Feuerbach*, Lehrbuch des gemeinen in Deutschland gültigen peinlichen Rechts, 14.Aufl., 1847, S.83.
(20) *Georg Dahm*, Täterschaft und Teilnahme im amtlichen Entwurf eines allgemeinen deutschen Strafgesetzbuchs, 1927, S.42ff.
(21) Vgl. *Roxin*, a.a.O. (Anm.9), S.40f. もっとも、ロクシンによれば、このようなアプローチは共同正犯と幇助犯の区別に限って採用することが可能であると考えられているが、次に挙げている兄弟窃取事例からもわかるように、その区別についても採用できないだろう。

要性をいかなる基準で認めるのか、不明確である[22]。さらに、価値的考察方法は、価値性を判断する抽象的なメルクマールが存在せず、裁判官の裁量に大きく委ねられることになるだろう[23]。

因果性によって区別する見解は、共同意思主体説が批判にさらされた団体責任的色彩を意識して、刑法が前提とする自己答責性と整合性を保とうとしている[24]。しかし、因果性によって区別を図る見解が以上のような欠点を有していることから、近年、自己答責性と結びつけられた遡及禁止論を用いて正犯性を判断しようとする動きが見られる。

わが国では、共同正犯の共犯性を理由に共同正犯と幇助犯の区別基準には用いず、間接正犯と教唆犯を区別する際に遡及禁止論を用いる見解が主張されているが[25]、ドイツではレンツィコフスキーが、遡及禁止論を共同正犯と幇助犯の区別基準にも採用している。レンツィコフスキーは、制限的正犯者概念を前提として、無限に続く因果連鎖のうち、自律的に行為をしたと最終的に判断される者のみに、法益侵害（または法益侵害の危殆化）が自己の所業として帰属されうるとして、自律的行為が遡及禁止を根拠づける、と論じている[26]。そしてそのことを根拠に、共犯者には正犯行為が自己の所業として帰属されないが、教唆者や幇助者に対しては、各正犯規範に関連する危殆化の禁止が問題となる、と主張している[27]。こうしたレンツィコフスキーの理解に基づくならば、違法かつ有責な惹起行為の介在が、惹起された結果に対する答責の他者への帰属を遮断することになるだろう。

しかし、レンツィコフスキーが主張する遡及禁止論を用いる基準は、共

---

(22) 山口・前掲註（15）280頁。このことは、共同正犯と教唆犯の区別において一層明らかとなるだろう。というのも教唆者は、まさに「造意者」であって「重要な役割」を果たしていると言えるからである。松原芳博「共謀共同正犯論の現在」法曹時報63巻7号（2011年）11頁参照。

(23) Vgl. *Roxin*, a.a.O. (Anm.9), S.51.

(24) 石井・前掲註（17）384頁参照。

(25) 島田聡一郎『正犯・共犯論の基礎理論』（東京大学出版会、2002年）93頁以下。

(26) *Joachim Renzikowski*, Restriktiver Täterbegriff und fahrlässige Beteiligung, 1997, S.73.

(27) *Renzikowski*, a.a.O. (Anm.26), S.151f.

犯を危険犯として理解する限り、結果惹起に関わる関与者が後続行為者と先行行為者（背後者）の関係にある場合は正犯と狭義の共犯を区別しうるかもしれないが、一般的には共同正犯と幇助犯を区別する基準として役に立たないように思われる。例えば、AとBによる銀行強盗の事例において、Bが店員に暴行を加えるか、ピストルを突きつけるか、金庫から強奪するかを決定する場合、意思形成の自由を有するBの自律性が介在するとしても、法益侵害結果に対する答責のAへの遡及が禁止されるわけではない[28]。つまり、共同正犯の場合には遡及禁止論が通用しないのである。

そもそも共犯は、正犯が介在することによって初めて法益侵害結果に対して因果関係を有する犯罪形態である。したがって、正犯者による自律的・自己答責的な行為が介在することを理由に、法益侵害結果に対する共犯の因果性・帰属性が排除されることはない[29]。共犯の処罰根拠として惹起説を支持し、遡及禁止を結果無価値に関する帰属原理として理解するならば、共同正犯と幇助犯の区別基準として遡及禁止論を用いることはできないと思われる。

2　主観説

共同正犯と幇助犯を客観的な側面のみから区別すると以上のような不都合が生じることから、その区別を主観的な側面のみによって行う見解が主張されている。ドイツの判例理論は、この主観説を判断の根底に置いているが、近時は主観説に一定の制限をかけた判例も見られる。

主観説は、行為者が抱いている意思の状況や法益侵害結果から得られる利益に関する行為者の主観によって、共同正犯と幇助犯を区別する見解である。前者は正犯故意説（Dolustheorie）と称され、正犯意思（Täterwille）あるいは自己の行為をなす意思（animus auctoris）をもって行為する者を正犯とし、共犯意思（Teilnehmerwille）あるいは他人の犯罪に加わる意思（animus socii）をもって行為する者を共犯とする。後者は利益説（Interessentheorie）と称され、自己の利益のために行為した者が正犯であり、他者

---

(28)　Vgl. *Kindhäuser*, a.a.O. (Anm.13), S.644.
(29)　増田豊『規範論による責任刑法の再構築』（勁草書房、2009年）383頁。

の利益のために行為した者が共犯である、と解する(30)。

　ドイツでは、浴槽事件（Badewannen-Fall）(31)やスタシンスキー事件（Staschynskij-Fall）(32)等における判例の判断基準が、主観説の立場に依拠していると解されている。浴槽事件では、未婚のまま出産した妹の依頼に応じて、妹が父親から非難されたり未婚の母として村から軽蔑の眼差しを向けられたりするのを回避するために、つまり妹を助けるために妹の新生児を浴槽で溺死させて殺害した姉の罪責が問題となった。ライヒ裁判所は、犯罪行為を故意によって自手的に遂行した者、したがって自ら犯行に及んだ者であっても、その者が正犯意思なくして行った場合、言い換えれば行為を自己のものとして遂行する意思を有していなかった場合には、正犯ではなく幇助者として処罰される、と述べて姉を幇助者とみなす一方、妹について、結果に対する自己の利益という最も決定的な基準によれば正犯意思をもって行動したことになる、と述べて正犯としての罪責を負わせた(33)。

　また、スタシンスキー事件では、当時KGBの一員だったスタシンスキーが、ソ連政府からの命令で亡命政治家を殺害した行為について問題となった。連邦通常裁判所は、スタシンスキーに殺害を依頼したソ連政府の高官こそが、黒幕であり正犯意思を有していたのであるから殺人罪の正犯であると判示した(34)。そして幇助者は、行為を自己のものとして遂行する者ではなく、他者の行為に協力する者であって、このような主観的共犯論によれば構成要件要素を自ら実現した者でも幇助者に過ぎない場合がありうるとして、殺害行為を自己のものとして遂行する意思はなく、結果に対する利益も持たず、政府高官が抱いている正犯意思に屈したに過ぎないスタシンスキーは幇助者にとどまる、との結論を導いた(35)。

　主観説のこうした判断基準は、因果関係の認定問題において主張されてい

---

(30)　主観説の詳細については、Roxin, a.a.O. (Anm.9), S.51ff. を参照。
(31)　RGSt 74, 84ff.
(32)　BGHSt 18, 87ff.
(33)　RGSt 74, 86.
(34)　BGHSt 18, 88f, 95f.
(35)　BGHSt 18, 89f, 95f.

る等価説を出発点としている。正犯性が認められる根拠として犯罪行為の共同惹起を要求するのであるならば、等価説に従うと結果へ至るあらゆる諸条件が客観的に見てすべて等価値であると判断されるので、正犯性を判断するためには、主観的な区別に頼らざるをえない[36]。等価説を前提にすると、正犯者概念の捉え方については拡張的正犯者概念の立場に依拠することになるだろう。正犯・共犯の構成モデルにおいて共犯概念を認める区別モデルに立った上で、教唆行為や幇助行為のように特殊な態様で因果的に関与した者に対して刑罰縮小事由を認めて刑を減軽する拡張的正犯者概念は、結果に対して因果的である者を原則的に正犯と考えるからである。

しかし、等価説から主張される主観説には到底賛同しえない。というのも、等価説を前提にすると拡張的正犯者概念に依拠することになるが、拡張的正犯者概念は、わが国の現行刑法と相容れないばかりか、例えば、幇助の未遂は正犯の未遂と、過失共犯は過失正犯と等価値であるとの結論に至り、不当な刑罰拡張現象をもたらすことにつながる等の欠点を有しているからである[37]。本書の立場である制限的正犯者概念に基づくならば、等価説を前提とする主観説とは、共犯体系上、論理的に両立しえないだろう。もっとも、主観説が等価説を前提としないのであるならば、正犯者概念に関する懸念は払拭されよう。

何よりも、これまで主張されてきた主観説の最大の欠点は、判断基準として採用されている行為者の認識内容にあると考えられる。共同正犯と幇助犯の区別を正犯故意説や利益説によって区別する見解は、わが国の犯罪類型の一部において共同正犯と幇助犯を適切に区別することができず、現行刑法とも整合しない。例えば、自殺関与罪においては、関与者が幇助する意思を有していたに過ぎない場合でも当該関与者が正犯として扱われるのであって、自殺者本人は、量的従属性の観点から擬似正犯として理解されるとしても決して正犯ではない。また、背任罪が規定されている247条によれば、第三者の利益を図る目的で任務に背く行為をした者であっても正犯とされるので、

---

(36) RGSt 74, 84f.
(37) 拡張的正犯者概念の批判的考察については、本書第1章第3節を参照。

このような帰結を利益説から説明することは困難であろう[(38)]。

そこで、こうした正犯意思の有無や結果に対する利益への行為者の主観を強調する極端な主観説（extrem-subjektive Theorie）を修正し、正犯意思や利益に向けられる行為者の主観といった基準を限定的に用いたり、別の観点から行為者の認識内容を考慮したりする、いわゆる限定主観説（beschränkt-subjektive Theorie）が主張されている。

例えば、ウルリッヒ・ヴェーバーは、結果惹起に関するあらゆる諸条件が同等性を有しているならば、主観的な区別こそが良い成果を挙げることになるだろう、と述べつつ、ドイツで通説となっている行為支配説を意識して、行為を支配する意思という要件が主観的共犯論をさらに洗練することができる、としている[(39)]。また、ゲールズは、自ら主張する基準を客観的基準か主観的基準のどちらか一方に位置づけることはできないとしつつも、客観的に考察されるべき実行行為と関与の検討に加えて、行為結果に対する犯罪者の直接的な利益や自己のために行為を完遂する犯罪者の意思がより一層問題になるとして、自身の見解が主観説のような印象を与えるだろう、と述べている[(40)]。

ドイツの判例を見ると、浴槽事件で示されたように行為を自己のものとして意欲する者は共同正犯になるとの言い回しは誤解を招きやすいとして、関与者が事象経過をどの程度共同で支配していたかが重要な手がかりになり、それゆえ、行為の遂行や終了について関与者の意思が決定的である、と説示しているものが見られる[(41)]。他には、正犯意思を考慮しつつ客観的行為支

---

(38) 強盗利得罪（236条2項）や詐欺利得罪（246条2項）等の二項犯罪についても、正犯故意説や利益説からは正犯性を説明しえないだろう。ドイツでは、以前からこうした問題点が指摘されている。Vgl. *Urs Kindhäuser*, Strafrecht Allgemeiner Teil, 6.Aufl., 2013, S.328; *Volker Krey/Robert Esser*, Deutsches Strafrecht Allgemeiner Teil, 5.Aufl., 2012, S.350.

(39) Jürgen Baumann/*Ulrich Weber*/Wolfgang Mitsch, Strafrecht Allgemeiner Teil, 11.Aufl., 2003, S.684f.

(40) *Friedrich Geerds*, Täterschaft und Teilnahme—Zu den Kriterien einer normativen Abgrenzung—, Jura 1990, S.176.

(41) BGHSt 8, 396.

配を基準とする判例[42]や行為支配への意思を考慮する判例[43]、具体的な関与行為が全体の中で有する意味を考慮して自己の利益の有無を判断する判例[44]等がある。

　確かに、限定主観説が正犯性の判断基準として主観的要素を捨てていない点は、評価に値しよう。ドイツの判例でも述べられているように[45]、外形的な構成要件の実現だけが決定的なのではなく、行為者の内心的態度も考慮する必要があるからだ。しかし、そのような基準が、なお等価説を出発点として拡張的正犯者概念の立場から主張されたり、依然として行為者の認識内容を正犯意思や結果に対する利益に求めたりするのであるならば、先に述べた理由から、限定主観説に全面的な賛同を表することは難しいと考える。

Ⅲ　行為支配説の現状

　以上の検討から、客観説あるいは正犯故意説や利益説では、共同正犯と幇助犯を適切に区別することができなかった。そこで、一面的な基準に頼るのではなく、正犯に要求される故意の内容を正犯意思や利益に求めない主観的な観点と客観的な観点の両サイドから判断する行為支配説が主張されるようになった。

　行為支配説によれば、正犯性の決定的な基準は行為支配の有無である。もっとも、行為支配の概念については、論者によって異なっている。行為支配説はわが国でもクローズアップされているが、その内容を正確に理解するためには、行為支配説の生誕地であるドイツで主張されている諸学説に、またしても目を向ける必要があるだろう。ドイツで主張されている行為支配説

---

(42)　BGHSt 35, 353f.
(43)　BGH NStZ 2007, S.530f.
(44)　BGHSt 51, 219; JR 2007, S.298.　鈴木彰雄「ドイツ刑事判例研究（11）」名城ロースクールレビュー 9 号（2008 年）282 頁以下も参照。
(45)　Vgl. BGH GA 1963, S.187f.; 安達光治「共同正犯と幇助の区別 自動車の側面に跳ね上げられた被害者を、走行中故意に路上に転落させた同乗者について（連邦裁判所第 4 刑事部 1962 年 6 月 15 日判決）」法学ジャーナル 70 号（2001 年）103 頁。

の内容に着目すると、主観的要素を重視する行為支配説と客観的要素を重視する行為支配説に二分される。

1　行為支配説の二つの潮流

　正犯と共犯を区別する基準として行為支配の概念を用いる行為支配説は、もともと主観的要素を重視する見解であった。正犯故意説の区別基準に加え、実行支配という観点から意思が実現することを要求したローベの見解が起源である[46]。もっとも、正犯意思を区別基準とする正犯故意説とは異なる観点から主観的要素を重視したのが、ヴェルツェルによって主張された行為支配説である[47]。

　ヴェルツェルが主張する行為支配説は、目的的行為概念（finaler Handlungsbegriff）と人格的不法概念（personaler Unrechtsbegriff）を根底に置いている。ヴェルツェルによれば、正犯論は違法な行為を遂行した人格的行動の中心を示すねらいがあり、目的的行為概念と人格的不法概念を前提とするならば、一般的に（故意構成要件に属する人格的不法要素として）行為の目的的支配が（故意犯の）正犯性を基礎づける。この一般的な正犯メルクマールに基づくならば、行為の支配者とは、意思決定に基づいて目的を伴って遂行する者である。すなわち、計画的にコントロールされた実現意思を持って行為を形成することが、行為者を行為の支配者にさせるのである。それゆえ、目的的実現意思（構成要件的故意）が行為支配の一般的要素である、とヴェルツェルは論じている[48]。

　正犯性についてこのような基準を提唱するヴェルツェルは、共同正犯について、単独正犯と並ぶ独立した一つの正犯形態であり、正犯性を有すると理解している。それゆえ、それぞれ共同正犯者は正犯であり、（客観的かつ主

---

(46)　Vgl. *Adolf Lobe*, in: Reichs-Strafgesetzbuch nach seinen Abänderungen durch die neueste Gesetzgebung, Leipziger Kommentar, 5.Aufl., 1933, S.155.

(47)　ヴェルツェルのように行為支配説に依拠しながら行為者の主観面を重視する論者として、キントホイザーが挙げられる。*Kindhäuser*, a.a.O.（Anm.38）, S.328; *ders.*, a.a.O.（Anm.13）, S.650ff.

(48)　*Hans Welzel*, Das Deutsche Strafrecht, 11.Aufl., 1969, S.100.

観的な）人格的正犯の属性を具有している。そして、共同正犯は、主観的には共同の行為決意を有する者、すなわち、制約のない実現意思を他者と共有する者であり、客観的には自らの行為寄与を通じて他者の行為寄与を一つの統一的な行為へと補完する者である、と主張している[49]。

　これに対して、今日のドイツでは、客観的要素を重視する行為支配説に同調する論者が多数を占めている。客観的要素を重視する行為支配説は、構成要件の実現という観点から行為支配の有無を判断する見解である。

　客観的要素を重視する行為支配説の発展に大きく貢献したロクシンは、正犯と共犯を行為支配の観点から区別するものの、ドイツ刑法典が正犯形態を直接正犯、間接正犯、共同正犯の三つに区別していることに鑑みて、行為支配の基本形式をそれぞれ三つに分け、共同正犯の本質を機能的行為支配に見出している[50]。ロクシンの見解によれば、共同正犯と幇助犯を区別するメルクマールは機能的行為支配であるが、この機能的行為支配が認められるか否かは、行為を掌握していたかどうかに委ねられる。すなわち、関与者が共同で行為することによってのみ計画が実現し、自らの行為寄与を撤回することによって全体の計画が頓挫しうるような場合に、行為を掌握しているとして機能的行為支配が認められる[51]。

　行為の掌握を判断する際、主観的要素としての故意も少なからず考慮される。客観的要素を重視する行為支配説によれば、行為事象の掌握は故意の認識対象である。関与者に行為事象の掌握が認められるためには、関与者が、構成要件に該当する事象経過を支配的に統制する意思を有していなければならない、とする[52]。

　近年、シューネマンは、こうした行為支配の概念をさらに具体化させてい

---

(49)　*Welzel*, a.a.O. (Anm.48), S.110.
(50)　*Claus Roxin*, Strafrecht Allgemeiner Teil, Band II, 2003, S.15.
(51)　*Roxin*, a.a.O. (Anm.9), S.78.
(52)　*Reinhart Maurach/Karl Heinz Gössel*, Strafrecht Allgemeiner Teil, 2.Aufl., 1973, S.517; *Kristian Kühl*, Strafrecht Allgemeiner Teil, 7.Aufl., 2012, S.742f.; *Krey/Esser*, a.a.O. (Anm.38), S.348ff.; *Walter Gropp*, Strafrecht Allgemeiner Teil, 3.Aufl., 2005, S.356.

る。シューネマンによれば、「行為支配」は、正犯性の決定づけに考慮される包括的な原理ではない。というのも、行為の掌握に関して、「関与者が共同で行為することによってのみ計画が実現し、自らの行為寄与を撤回することによって全体の計画が頓挫する」という基準では、例えば不真正不作為犯や身分犯、自手犯における正犯性を検討する際には説明に窮する[53]。そこでシューネマンは、ロクシンが述べた前提を引き合いに出している。それによれば、正犯は刑法各則に規定された犯罪を体現する主体に他ならず、それゆえ、正犯の認定は構成要件的不法の問題であって内心的態度や心情といった責任に関わる問題ではない[54]。こうした前提を基に行為支配を具体化させるならば、それは、多くの犯罪構造において正犯の地位を根拠づける、結果発生の理由（Grund）としての自己の身体運動についての支配であり、客観的帰属論によって微調整が行われる、と論じている[55]。

　シューネマンの見解において注目すべき点は、正犯性を認めるに当たって、結果発生の理由についての支配を要求する点である。故意以外の内心的態度や心情などの主観的要素を正犯と共犯の区別基準から排除し、補足的に客観的帰属論を展開する点は、客観的要素を重視していることの表れではないだろうか。

2　行為支配説に対する批判的考察

　もっとも行為支配説に対しては、少なからず批判的考察が加えられている。本稿では、とりわけレッシュやヤコブス、ハースの見解を取り上げ、その内容を概観したい。レッシュは、共同正犯と幇助犯の区別に関して故意行為に着目するヴェルツェルの見解を批判的に考察し、行為支配概念の修正を図っている。

　レッシュが考える刑罰とは、遂行された規範違反行為を許容しないことに

---

(53) *Schünemann*, a.a.O. (Anm.8), § 25 Rn.16, § 25 Rn.39.
(54) *Claus Roxin*, in: Burkhard Jähnke/Heinrich Wilhelm Laufhütte/Walter Odersky (Hrsg.), Strafgesetzbuch, Leipziger Kommentar, 11.Aufl., 2003, § 25 Rn.34.
(55) *Schünemann*, a.a.O. (Anm.8), § 25 Rn.39.

よって行為者が否認した規範の妥当を確証するものであり、刑法とは、行為のコミュニケーション的側面からもたらされる紛争を処理する役割を果たすものである。こうした考えに基づくと、刑法上の不法については、因果的な外界事象の評価が問題なのではなく、規範の妥当に対する外界事象の意味づけが問題となる。それゆえ、因果的な外界事象と関連する行為意思（行為の故意）は、規範の妥当に関わる行為の意味を判断するに当たって重要ではない[56]。

共同正犯のように部分的な実行行為による分業的行為の場合、レッシュによれば、刑法上保証された規範の妥当に対する侵害の質や量は、互いに重なり合う各個人の関与を全体事象として捉え、規範の責務に関する関与者共通のインフォメーションとして理解することによって決定される。したがって、刑法上の答責対象は、各個人固有の関与ではなく、分業的に遂行される構成要件の実現全体である[57]。そうだとすると、関与者各人の行為は一つにまとめられ、共同正犯も幇助犯も、刑法上の答責根拠と対象については同じである[58]。

しかしレッシュは、責任の量によって共同正犯と幇助犯を区別する。その際、責任の量を決定づけるのは、構成要件を実現する事象をどの程度確定させたか、ということであり、その判断は、侵害の強さやどのような手段を用いるか等といった結果発生に関する重大な決断をしたかどうかによって行われる。この「重大な決断」についてレッシュは決断支配（Entscheidungsherrschaft）と理解して、共同正犯と幇助犯の区別基準を決断支配に求め[59]、その有無を結果帰属のレヴェルで客観的に行うことを提唱している[60]。

決断支配を基準にするレッシュの見解は、ヤコブスの影響を受けているの

---

(56) *Heiko Hartmut Lesch*, Die Begründung mittäterschaftlicher Haftung als Moment der objektiven Zurechnung, ZStW 105, 1993, S.273ff.
(57) *Lesch*, a.a.O. (Anm.56), S.274.
(58) *Heiko Hartmut Lesch*, Das Problem der sukzessiven Beihilfe, 1992, S.284.
(59) *Lesch*, a.a.O. (Anm.58), S.286f.
(60) *Lesch*, a.a.O. (Anm.56), S.281ff.

であろう。ヤコブスは、ヴェルツェルの構想と共に行為支配を行為の掌握と捉えるロクシンらの基準についても批判している。すなわち、共同正犯が行為を掌握する程度として、単独犯が行為を掌握する程度に至らず、教唆犯や幇助犯から関与を拒否されることによって正犯行為が妨げられることは考えられるのであるから、行為事象の掌握の有無によって共同正犯と幇助犯を区別することは困難である[61]。こうした行為支配説が抱える欠点を回避するために、ヤコブスは実行行為の遂行による形式的行為支配（formelle Tatherrschaft）と並んで、実質的行為支配（materielle Tatherrschaft）という概念を打ち出している。それは、行動に出るかどうかの決断を通じた行為支配、すなわち決断支配（Entscheidungsherrschaft）と、行為をどのように形成するかを通じた行為支配、すなわち事象形成支配（Gestaltungsherrschaft）であり、これらのうちいずれかが認められれば共同正犯として認められるとする[62]。

行為支配概念の修正を試みたレッシュとヤコブスの見解によれば、共同正犯と幇助犯を区別する基準は決断支配や事象形成支配の有無であり、客観的帰属の問題として捉えられる。そして複数の関与者によって結果が実現された場合、関与者の答責対象は分業的に遂行された構成要件の実現全体であるから、共同正犯と幇助犯の質的相違は例外的に認められるに過ぎず、それらは原則、責任の量的レヴェルで相違が生じることになる[63]。

ハースは近年、さまざまな観点から行為支配説を批判し、共犯論を行為支配という新たな概念によって説明するのではなく、従来の枠組みの中で再構築している。

その批判の主な矛先は、行為支配説と自己答責性原理の整合性に向けられている。自己答責性原理を正犯と共犯の区別においても貫徹させるならば、帰属可能で自由かつ答責的な直接行為者の行為が背後者の正犯性を否定することになろう[64]。しかし、ハースによれば、行為支配説に依拠する限り、

---

(61) *Günther Jakobs*, Strafrecht Allgemeiner Teil, 2.Aufl., 1991, S.612f.
(62) *Jakobs*, a.a.O. (Anm.61), S.613.
(63) *Lesch*, a.a.O. (Anm.58), S.284ff.

正犯と共犯の区別における自己答責性原理を維持することは困難である。というのも、直接行為者自身に行動の自由が存在する場合、正犯と共犯の区別における自己答責性原理を貫徹させるならば直接行為者以外の者は共犯となり、行為支配は自己の関与行為に限定されるはずであるにもかかわらず、行為支配説は、行動の自由が存在する直接行為者の行為を支配する者にも他者の関与行為に対する支配を認めて正犯を肯定してしまうからである[65]。

そこで、ハースは伝統的な共犯論に立ち返って、共同正犯を相互的間接正犯（wechselseitige mittelbare Täterschaft）として捉えるべきことを主張する[66]。各共同正犯は、自分自身が一人で行動する場合もあれば、仲間と共に行動する場合もあり、代理のように仲間の意思に従って仲間を利用する犯罪形態である。仲間の意思に従うことで、他の関与者は、自己の行動に基づいて答責的になる。共同正犯者は、共同の行為決意を通じて、当該関与行為がそれぞれ他者の名においてなされてもよいとする委任を相互に与えているのである[67]。

ハースのように共同正犯を間接正犯と同様に捉える見解はわが国でも見られ、とりわけ、共謀共同正犯を理論的に説明すべく、そのような主張がなされている。例えば、藤木英雄は次のように述べている。被利用者の行動を自己の規定した方向に向かって意のままに動かすことによって正犯性が根拠づけられる間接正犯の利用関係に類似して、共謀者は、他者と合意の上で共同して相互に利用しあって結果を実現した場合に共同の実行者と認められる[68]。こうした主張は、行為支配概念に頼らず、共同正犯を間接正犯と同様に捉えて自己答責性を維持しようとする見解であると推察されよう。

---

(64) Vgl. *Heribert Schumann*, Strafrechtliches Handlungsunrecht und das Prinzip der Selbstverantwortung der Anderen, 1986, S.69.
(65) *Volker Haas*, Die Theorie der Tatherrschaft und ihre Grundlagen, 2008, S.32ff.
(66) *Volker Haas*, Kritik der Tatherrschaftslehre, ZStW 119, 2007, S.534ff.
(67) *Haas*, a.a.O. (Anm.65), S.113. キントホイザーは、共同正犯を間接正犯と捉えているわけではないものの、ビンディンクのように共同正犯の行為を相互的代理（wechselseitige Repräsentanz）行為と捉えている。*Kindhäuser*, a.a.O. (Anm.13), S.651f.; *ders.*, a.a.O. (Anm.38), S.353.

IV 故意の再評価

1 自律性と行動規範

　共同正犯を間接正犯と同様に捉えることができるかどうかはともかく、ハースの指摘には、行為支配説の当否を検討し、共同正犯と幇助犯の区別基準を導出するに当たって無視しえない内容が含まれている。

　ハースが共同正犯においても自律性・自己答責性原理を貫徹させようと試みている点は、刑法が責任主義を前提としていることに鑑みれば、いかなる論者からも異論なく受け入れられるはずである。自己答責性の観点から共同正犯の行為を説明すると、それぞれ共同正犯者は、自律的な決断を通じて、他者の行為と規範的な関係を構築する。その上で、結果の帰属性については、キントホイザーが示す次のような事例が参考になると思われる。ＡがＢから依頼を受けてＢの髪の毛を切る際、Ａは、客観的にも主観的にもＢから依頼された通りに行ったという事例において、有責的な暴行ないし傷害という法益侵害結果がＡに帰属されないのは、Ｂ自身による決断が存在するからだろう。すなわち、Ａの行為は、Ｂの（言語）行為と規範的な関係の下で遂行されたため、構成要件に該当しない。一方Ｂについては、Ｂが髪の毛を自ら切る場合であろうともＡに切らせる場合であろうとも、規範的には同じ評価である[69]。こうして見ると、共同正犯としての結果が帰属されるためには、自律的な決断の存在が必要不可欠ではないだろうか。

　もっとも、ハースが指摘するように、共同正犯のみならず幇助者も行為を自律的に決断する主体に他ならないため、自律的な決断の内容について、さらに問題となるだろう。自律的な決断の内容に関する共同正犯と幇助犯の相違は、両者に向けられる別個の行動規範が指針となるように思われる。

　共犯行動規範の存在意義については、正犯・共犯の構成モデルならびに正

---

[68] 藤木英雄「共謀共同正犯の根拠と要件 (1)」法学協会雑誌78巻6号（1962年）622頁以下。この見解を支持する代表的な論者として、川端博『刑法総論講義 第3版』（成文堂、2013年）578頁以下が挙げられる。

[69] Kindhäuser, a.a.O. (Anm.13), S.645f.

犯者概念の捉え方によって異なる。正犯・共犯の構成モデルについて区別モデルを採用し、正犯者概念について制限的正犯者概念を前提とするならば、正犯と共犯の行動規範は異なり、共犯固有の行動規範が存在することになる。したがって、幇助犯とは固有の幇助行動規範に違反する者である。他方、共同正犯は、わが国の現行刑法を見る限り、単独犯と同様に、各則の構成要件に内在する正犯行動規範に違反する者である[70]。

このように共同正犯と幇助犯は、違反する行動規範が異なるため、自律的な決断の内容にも相違が生じる。共同正犯には、各則に規定された犯罪の実現に関する自律的な決断が要求されるのに対して、幇助犯にはそのような内容の自律的な決断が存在せず、各則に規定された犯罪の実現へ向けた幇助行為に関する自律的な決断が要求されることになろう。

2　実行行為に内在する共同決定としての「構成要件的故意」による区別

では、具体的にいかなる場合に共同正犯としての共同の自律的な決断が認められるのであろうか。それは、各則の構成要件に該当する実行行為に着手するかどうかについて自ら決定する場合や、各則の構成要件に該当する実行行為をどのように形成するかについて自ら決定する場合に認められると思われる[71]。例えば、銀行強盗に複数人が関与する事例では、関与者の一人が犯行現場にいなかったとしても、その者が銀行強盗を行うことを決定したという事情がある場合は、その者についても共同正犯としての自律的な決断が認められよう。また、銀行強盗を行うように命令されて実際に犯行に及んだ直接行為者については、命令された直接行為者が責任無能力である場合や心理的に抑圧されているような状況が存在する場合等は別にして、銀行強盗をどのように行うかについて自ら決定した事情が存在すれば、そのような直接

---

[70]　共同正犯の行動規範について、詳細は本書第4章第2節を参照。
[71]　したがって、ヤコブスやレッシュが、ロクシンらの主張を批判して決断支配や事象形成支配を区別基準として挙げている点は、ヤコブスらが前提にしている正犯と共犯の構成モデルに賛同しえないとしても、行為支配概念を正しい方向に修正していると思われる。

行為者についても共同正犯としての自律的な決断が認められよう。いずれにせよ、共同正犯の場合には、幇助犯とは異なり、双方向の共同決定が必要とされる。

こうして見ると、共同正犯における自律的な決断とは、共同決定としての構成要件的故意に他ならないようにも思える。しかし、自律的な決断それ自体は、真正の（構成要件的）故意であるとは限らない。例えば、明日Cを毒殺しようというAとBの自律的な決断は、いわゆる事前の故意（dolus antecedens）である。事前の故意は、刑法における意思としての真正の故意ではない。今日一般的に承認されているのは、実行行為に内在する意思としての故意であろう[72]。したがって、自律的な決断に基づく実行行為に内在する意思、すなわち「構成要件的故意」が、共同正犯と幇助犯を区別する重要な基準になると考える。

むろん、構成要件的故意は実行行為に内在するものであるから、関与者の「行為」も、「故意」と共に重要な区別基準となる。共同正犯と幇助犯の行動規範が異なるのであれば、両者の実行行為も異なるはずである。この点に、従来の主観説と私見の相違が見られるのではないだろうか。確かに、区別基準として行為者の主観面が重要であると主張する点では、主観説と本書の立場は軌を一にする。しかし、主観説は、行動規範の相違や構成要件の相違、とりわけ実行行為の相違に着目せず、故意とは異なる内容の関与者の意思のみを基準としていた。そのため、主観説は重大な欠陥を抱えてしまったように思われる。

さらに、共同正犯の犯罪形態に鑑みれば、故意行為は、たとえ分業的なものであれ「共同で」実現されなければならない。共同実現が認められるためには、各関与者の自律的な決断の内容について、相互的に了解している必要

---

[72] 事前の故意と行為内在的意思としての真正の故意の相違については、増田・前掲註（29）229頁以下参照。こうした理解によれば、行為者の犯行計画は事前の故意と言えるだろう。金澤真理も、実行の着手時期を判断するに当たっては、構成要件に該当する行為の意味が問われるのであるから、構成要件の枠を超えた、行為者の主観たる犯行計画を考慮すべきでない、と主張している。金澤真理「実行の着手判断における行為計画の意義」法学75巻6号（2011年）110頁。

があるだろう[73]。

V　わが国の判例理論

　わが国の一般的な理解によれば、判例理論は、共同正犯と幇助犯を区別する際、行為者の主観面を重視している。そこで、本書の立場を一層明らかにするためには、わが国の判例理論を批判的に考察することが有益であろう。

　例えば、被告人が依頼者の要求通りに覚せい剤を依頼者に注射した事件では、覚せい剤使用罪（覚せい剤取締法19条）の共同正犯の成否が問題となった。大津地裁によれば、「覚せい剤取締法19条にいう覚せい剤の使用は、自己使用に限定されるものではなく、他人に使用させる場合も含まれると解されるし、覚せい剤の水溶液を注射器で人の身体に注射することは、それ自体が覚せい剤の使用と目される場合もありえよう」と解されている。その上で、本件における「被告人は、自ら又は他人に覚せい剤を使用させようとの積極的意図を有していたとは認め難いのであって、覚せい剤使用の正犯意思を欠」き、「覚せい剤使用行為を幇助する意思を有していたにすぎない」として、被告人は覚せい剤使用罪の幇助犯にとどまる、と認定した[74]。

　また、仲間からの打ち明け話等によって予め強盗計画を知っていたにもかかわらず、被告人が犯行当日、犯行場所とは別の地点で仲間を待ち受け、仲間の家まで送り届けた事件では、強盗罪の共謀共同正犯が成立するのか幇助犯にとどまるのかが問題となった。千葉地裁松戸支部は、「被告人が果たした役割は軽微なものではなく、むしろ必要不可欠なものであったこと、ま

---

(73)　このように考えれば、相互的な了解が存在しない片面的共同正犯は、およそ認められないことになるだろう。島田聡一郎も、共同正犯が「正犯」として扱われるのは、関与者間の横の結びつきによって一体として構成要件該当事実を実現したと評価されるからである、として関与者相互の関係や結びつきを不要とする片面的共同正犯肯定説に疑問を投げかけている。島田聡一郎「共謀共同正犯論の現状と課題」川端博／浅田和茂／山口厚／井田良編『理論刑法学の探究③』（成文堂、2010年）54頁以下参照。

(74)　大津地判昭和53年12月26日判時924号145頁。

た、被告人が受領した金額は200万円であり、強取金額からすればさほどのものではないが、その役割分担に照らせば、それ相応の金額であるということもできないわけではない」と認定したが、被告人が強盗の謀議や待ち合わせ場所の下見等に参加していないこと、被告人の受領金が仲間の取り分からさらに出されたものに過ぎないこと、仲間が被告人を単に逃走用車両の運転手としてしか考えていなかったこと等を総合的に検討し、被告人には「自らも強盗をする意思があったとは認め難」いとして、被告人に強盗幇助罪を成立させた[75]。

さらに、賭博ゲーム機を有するポーカーゲーム店に主として厨房担当従業員として勤務していた被告人の罪責が問われた事件では、常習賭博罪の共同正犯の成否が争点となった。東京地裁は、被告人について「ゲームフロアでの仕事には関心が薄く、その仕事を積極的に手伝おうという意思もなければ仕事を覚えようという意識もなかったのであって、……自己の犯罪として賭博を行っているという意識はなかった」と認定した。そして、被告人の仕事内容を見ても七割方は厨房での飲食物の調理・提供に関する仕事で、残りの三割を占めるゲームフロアでの仕事も全面的に「指示に基づいて行われた極めて単純かつ機械的なものであって、正犯意思の徴表とも認め得るような自らの判断で行う実質的な仕事は全くなかったと言わざるを得ないこと」や被告人の報酬がアルバイトの域を出ないこと等、諸般の事情を総合して、被告人に単純賭博罪の幇助犯の限度で罪責を問うことが相当である、と述べた[76]。

近年では、主に運転手役として関与した四件の建造物侵入・窃盗等のうち、二件について共同正犯の成立を認め、残りの二件については幇助犯にとどまるとされた事例において、「共同正犯と幇助犯の区別は、共同正犯が複数の者が互いに他人の行為を利用して各自の犯罪を実現しようとするものであるのに対し、幇助犯は他人の犯罪の実現を容易にしようとするものである」と述べた上で、次のような事情を踏まえて共同正犯と幇助犯の成立を区

---

(75) 千葉地松戸支判昭和55年11月20日判時1015号143頁。
(76) 東京地判平成2年10月12日判タ757号239頁。

別している。共同正犯が成立する犯行では、「金庫盗を職業的、営業的に行っている犯行グループから依頼されて、報酬目当てに毎日のように犯行グループの運送をする運転手役として金庫盗に加担し……実行役が金庫盗を実行している間自発的に車内で見張り行為も行うようになっていたのであって、被告人がこのころには犯行グループとの相応の一体感ないしは犯行グループへの相応の帰属意識を持って犯行にかかわるようになっていた」、「被告人の分担した運転の仕事は……実行行為そのものではないものの金庫盗実行中現場付近で待機し実行直後現場から実行役らを逃走させるという実行行為に準ずるような重要な役目も担うものであったのであり、かつ、被告人はこのことを十分認識していた」、「現場付近に待機し実行直後実行役らを現場から逃走させるという仕事は逮捕される危険に身を晒すものであるが、被告人はこの危険を顧みず、敢えてこの仕事を行っていた」、「被告人に対する報酬が、下見の分を含め、犯行グループが被告人ら運転手役を使って行っている金庫盗の上がりから支払われるものであることを知るようになっていた」こと等を根拠に挙げた。一方で幇助犯が成立する犯行については、「犯行グループの行っている店舗荒らしないし金庫盗のやり方や運転手役としての仕事の内容、心得等について……どの程度の説明を受けたのか全く不明であり」、「被告人において犯行グループの実態」についての「認識をどの程度有するに至っていたのか不明である」こと等に照らすと、「自らも実行役らの行為を利用して建造物侵入、窃盗の犯罪を実現する意思を有していたと認めるには証拠不十分であり、被告人には実行役らによる本件各犯罪の実行を容易にする意思があったのみであると認定するほかない」と論じている[77]。

概観すると、共同正犯と幇助犯を区別する際、判例は一次的な基準として行為者の主観を重視し、その主観の内容については、正犯故意説や利益説に軸足を置いていることがうかがえよう。各判例がこうした立場を前提としているのは、最高裁が「従犯は他人の犯罪に加功する意思をもつて、有形、無形の方法によりこれを幇助し、他人の犯罪を容易ならしむるものであつて、

---

[77] 東京高判平成15年1月23日東高刑時報54巻1〜12号1頁。

自ら、当該犯罪行為、それ自体を実行するものでない」⁽⁷⁸⁾と解しているからだと思われる。しかし、正犯意思の有無や利益に区別基準の軸足を置く判例理論に対しては、先に述べた主観説に対する批判が当てはまってしまうだろう⁽⁷⁹⁾。

　一方、先に示した私見は、確かに行為者の主観を重視する点では判例理論と一致するものの、判例理論のように主観の内容を正犯意思や利益に求めているわけではない。確かに規範論の観点から、幇助者に「幇助する意思」が必要であることの裏返しとして、共同正犯者に「自己の犯罪を実現する意思」が要求されるようにも思われるが、そのような意思内容を正犯性の判断基準にすべきではない。行為者の認識対象を各則の客観的構成要件に求め、犯罪の実現に向けた行為事象を左右する決断の存在、あるいはそのような行為事象をどのように形成するかについての決断に基づく、実行行為に内在する共同決定としての「構成要件的故意」が、共同正犯の成否を左右する最も有効な基準であると考える。

　このような考え方を先の事案に当てはめると、覚せい剤使用罪の幇助犯が認定された事件は、次のように理解するのが適切であろう。形式的ないしは客観的に見ると、覚せい剤を依頼者に注射する行為自体は、判例でも述べられているように正犯行為とも見受けられる。もっとも、正犯行為の一部を行った者が直ちに正犯として認められるかどうかは、必ずしも自明ではないだろう⁽⁸⁰⁾。それゆえ、行為者の主観にスポットライトを当てる判例の姿勢については賛同すべきであると思われる。しかし、他人の犯罪に加わる意思、つまり他人に覚せい剤を使用させる場合も覚せい剤取締法19条違反の正犯になりうるのであるから、判例のように正犯意思の有無に着目する立場からは、被告人を幇助犯とする帰結を導けないはずである。それにもかかわ

---

(78)　最判昭和24年10月1日刑集3巻10号1629頁。

(79)　もっとも、判例は正犯意思の有無のみによって区別しているわけではなく、行為者の役割等も考慮して区別していることに鑑みれば、わが国の判例が行為者の主観のみによって区別する主観説を採用しているわけではないとの指摘も一理あるだろう。亀井・前掲註(1) 128頁。

(80)　この点については、本書第5章も参照。

らず被告人を幇助犯とした判例の基準は、もはや覚せい剤使用に関する「積極的意図」の有無にシフトしていると解されよう。しかし、こうした基準に対しては、未必の故意でも正犯性が認められるはずであるにもかかわらず、なぜ覚せい剤使用罪については「積極的意図」まで認められないと正犯性が否定されるのか、説明を要するだろう。行為者の主観に着目するならば、覚せい剤を依頼者の身体に注射する行為に、正犯行為を実行するかどうかについての決断や正犯行為の形成方法に関する決断が内在していたかどうかを検討すべきだったのではないだろうか。

　一方、強盗事案では、確かに被告人は強盗計画を事前に知っていたものの、指定場所から仲間を車に乗せて送り届けた行為が指示に従ったものであるならば、被告人を強盗罪の幇助犯とした判例の結論は支持されうる。さらに、単純賭博罪の幇助を認めた判例では、認定された事実に基づく限り、被告人には賭博を遂行するかどうかについての決断も認められなければ、賭博をどのように行うかについての決断も認められないため、被告人に共同正犯が成立しないと結論づけた判断は、正当であると思われる。四件の建造物侵入・窃盗等の事案についても判例の結論自体に異論はないが、私見によれば、建造物への侵入行為や窃盗行為をどのように遂行するかについての自律的な決断の有無が、結論を左右することになる。被告人の役割は、そのような自律的決断の有無を徴憑する間接事実となりうるだろう。

Ⅵ　まとめ

　本章では、共同正犯と幇助犯の区別基準について論究し、従来の客観説や主観説を排斥した。そして、行為支配説の当否をめぐるドイツの議論を参考に、共同正犯の自律性と行動規範の観点から、自律的な決断に基づいて行われる実行行為に内在する、共同決定としての「構成要件的故意」が区別基準として決定的に重要であることを示した。故意をそのように理解するならば、共同正犯が成立するためには、共同で遂行される「実行行為」も、幇助犯との区別において重要なメルクマールである。共同正犯の正犯性に鑑みれ

ば、共同正犯が単独正犯と同様の自律性を有し、各則の構成要件に該当する実行行為に着手するかどうか、実行行為をどのように形成するかについての共同の自律的な決断が存在することは、共同正犯の成立に必要不可欠な要件であると考える。このように考えると、共同正犯と幇助犯を区別する際、犯罪の実行が「誰の決断か」ということに留意しなければならないのではないだろうか。

　行為支配説を支持するヴェルツェルも、構成要件的故意に着目していた。たとえ行為支配説に依拠し、構成要件該当事実に対する支配性によって区別するとしても、その支配性を客観的な見地のみから判断することはできず、先のように理解された関与者の故意も、支配性を判断する重要なメルクマールとしていたように推察される[81]。

---

(81)　ゼーアーも、行為支配を検討する前に故意を検討しなければならない、と主張している。*Gerhard Seher*, Vorsatz und Mittäterschaft—Zu einem verschwiegenen Problem der strafrechtlichen Beteiligungslehre, JuS 2009, S.6.

第4章
いわゆる共謀共同正犯における
実行行為概念の再検討

I　はじめに

　正犯と共犯を区別するに当たっては、実行行為の意味、とりわけ実行行為に内在する構成要件的故意の内容が決定的に重要なメルクマールとなる。もっとも、こうした主張に対しては、次のような批判が向けられるだろう。先に示したメルクマールは、共謀共同正犯と幇助犯の区別において何ら役割を果たさないのではないか。共謀者は実行行為を行わない者であるから、共謀者自身の正犯性を判断する際に実行行為の意味を検討することはできないはずである。提唱する区別基準を厳格に用いると、正犯構成要件に該当する実行行為を一部たりとも自ら行うことのない共謀者にはおよそ共同正犯が成立せず、教唆犯あるいは幇助犯が成立する余地しかなくなるのではないか[1]。

　確かに、判例も共謀行為を正犯性の判断対象としているように思われる。その好例として、次のような事案が挙げられよう。被告人は、犯行前夜に共犯者らと住居侵入・強盗に及ぶことを共謀した。そして犯行当日、共犯者らが侵入口を確保したものの実行に着手する前の段階で、現場付近に人が集まってきたのを見た見張り役の共犯者は、屋内にいる共犯者らに電話をかけ、「犯行をやめた方がよい、先に帰る」と一方的に伝えて電話を切り、付近に止めてあった自動車に乗り込んだ。その車内では、被告人らが強盗の実

---

[1]　これは、正犯と共犯の区別基準における形式的客観説に対して提出されている批判である。例えば、西田典之『共犯理論の展開』（成文堂、2010年）45頁以下参照。さらに高橋則夫は、実行行為の有無に固執して正犯・共犯類型を理解する考え方に対して、共犯の処罰根拠論における不法共犯説に立脚するものである、と述べている。高橋則夫『規範論と刑法解釈論』（成文堂、2007年）133頁。

行行為に及ぶべく待機していたが、被告人は自ら運転して、一部の仲間と共に現場付近から立ち去った。その後、残された共犯者らがそのまま強盗に及んだ。

最高裁は、「被告人が離脱したのは強盗行為に着手する前であり、たとえ被告人も見張り役の上記電話内容を認識した上で離脱し、残された共犯者らが被告人の離脱をその後知るに至ったという事情があったとしても、当初の共謀関係が解消したということはできず、その後の共犯者らの強盗も当初の共謀に基づいて行われたものと認めるのが相当である」として、被告人に住居侵入罪と強盗致傷罪の共同正犯としての罪責を認めた原判断を正当とした[2]。

従来、いわゆる共謀共同正犯は、実行共同正犯と対比する形で捉えられ、共謀者については、実行行為を行わない者として理解することが暗黙の前提とされてきた。この前提に従うならば、共謀者が「殺す」行為や「盗む」行為等の外部的行為に決して出ない限り、私見として提唱された正犯と共犯の区別基準は、実行行為を自ら行わない共謀者の正犯性が問われる事例において機能不全に陥るだろう。しかし、そのような前提は果たして正しいだろうか。すなわち、法益侵害結果を直接惹起する外部的行為に決して出ることのない共謀者の共謀行為は、本当に実行行為と別物なのだろうか。

もし、共謀行為そのものが実行行為として認められる可能性を有しているならば、想定される批判は必ずしも的を射ているとは言えず、むしろ共謀者の正犯性を判断する際にも、実行行為に内在する構成要件的故意は、依然として有効なメルクマールとなるだろう。そうであるならば、改めて共謀共同正犯における実行行為概念を問い直す必要がある。

とはいえ、共謀共同正犯に属する事例類型は多岐にわたる。共謀行為の時

---

(2) 最決平成21年6月30日刑集63巻5号475頁。本決定に関する論説として、山中敬一「共謀関係からの離脱」川端博／椎橋隆幸／甲斐克則編『立石二六先生古稀祝賀論文集』（成文堂、2010年）539頁以下、松原芳博「共謀共同正犯論の現在」法曹時報63巻7号（2011年）1頁以下等参照。

(3) 言語行為と記号行為については、増田豊『語用論的意味理論と法解釈方法論』（勁草書房、2008年）513頁以下参照。

期を基準にすれば事前共謀と現場共謀に分けられ、言語行為・記号行為[3]の観点からは明示的な共謀と黙示的な共謀に分けられ、共謀者の地位によって類別するならば支配型の共謀と対等型の共謀に分けられよう。本章では、プロトタイプと思われる明示的な事前共謀の事例を念頭に、検討を進めることにしたい。もちろん明示的な事前共謀の事例には、支配型の共謀も対等型の共謀も想定されよう。

　検討の過程においては、ドイツにおける共同正犯の未遂をめぐる議論も参考となるだろう。ドイツ刑法典では、30条に関与の未遂について規定されており、とりわけ2項で行為態様として挙げられている「申し合わせ」については、共同正犯の未遂との関係が意識され、申し合わせの可罰性をめぐって見解が分かれている。「申し合わせ」とは、二人以上の者が一緒に重罪の共同正犯的な遂行をすることについての意思の合致である、とされており[4]、これは、わが国で問題となる共謀行為と類似しているように見受けられる。ドイツの議論を手掛かりとして共謀行為の本質に迫ることができれば、実行行為に内在する構成要件的故意の内容は、共謀共同正犯と幇助犯の区別にも重要なメルクマールとなるばかりか、安易な共謀共同正犯の成立に警鐘を鳴らすことができるのではないだろうか。

II　従来の共謀行為と実行行為の関係性

1　共同正犯の行動規範

　今日わが国の判例や通説によれば、実行行為を一部たりとも遂行していない共謀者についても、共謀に参加した一部の者が実行行為に出れば共同正犯としての罪責を負いうる。これに対しては今なお正面から反対する主張が見られ[5]、その主な根拠には60条の解釈が挙げられている[6]。すなわち、60条の規定は共同正犯の成立要件として少なくとも実行行為の一部を行ったこ

---

(4)　Vgl. *Günter Heine/Bettina Weißer*, in: Adolf Schönke/Horst Schröder, Strafgesetzbuch, Kommentar, 29.Aufl., 2014, S.565; *Claus Roxin*, Strafrecht Allgemeiner Teil, Band II, 2003, S.303.

とを要求しており、実行行為を自ら遂行しない共謀者には共同正犯が成立しえない、と主張されている。そこで現在の共謀共同正犯論を考察するためには、差し当たって60条の解釈と共同正犯の行動規範について論究しなければならないだろう。

近年、60条の解釈をめぐっては、実行行為を行わない単なる共謀者も「例外的」に共同正犯になりうるとする通説の立場をさらに押し進め、そもそも共謀共同正犯は60条の「原則的」な適用事例である、との主張が散見されるようになってきた[7]。例えば、高橋則夫は、60条について次のように解釈している。まず、因果的共犯論から、正犯と共犯の規範違反についての内容を量的な相違に過ぎないものとして捉える[8]。刑法各則の行為規範は正犯と共犯とで共通であるものの、制裁規範が単独正犯しか予定されていないため、共同正犯を含む共犯は60条以下の規定が制裁規範を形成する。もっとも、共同正犯の制裁規範は、60条単独ではなく、各則の行為規範違反と制裁規範が60条の制裁（媒介）規範を通じて結びつけられることにより、完全な制裁規範となる。そして、60条の制裁（媒介）規範を発動させるために「共同して犯罪を実行」という行為規範が存在する。その行為規範の中核的要素は共謀の存在であり、共謀（共同犯行の意識形成）に至る各自の抽象的に危険な行為と因果関係があれば、具体的危険の発生（あるいは結果発生）が認められ、60条の制裁（媒介）規範が発動する。それゆえ60条は、

---

(5) 例えば、福田平『刑法総論 全訂第5版』（有斐閣、2011年）276頁以下、曽根威彦『刑法総論 第4版』（弘文堂、2008年）255頁、山中敬一『刑法総論 第2版』（成文堂、2008年）877頁、浅田和茂『刑法総論 補正版』（成文堂、2007年）415頁以下等。

(6) 浅田・前掲註(5) 418頁参照。

(7) 高橋・前掲註(1) 135頁、佐伯仁志『刑法総論の考え方・楽しみ方』（有斐閣、2013年）406頁、島田聡一郎「共謀共同正犯論の現状と課題」川端博／浅田和茂／山口厚／井田良編『理論刑法学の探究③』（成文堂、2010年）46頁、水落伸介「共謀共同正犯の構造について」中央大学大学院研究年報41号法学研究科篇（2012年）161頁等。

(8) 高橋・前掲註(1) 125頁。

(9) 高橋・前掲註(1) 134頁以下。

「共同して犯罪を実行」という行為規範を前提とした制裁（媒介）規範である[9]。

確かに、高橋のように因果的共犯論に依拠するならば、結果に対して因果的に関わった者は原則として全て正犯とされるため、共同正犯の行為が相互の意思連絡、すなわち共謀によって惹起される点に着目して[10]、共謀共同正犯こそ 60 条の原則的な適用事例であると解釈することは、論理的に当然の帰結とも言えよう。しかし、本来の惹起説とは異なる、結果の因果的な惹起に関心を注ぐ因果的共犯論は[11]、教唆行為自体の未遂や幇助行為自体の未遂に関して可罰性の肥大化を招くことが指摘されている拡張的正犯者概念を前提とすることになるだろう[12]。そうであれば、拡張的正犯者概念を前提とする因果的共犯論を出発点として、60 条の原則的な適用事例が共謀共同正犯であると理解すべきではない。第 1 章で詳細に検討したように、各則に内在する行動規範は正犯のみを想定しており、正犯行動規範、教唆行動規範、幇助行動規範がそれぞれ質的に異なる制限的正犯者概念を前提とすべきだろう[13]。

もっとも、制限的正犯者概念に依拠すべきであるとしても、共同正犯が正犯行動規範の射程に入るかどうかは必ずしも自明ではない。もし、共同正犯固有の行動規範が存在するのであるならば、その行動規範において共謀共同正犯が「原則的」に想定されていると解する余地が残されている。この点を

---

(10) 因果的共犯論が因果的不法論を前提としているならば、正犯と共犯の区別基準については主観説と結びつくことになるだろう。主観説によれば、結果を惹起する直接行為よりも共謀行為時における関与者の正犯意思の有無に着目することになる。従来の主観説に対する批判的考察については、本書第 3 章第 2 節を参照。
(11) 惹起説と因果的共犯論の相違については、豊田兼彦「客観的帰属論と共犯の処罰根拠論の関係」刑法雑誌 50 巻 1 号（2010 年）6 頁以下参照。
(12) *Joachim Renzikowski*, Restriktiver Täterbegriff und fahrlässige Beteiligung, 1997, S.14. また、増田豊『規範論による責任刑法の再構築』（勁草書房、2009 年）355 頁、本書第 1 章第 3 節も参照。
(13) したがって、固有の教唆構成要件、幇助構成要件が存在し、それぞれ固有の実行行為（構成要件該当行為）が認められるため、松澤伸のように教唆犯や幇助犯を「実行行為を伴わない犯罪」として捉えるべきではない。松澤伸「教唆犯と共謀共同正犯の一考察―いわゆる『間接教唆と教唆犯の錯誤』を切り口として―」Law&Practice 4 号（2010 年）104 頁。

明らかにするためには、60条の趣旨に立ち返る必要があるだろう。

共同正犯の成否が問題となる典型的な事例としては、XとYが、互いに協力しあってAから金品を強奪する計画を立て、XがAを殴っている最中にYがAのハンドバッグを奪った、というケースが挙げられる。この場合、刑法総則の特別規定が存在しない限り、制限的正犯者概念を基礎にすれば、殴打行為しか行っていないXには暴行罪（あるいは傷害罪）、ハンドバッグの窃取行為しか行っていないYには窃盗罪が成立するに過ぎない。しかし、XもしくはYが単独で同様の結果を実現すれば単独犯に強盗罪が成立するにもかかわらず、共同して実行行為を分担しながら実現すると両者に強盗罪としての罪責を問えなくなってしまうのは、刑法における法益保護目的原理（刑法の保護機能）の観点から疑義が生ずるだろう。一方、正犯構成要件の一部すら実行していない者を（共同）正犯とみなしてしまうようなことは、刑法の法治国家的原理（刑法の保障機能）の観点と明らかに両立し難い。立法者が刑法60条において、「共同して実行した者は」という微妙な表現を使っている趣旨（立法趣旨）は、一部実行を共同正犯の条件とすることによって、刑法の保護機能と保障機能をまさに両立させることにあったのではないだろうか。このような方向において、法規内の欠缺（Lücken intra legem）を補充しているのが、60条であると考えられる。すなわち60条は、一部実行全部責任の法理を是認して刑法の基本原理を調和させつつ、各則の規定解釈に一定の指針を示す一般条項（Generalklausel）として理解すべきではないだろうか。「二人以上共同して犯罪を実行した者は、すべて正犯とする。」との一般条項は、共同正犯に対しても各則規定に内在する正犯行動規範が向けられることを宣言するものである、と言えよう[14]。それゆえ、

---

(14) ドイツにおいても、共同正犯の規定がいかなる意味を持つのかをめぐって争いが見られる。ドイツ刑法典では25条2項に「複数の者が共同して犯罪行為を行ったときは、各人が正犯として罰せられる」と規定されている。この規定についてクライ／エッサーは、宣言的（deklaratorisch）でもあり、構成的（konstitutiv）でもある、と指摘している。*Volker Krey/Robert Esser*, Deutsches Strafrecht Allgemeiner Teil, 5.Aufl., 2012, S.336. 構成的規則については、増田・前掲註（3）348頁以下参照。

共同正犯の行動規範は、各則に内在する行動規範と同一であると思われる。

　60条が各則の規定を解釈する際の一般条項であるならば、次に一般条項としての60条の解釈が問題となる。その際、法規解釈が文理解釈（sprachlich-grammatikalische Interpretation）から始まることに鑑みれば(15)、立法者も同様に解しているように(16)、60条が想定しているのは「実行」共同正犯である、と解釈するのが素直だろう。もっとも、一般条項については、当該行為がその指示対象に含まれるかどうか疑わしいニュートラルなケース（neutrale Kandidaten）が非常に多く存在し(17)、一般条項が当該事件に適用されるかどうかは最終的に裁判官の決断に委ねられるため、一般条項の適用については裁判官に裁量を許す傾向が見られると指摘されている(18)。そこで、共謀共同正犯に対しても60条が適用されうるか、換言すれば共謀行為も60条の「実行」に該当するかどうか、該当するならばどのような場合か、判例理論を皮切りに検討したい。

2　諸説の論拠と批判的考察

　判例理論によれば、共謀行為にのみ関与した者に対しても60条が適用されうる。その論拠は、練馬事件最高裁大法廷判決において明確に示されている。「共謀共同正犯が成立するには、二人以上の者が、特定の犯罪を行うため、共同意思の下に一体となって互に他人の行為を利用し、各自の意思を実行に移すことを内容とする謀議をなし、よって犯罪を実行した事実が認められなければならない。したがって、右のような関係において共謀に参加した事実が認められる以上、直接実行行為に関与しない者でも、他人の行為をい

---

(15)　*Ernst A. Kramer*, Juristische Methodenlehre, 4.Aufl., 2013, S.59.
(16)　松尾浩也増補解題・倉富勇三郎／平沼騏一郎／花井卓蔵監修『増補刑法沿革綜覧』（信山社、1990年）925頁以下参照。
(17)　*Kramer*, a.a.O.(Anm.15), S.67. 青井秀夫『法理学概説』（有斐閣、2007年）522頁、増田・前掲註（3）283頁以下も参照。
(18)　A・カウフマン（上田健二訳）『法哲学　第2版』（ミネルヴァ書房、2006年）248頁以下。亀本洋「一般条項について―広中俊雄教授の民法解釈方法論覚書　その二―」法学論叢160巻3・4号（2007年）131頁も参照。

わば自己の手段として犯罪を行ったという意味において、その間刑責の成立に差異を生ずると解すべき理由はない。さればこの関係において実行行為に直接関与したかどうか、その分担または役割のいかんは右共犯の刑責じたいの成立を左右するものではない」[19]。

本判決では、被告人を「直接実行行為に関与しない者」と論じていることから、被告人自身の行為、すなわち共謀行為について実行行為とは別物であることを示唆している。そして、共謀者が「他人の行為をいわば自己の手段として犯罪を行った」点を重視して、共謀者も実行行為に直接関与した者と同等の責任を負うと結論づけている。

このように、判例理論が共謀行為と実行行為を別様に捉えている点については、共謀共同正犯否定説を含め、学説の中で共通の理解が得られている。とりわけ共謀共同正犯肯定説に着目すると、共同意思主体説の提唱者である草野豹一郎は、「通謀が整って、通謀者の一人が共同目的たる犯罪の実行に着手するによりて、そこに、はじめて、共同意思主体の活動があることになり、随て犯罪の実行に着手せざる通謀者も、自ら実行に着手したるものと看做さるることになる」と主張している[20]。共同意思主体説は、共謀者が実行に着手せず、実行行為を分担しない点に共謀共同正犯の本質を見出している[21]。

---

(19) 最大判昭和33年5月28日刑集12巻8号1718頁。

(20) 草野豹一郎『刑法改正上の重要問題』（厳松堂書店、1950年）315頁。なお、表記は現代風に改めた。

(21) 下村康正『共謀共同正犯と共犯理論』（学陽書房、1975年）83頁以下、立石二六「『共謀共同正犯』論の現在」現代刑事法28号（2001年）53頁以下、岡野光雄『刑法要説総論 第2版』（成文堂、2009年）303頁以下、萩原滋「共同正犯の構造について」岡山大学法学会雑誌59巻1号（2009年）29頁、鈴木彰雄「共謀共同正犯における『共謀の射程』について」川端博／椎橋隆幸／甲斐克則編『立石二六先生古稀祝賀論文集』（成文堂、2010年）515頁等参照。共同意思主体説は、共謀行為の正犯としての当罰性を直観として重視する一方で、実行行為についての形式的客観説を自明のものとした結果から生まれた理論である。しかし、この理論によれば、共犯者は一つの共同意思主体と捉えられて人格が統合（一人格化）されるため、個人責任の原理を前提とする責任主義との整合性に重大な疑念が向けられることになる。

また、間接正犯類似説を展開する藤木英雄は、「共謀者の利用行為が、間接正犯が単独正犯と認められるのと並行した趣旨で、みずから手を下したものと価値的に同一に評価しうる」ことを指摘し[22]、そのような場合は、「みずから実行を分担しない他の共謀者もまた、実行者を介し、実行者と共同して犯罪を実行したものとして、全員が共同正犯と認められる」と論じている[23]。共謀者について「みずから実行を分担しない」者と捉えていることからも分かるように、間接正犯類似説も共謀行為が本来の実行行為ではないことを念頭に置いている[24]。

間接正犯類似説と同様に個人責任の原理から、正犯性の有無を判断する基準として採用する行為支配説も、例えば平場安治は、「正犯とは自己の手により実行行為をなす必要は必ずしもなく、構成要件的行為に対する目的的支配があれば足りる」として共謀共同正犯を認めている[25]。近時は、平場のようにヴェルツェルが提唱する目的的行為概念（finaler Handlungsbegriff）に基づく行為支配説に代わり、ロクシンの提唱する機能的行為支配（funktionelle Tatherrschaft）の観点から共謀共同正犯の成立に一定の歯止めをかける行為支配説が支持を広げつつあるが、こうした近時の学説も、やはり共謀段階の行為は実行行為ではないと捉えている[26]。

さらに、正犯性の有無を判断する基準として実質的客観説の立場から重要な役割の有無で共謀共同正犯の成否を決するべきであると主張する西田典之

---

(22) 藤木英雄『可罰的違法性の理論』（有信堂、1967 年）335 頁。
(23) 藤木・前掲註（22）338 頁。
(24) 川端博『共犯の理論』（成文堂、2008 年）10 頁以下参照。
(25) 平場安治『刑法総論講義』（有信堂、1961 年）155 頁以下。
(26) 例えば、橋本正博「『共謀共同正犯』概念再考」斉藤豊治／日髙義博／甲斐克則／大塚裕史編『神山敏雄先生古稀祝賀論文集 第一巻 過失犯論・不作為犯論・共犯論』（成文堂、2006 年）397 頁以下、照沼亮介『体系的共犯論と刑事不法論』（弘文堂、2005 年）143 頁以下、松原・前掲註（2）12 頁等。もっとも、事前共謀にのみ関与した者について、橋本や照沼が共謀共同正犯は認められないと解する一方、松原は、時間的限定に必然性はなく、準備段階であっても機能的行為支配を担っている場合が想定されうる、と解している。なお、行為支配説の二つの潮流については、本書第3章第3節を参照。

も、「共謀者が実行行為は分担しないが、犯罪実現にとって実行に準ずるような重要な寄与・役割を果したことが、その共同正犯性を基礎づけるものと考えるべき」だとしている(27)。重要な役割の有無を基準とする見解は、結果を惹起する直接行為に及ぶ者が、役割の軽微性から幇助犯にとどまる場合があることを肯定する一方、実行行為ではない共謀行為にのみ関与した者に役割の重大性が認められる限りで、共同正犯としての罪責を広く認めうることになるだろう(28)。

このように、従来の判例理論や通説は共謀者に60条が適用されうることを認め、その現状については、60条に規定されている「実行」あるいは「実行した者」を拡張解釈している、と評されている(29)。しかし、判例理論や通説のように、共謀者が実行行為に直接加わっていないにもかかわらず60条を適用する場合、それは本当に拡張解釈なのであろうか。共謀行為が実行行為でないのであれば、共謀行為にのみ関与した者は決して60条の「実行した者」に該当しない。それにもかかわらず、共謀者が「共同して犯罪を実行した」と言える程度に犯罪の主体としての実体を有する限り、そのような者に60条を適用するのは、「実行した者」の語義に反する、行為者にとって不利益な類推に他ならない。60条の「実行」に法律用語的意味を付与して拡張解釈するとしても、共謀者が「実行」していないのであれば、そのような事例は60条の否定的なケース（negative Kandidaten）に属するはずであり、従来の共謀行為概念を前提にして共謀共同正犯を肯定する論拠は、いずれも罪刑法定主義およびそこから派生する類推禁止の原則を完全に無視していることになるだろう。従来の共謀共同正犯否定説が肯定説に投げかける、60条の解釈に対する批判は、素直に受け入れるべきであるように思われる。

しかし、従来の共謀共同正犯肯定説が受け入れ難い論拠であるとしても、

---

(27) 西田・前掲註 (1) 51頁。
(28) 亀井源太郎『正犯と共犯を区別するということ』（弘文堂、2005年）94頁以下参照。
(29) 平野仁彦／亀本洋／服部高宏『法哲学』（有斐閣、2002年）234頁（亀本執筆）参照。

そのことを理由に従来の共謀共同正犯否定説を支持するのは早計であろう。従来の否定説も、形式的客観説の呪縛から解き放たれておらず[30]、日常言語的意味における「殺す」、「盗む」といった外部的行為に出ない間接正犯の正犯性を論証する場面において理論的に破綻しているからである[31]。

思うに、従来の判例理論や学説を振り返ってみると、共謀共同正犯肯定説であれ否定説であれ、共謀行為の捉え方、すなわち「共謀行為は実行行為ではない」あるいは「共謀行為は実行行為となりえない」とする前提自体が、批判の契機となっているのではないだろうか。そうであれば、これまで暗黙の了解が得られていた「共謀行為と実行行為は別物である」とする前提の当否について、今一度疑ってみる必要があるだろう。

Ⅲ　共謀共同正犯の事例に潜在する複数行為

1　承継的共同正犯の裏返しとしての共謀共同正犯

次のような事例を想定したい。Ｘの罪責について検討する場合、従来の諸説を前提とすれば、事例Ⅰは明示的な事前共謀による共謀共同正犯、事例Ⅱは明示的な事前共謀に基づく実行共同正犯、事例Ⅲは承継的共同正犯の成否が問題となるだろう。

　事例Ⅰ：Ｘは、Ａを毒殺することについてＹと共謀し、ＸとＹは、入手した毒薬のうち致死量をコーヒーに混入した（第一行為・共謀行為・先行行為）。その後、Ｙは一人で、共謀に基づき、毒薬入りコーヒーを持ってＡの家に行き、そのコーヒーをＡに飲ませて死亡させた（第二行為・直接行為・後続行為）。
　事例Ⅱ：Ｘは、Ａを毒殺することについてＹと共謀し、入手した毒薬を

---

(30)　島田・前掲註（7）44頁。
(31)　増田・前掲註（3）57頁。また、正犯と共犯の区別基準における形式的客観説の批判的考察については、本書第3章第2節を参照。

Yと分け合った（第一行為・共謀行為）。その後Yは一人で、共謀に基づき、致死量の半分に相当する毒薬をコーヒーに混入してAに飲ませたが、その際、Xは現場にいなかった（第二行為・直接行為）。後にXが合流し、Xは、致死量の半分に相当する毒薬をコーヒーに混入してAに飲ませ、Aを死亡させた（第三行為・直接行為）。

事例Ⅲ：Yは、Aを毒殺するため、二回に分けて服毒させることを計画し、まず、入手した致死量の半分に相当する毒薬をコーヒーに混入し、Aに飲ませた（第一行為・先行行為）。その後、Xが、Yの状況を把握した上でYと意思を通じて計画に参加した。XとYは、致死量の半分に相当する毒薬をコーヒーに混入してAに飲ませ、Aを死亡させた（第二行為・後続行為）。

　事例Ⅰにおいて、X、Y両者に正犯性が認められる場合、毒薬入りコーヒーをAの家に持って行き、Aに飲ませる第二行為は、法益侵害の具体的・直接的危険性を有している。そのため、第二行為は、共同正犯の実行行為として容易に認められよう。

　それでは、第一行為についてはどうだろうか。従来の諸説に従うならば、第一行為が共同正犯の実行行為として検討されることは、決してないだろう。第一行為は共謀行為（準備行為）であり、共謀行為は実行行為ではない、と理解されるからである。しかし、そもそも実行行為とは、法益侵害の具体的・直接的危険性を有する行為であることに鑑みれば、第一行為そのものも、すなわち共謀行為自体も、法益侵害に対する具体的・直接的危険性を有する共同正犯の実行行為として、極めて限定的ではあるが、理論的に認められる場合があるのではないだろうか。

　かつてシリンクは、共同正犯における未遂の成立時期について、各共同正犯者が構成要件の実現に向けて自ら直接的に行為を設定した時点によって、それぞれ個別的に決すべきであるとする個別解決（Einzellösung）を提唱し、現在もドイツにおいて少数ながら支持されているが[32]、この個別解決説は、

共謀行為自体を実行行為として捉える道を切り開いていた。シリンクによれば、例えば射殺に関する申し合わせの場合、申し合わせに参加した各個人は、その申し合わせを通じて他人に対し、各個人が抱いている殺意の道具、すなわち仲間になるよう働きかけている。行為計画を立てるという仲間の最終的な共同遂行は、申し合わせに参加した全ての者に対して、道具になることへの決定的な(心理的な)影響をもたらしており、道具として働く者(仲間)によって完遂されうる殺害行為の終了未遂(beendeter Versuch)を含有している[33]。終了未遂とは、実行行為が終了したにもかかわらず既遂に至らなかった場合を意味することから、シリンクは、申し合わせ行為が参加者相互に決定的な心理的影響を与えている点を根拠に、申し合わせ自体が共同正犯の実行行為となりうることを示唆していた、と評価することができるだろう。

そもそも、事例ⅠにおいてXに共同正犯が成立する場合、第二行為(直接行為・後続行為)のみを実行行為として捉えると、Xの実行の着手時期について、奇妙な結論を招くことになる。実行行為の開始が実行の着手であるとするならば、判例理論や通説は、Yが第二行為に着手した段階でXにも共同正犯としての実行の着手を認めることになる。しかし仮に、Yが第二行為に着手する直前にXが心臓発作で死亡した場合、従来の諸説によれば死者に対して実行の着手を認めることになるだろう。これは、「着手」の語義からあまりにもかけ離れた帰結であるように思われる[34]。

---

(32) 例えば、*René Bloy*, Die Beteiligungsform als Zurechnungstypus im Strafrecht, 1985, S.266; *Ulrich Stein*, Die strafrechtliche Beteiligungsformenlehre, 1988, S.318; *Roxin*, a.a.O. (Anm.4), S.430ff.; *Hans-Joachim Rudolphi*, in: Systematischer Kommentar zum Strafgesetzbuch, Allgemeiner Teil, Band Ⅰ, 6.Aufl., 1993, §22 Rn.19a 等が挙げられる。シリンクの提唱する個別解決説については、わが国でもすでに紹介され、検討が加えられている。藤吉和史「共同正犯の未遂―シリンクとキューパーの所説をめぐって―」明治大学大学院紀要法学篇20巻(1983年)213頁以下、鈴木彰雄「共同正犯の未遂」法学新報96巻1・2号(1990年)215頁以下等参照。

(33) *Georg Schilling*, Der Verbrechensversuch des Mittäters und des mittelbaren Täters, 1975, S.112f.

このように、共同正犯者のうち一部の者が初めて実行に着手した時点で他の共同正犯者全員に実行の着手と未遂犯の成立を認める全体解決（Gesamtlösung）は、共謀者自身の行為から離れた所に実行の着手を認めることになるため、妥当な解決方法ではないだろう[35]。もっとも、個別解決説に依拠するとしても、共謀行為の実行行為性を判断しなければ、実行の着手時期と未遂犯の成立時期が同時である場合には、次のような不都合が生じよう。事例Ⅱにおいて、X、Y 両者に正犯性が認められる場合、共謀行為である第一行為の実行行為性を判断せずに個別解決説を採用すると、従来の諸説によれば第一行為は決して共同正犯としての実行行為になりえないため、Xにとって実行の着手時期は、第三行為の時点となる。つまり、単独犯の場合には第二行為の時点で可罰的な未遂段階に到達するにもかかわらず、明示的な事前共謀に基づく実行共同正犯の場合には第三行為の時点で可罰的な未遂段階に到達することになる。単独犯と共同正犯はどちらも正犯性を有しているにもかかわらず、共同正犯の場合に未遂成立時期が後退するのは、整合性に欠ける帰結と言わざるをえないだろう[36]。

それゆえ、シリンクは、限定的に共謀行為自体を実行行為として捉え、共謀行為の時点で共同正犯としての実行の着手の有無を検討すべきであることを示唆し、共謀行為の終了時点で共同正犯の未遂が成立する、と主張している。確かに、「着手」の語義に鑑みれば、共謀行為の開始時に共同正犯とし

---

(34) 松原芳博も、離隔犯や間接正犯における実行の着手時期について、行為者の行為を離れた危険発生時を「実行の着手」と呼ぶのは日常用語から離れており、同時存在原則等の基準となる未遂行為をも軽視するきらいがあるとして、発送行為・誘致行為が実行の着手時期であることを示唆している。松原芳博『刑法総論』（日本評論社、2013 年）301 頁。また、齋野彦弥「危険概念の認識論的構造」松尾浩也／芝原邦爾編『刑事法学の現代的状況 内藤謙先生古稀祝賀』（有斐閣、1994年）79 頁も参照。

(35) さらに、全体解決説に依拠すれば、共謀行為を実行行為と捉える道を閉ざすことになるため、この点からも従うことはできないだろう。わが国でも通説的立場を占める全体解決説の論拠について、塩見淳「共同正犯における実行の着手」法学論叢 162 巻 1〜6 号（2008 年）108 頁以下を参照。

(36) Vgl. *Schilling*, a.a.O. (Anm.33), S.113.

ての実行の着手の有無を判断すべきであるが、その時点で共同正犯としての実行の着手の有無を判断すると、共謀行為の終了時には共同正犯の未遂が成立することになるのだろうか。個別解決説の立場に賛同するロクシンは、単独犯の場合には準備行為が予備行為であるにもかかわらず、共同正犯の場合には準備行為としての共謀行為が終了した時点ですでに未遂犯が成立すると解するならば、共同正犯の未遂犯について可罰的領域が広がることになる、と批判している[37]。これは、共謀行為の実行行為性を判断する基準と未遂犯の成立時期との関係に直結する問題であると思われるため、節を改めて後述したい。

その点はさておき、正犯性の有無を判断する正犯と共犯の区別基準の観点からも、共謀行為が共同正犯の実行行為となりうる兆しは見られるだろう。わが国で好意的に受け取られている因果的共犯論によれば、共謀共同正犯は心理的因果性に処罰の根拠が見出される[38]。因果関係の起点となる行為が実行行為であることに鑑みれば、心理的因果性の起点は共謀行為になるはずであり、そうであれば、共謀行為そのものを共同正犯の実行行為として評価すべきではないだろうか。また、近年わが国でも支持者を着実に増やしている行為支配説によれば、事例Ⅰや事例Ⅱを見ればわかるように、Xの正犯性を判断するためには、共謀行為をその判断対象としなければならないだろう[39]。正犯性を基礎づけるに当たって行為無価値要素を充足すれば足りるのであれば[40]、共謀行為そのものも、正犯性を有する実行行為として認められる余地があると言えよう。

こうして、共謀行為自体が少なくとも共同正犯の実行行為の一部として認

---

(37) *Roxin*, a.a.O. (Anm.4), S.436. Vgl. *Hans-Joachim Rudolphi*, Zur Tatbestandsbezogenheit des Tatherrschaftsbegriffs bei der Mittäterschaft, in: Festschrift für Paul Bockelmann zum 70. Geburtstag, 1979, S.387.
(38) 町野朔「惹起説の整備・点検」松尾浩也／芝原邦爾編『刑事法学の現代的状況 内藤謙先生古稀祝賀』（有斐閣、1994年）113頁以下、林幹人『刑法の基礎理論』（東京大学出版会、1995年）159頁以下参照。
(39) Vgl. *Claus Roxin*, Täterschaft und Tatherrschaft, 8.Aufl., 2006, S.452ff.
(40) 照沼・前掲註（26）72頁。

められる可能性を否定できない以上、共謀共同正犯の成否が問題となる事例では、実行行為が複数潜在するか否か、いわゆる複数行為の有無を検討することが、極めて重要となるだろう[41]。さらに、実行行為に着目して共謀共同正犯の犯罪構造を見ると、その構造は承継的共同正犯の裏返しとして捉えることができるのではないだろうか。事例Ⅰにおいて、Ⅹは第一行為しか関与していないが、事例Ⅲにおいては、Ⅹは第二行為しか関与していない。承継的共同正犯の成否をめぐっては、後続行為者に、先行行為についての責任を問いうるかが問題となる一方[42]、共謀共同正犯の成否については、この問題の裏返し、つまり、先行行為者に、後続行為についての責任を問いうるかが問題となる、と理解することができよう。

2 離隔犯的構造を有する事前共謀

また、事例Ⅰにおいて、第一行為が共同正犯としての実行行為であると認められるならば、とりわけ明示的な事前共謀型の共謀共同正犯は、離隔犯的構造をも有していると言えよう[43]。離隔犯とは、実行行為と結果の発生が時間的・場所的に離れた犯罪を意味することに鑑みれば、第一行為しか関与していないⅩは、まさに離隔犯の様相を呈している。もっとも、現場共謀の場合は必ずしも離隔犯的構造を有しているとは言えないため、その点で共謀共同正犯は、離隔犯のプロトタイプではないだろう。

事前共謀の離隔犯的構造に着目すると、同じような構造を有する犯罪類型には、間接正犯、教唆犯、幇助犯も含まれよう。教唆犯の性質に鑑みれば、一般的には、教唆行為と法益侵害結果の発生に時間的・場所的な隔たりが存

---

(41) 近年、仲道祐樹は、複数行為による結果惹起の問題を契機として、行為概念の実践的な検討を試みている。仲道祐樹『行為概念の再定位』(成文堂、2013年) 11頁以下。その検討においては単独犯が念頭に置かれているが、私見によれば、複数行為による結果惹起事例は、単独犯に限らず共同正犯も考えられよう。
(42) 最高裁は、先行行為者がすでに傷害を生じさせた後、後続行為者が共謀加担した上、更に暴行を加えた場合、後続行為者の共同正犯を無限定に肯定しない立場を明らかにしている。最決平成24年11月6日刑集66巻11号1281頁。承継的共同正犯についての詳細な検討は、本書第5章第3節を参照。
(43) 拙稿「共謀共同正犯」法学セミナー690号 (2012年) 20頁参照。

III 共謀共同正犯の事例に潜在する複数行為　111

在する。また、幇助犯については、正犯の予備段階で遂行されることもあるため、そのような場合には、幇助行為と法益侵害結果の発生に時間的・場所的な隔たりが見られる。そこで、これらの犯罪類型は、以下のように区別されよう。

　まず、正犯性について検討する必要がある。間接正犯が正犯性を有することは言うまでもなく、広義の共犯に属する共同正犯も、60条の規定や狭義の共犯との相違から「正犯」性が要求されるため、正犯性が認められなければ、教唆犯か幇助犯の成否に移ることになる。

　正犯性の有無を判断する基準については、すでに前章で検討したため、ここでは補足的に言及したい。自己の犯罪を実現する意思の有無によって正犯性を判断する主観説は、自殺関与罪や第三者の利益を図る目的による背任罪等が正犯として処罰されている点を説明できないきらいがある。形式的客観説によれば、構成要件を自ら実現した者に正犯性が認められるが、先に示した通り、間接正犯の正犯性を説明できない点で妥当ではない[44]。実質的客観説は、因果性の強度や役割の重要度で正犯性を判断するが、判断対象としての因果性が行動規範のレヴェルで問題となる行為無価値の要素としての事前的な因果性を意味するのであれば、故意内容を無視して客観的に因果性の強度を判断することはできず[45]、また、役割の重要度をいかなる基準で判定するかがまさに重要であり、行為の外形によってのみ判断するには限界が

---

(44)　さらにヤコブスは、全ての構成要件要素を同じように扱うならば、形式的客観説は、共同正犯において、正犯性を根拠づける対象としての行為が拡大することになる、と指摘している。というのも、予備段階において主観的構成要件要素が実現されれば、正犯性が根拠づけられるからである。*Günther Jakobs*, Strafrecht Allgemeiner Teil, 2.Aufl., 1991, S.607. そうだとすれば、形式的客観説からも、本章で主張するように共謀行為が実行行為となりうる可能性を秘めていることについて、異論を唱えることはできないだろう。

(45)　また、因果性が制裁規範のレヴェルで問題となる事後的な事実上の因果経過を意味するのであるならば、そもそも共犯は、正犯が介在することによって初めて法益侵害結果に対して因果関係を有する犯罪形態であるため、その強度に程度の差は生じないだろう。事前的な故意の認識対象としての因果性と事後的な事実上の因果経過の相違については、本書第7章第3節を参照。

あるだろう。行為支配説に基づくと、正犯性の有無は、行為者の意思や役割分担等を総合的に見て、結果の実現に至る行為を支配していたかどうかに委ねられるが、その支配性を判断するためには、行為に着目しなければならない。規範論によれば、制限的正犯者概念に基づく限り、間接正犯や共同正犯は、単独正犯と同様に各則規定に内在する行動規範が向けられるのに対し、教唆犯や幇助犯には単独正犯とは異なる固有の行動規範が向けられる。そうであれば、実行行為に着目して正犯性を判断する必要があり、主観的には単独犯と同様の自律的な決断に基づく（各則の構成要件要素としての）故意が認められ、かつ、客観的には法益侵害に対する行為の具体的・直接的危険性が認められなければ、間接正犯や共同正犯は成立しない、と解すべきだろう。

　こうして正犯性が認められれば、次に、間接正犯と共同正犯の区別が問題となる。両者は、いずれも自律的な決断に基づく故意行為を一部であれ遂行する者であることに鑑みれば、その相違は、先行行為者と後続行為者との間に共同実行の意思、より正確に言うならば相互の意思連絡があるかどうかに依存する。双方向による自律的な共同決定が認められなければ、共同正犯は成立しないと考えられる。

　もっとも、共同実行の意思をめぐっては、必ずしも相互の意思連絡が存在しなくてもよく、一方的に他方の行為を利用したり補充したりする意思があれば足りるとする見解が主張されている[46]。この見解によれば、先行行為者が、実行行為として評価された後続行為者の行為と結びつける意思さえ有していれば、片面的共同正犯が認められることになる。しかし、これを肯定する論者も認めているように[47]、共謀に基づく共同正犯の場合には、およそ相互の意思連絡を不要とすることはできない。また、共謀に基づかない場合でも、正犯性の基準として自律性が要求される以上、先行行為者が一方的に後続行為者の行為を利用したり補充したりする意思しか有していない場合

---

(46) ヤコブスは、共同の行為決意について、相互の取り決めという形ではなく、適合させる決意（Einpassungsentschluß）が存在すれば十分である、としている。*Jakobs*, a.a.O. (Anm.44), S.618.

(47) 内藤謙『刑法講義総論（下）Ⅱ』（有斐閣、2002 年）1375 頁参照。

には、後続行為者は完全に自律的・自己答責的に行動することになるため、先行行為者の正犯としての帰責は自律性原理により排除され、狭義の共犯としての帰責のみが先行行為者に問われるはずである[48]。したがって、相互の意思連絡という意味における共同実行の意思が認められなければ、共同正犯は成立しないと解されよう[49]。

Ⅳ 事前共謀の実行行為性判断と未遂犯の成立時期

1 申し合わせの可罰性をめぐるドイツの議論

以上の検討から、共謀行為が実行行為となりうる余地があるとすれば、いかなる場合に、共謀行為が法益侵害に対する具体的・直接的危険性を有する共同正犯の実行行為として認められるのか、詳論する必要があるだろう。また、共謀行為が限定的であれ、実行行為として認められる場合には、共謀行為の段階で共同正犯としての実行の着手が認められることになる。このような主張に対しては、単独正犯の場合、準備行為の段階では実行の着手が認められないのに、なぜ共同正犯の場合には実行の着手を認めうる余地があるのか、仮にその段階で実行の着手を認めると共同正犯における未遂犯の成立時

---

(48) 増田・前掲註（12）380頁以下参照。また、レンツィコフスキーも、共同正犯の場合には自律性原理の修正が要求されると述べつつ、契約に類似するような相互の結びつきが、共同正犯と教唆犯との相違をもたらす、と論じている。*Renzikowski*, a.a.O. (Anm.12), S.100f.

(49) このように、共同実行の意思が共同正犯の成立要件であるならば、島田聡一郎が指摘するように、共同正犯と単独正犯の犯罪成立要件は異なるものの、間接正犯と直接正犯の犯罪成立要件は同じである、と解すべきだろう。島田聡一郎「間接正犯と共同正犯」斉藤豊治／日髙義博／甲斐克則／大塚裕史編『神山敏雄先生古稀祝賀論文集 第一巻 過失犯論・不作為犯論・共犯論』（成文堂、2006年）458頁参照。なお、ドイツ連邦通常裁判所は、組織犯罪や企業犯罪における間接正犯と共同正犯の区別に当たって、場所的、時間的、上下関係的な離隔性をメルクマールとしている、との指摘が見られる。後藤啓介「間接正犯論の新展開―ドイツ刑法の現状が日本刑法に示唆するもの―」慶應法学24号（2012年）226頁以下。しかし、共同正犯も事前共謀型の場合は離隔犯的構造を有していることに鑑みれば、離隔性要件が間接正犯と共同正犯の決定的な区別基準となりうるかどうかは疑わしい。

期が単独正犯の場合と比べて早くならないか、といった批判が予想されよう。そこで、先の課題に取り組みつつ、想定される懸念を払拭するため、ドイツの議論に目を向けてみたい。

ドイツ刑法典では、30条に関与の未遂として準備行為の可罰性に関する規定が置かれ、2項では、可罰的な準備行為の態様として次の三つが挙げられている。第一は、重罪を行う、もしくは重罪を他人に教唆する用意があることの表明、第二は、重罪を行う、もしくは重罪を他人に教唆することについての他人の申し出に対する受諾、第三は、重罪を行うこと、もしくは重罪を他人に教唆することについての他人との申し合わせである。この三つのうち、最後に挙げられている「申し合わせ」は、本章で検討対象としている共謀行為と最も類似する行為態様だと思われる。

「申し合わせ」とは、特定の犯罪を共同正犯的に遂行すること、もしくは特定の犯罪を教唆することについて二人以上の意思が合致することである。関与者の故意に関しては、計画された行為の本質的特徴が具体化されていればよく、計画された行為が遂行される時間、場所、その態様に関する詳細は明らかでなくてもよい、とされている。このように見ると、申し合わせは予備段階（Vorstufe）であり、その構成要件は未遂本来の構成要件ではないため、体系的にどのように位置づけられるのかが問題となるが、いずれにせよ、申し合わせ自体が可罰的な不法を有する場合がある、と理解されている[50]。

通説は、申し合わせの可罰性を肯定的に受け止めているが、予備行為の段階であるにもかかわらず、関与の「未遂」として法政策的に可罰性を拡張するためには、特別な正当化根拠が必要とされよう。その根拠については、複数の関与者（共謀者）が結びつくことによって、犯罪遂行の危険が高まる点に見出されている。すなわち、犯罪の準備段階における複数の行為者の共同作業は、分業による結束力が高まり、犯罪に関する情報交換が行われ、遂行

---

(50) Vgl. *Karol Thalheimer*, Die Vorfeldstrafbarkeit nach §§ 30,31 StGB, 2008, S.10.
(51) Vgl. *Klaus Rogall*, Bemerkungen zum Versuch der Beteiligung, in: Festschrift für Ingeborg Puppe zum 70. Geburtstag, 2011, S.870.

を妨げる障害が除去される可能性を有しており、計画された行為の中止を困難にするものである[51]。それゆえ、共謀による行為態様から、抽象的危険性が認められうる[52]。申し合わせの可罰性について心情刑法であり憲法に規定されている明確性の原則に反すると考えるフィーバーは、抽象的危険犯と申し合わせの犯罪構造を比較し、申し合わせの構成要件要素には具体的な危険結果が要件とされておらず、立法者の側から見れば申し合わせの構成要件を充足した場合には危険な状態が存在するだろうと推察されている、と指摘する。その上で、申し合わせは、抽象的危険犯の前倒しとして「準抽象的危険犯」(quasi-abstraktes Gefährdungsdelikt) である、と論じている[53]。

とはいえ、時間的に制限なく可罰性が前倒しされる申し合わせの処罰根拠は比較的弱いため、申し合わせの可罰性に関して限定的な解釈が施されている。立法者は、申し合わせの内容を重罪に関する内容に限定し、幇助についての申し合わせを不可罰としている。さらに、判例理論や通説によれば、申し合わせは単なる約束ではなく、意思の合致としての客観的な結びつきである。意思の合致は文書形式でも口頭形式でもよく、明示的にも黙示的にも生じうるが、申し合わせが真摯に (ernst) 行われなければならず、真摯性が欠如している場合は故意が認められない[54]。また、申し合わせの内容は、詳細こそ明らかでなくてもよいものの、具体的な行為に関するものでなければならず、後で一緒に「悪事を働こう」というような行為が特定されていない合致では決して十分ではなく、それは単なる事前の話し合いに過ぎない、と理解されている[55]。

しかし、こうした通説の論拠に対しては、異論が提出されている。例えば、ツァーツィックは、申し合わせに抽象的危険性が存在するかどうかは疑わしい、と疑問を投げかけている。というのも、30条に記述されている行

---

(52) *Uwe Murmann*, Grundkurs Strafrecht, 2.Aufl., 2011, S.364.
(53) *Ulrich Fieber*, Die Verbrechensverabredung, §30 II, 3.Alt., 2001, S.145.
(54) Vgl. *Roxin*, a.a.O. (Anm.4), S.304.
(55) Vgl. *Rainer Zaczyk*, in: Urs Kindhäuser/Ulfrid Neumann/Hans-Ullrich Paeffgen (Hrsg.), Strafgesetzbuch, Nomos Kommentar, Band 1, 4.Aufl., 2013, §30 Rn.52.

為態様と結びつけられているのは、一般的に、犯罪の遂行に至る可能性であり、それは法治国家的刑法にとって支持しえない前提に基づいているからである。法治国家的刑法は、原則的に市民が法に忠実であることを出発点としているため、犯行計画を立てる者であっても、本来抽象的な危険を有しない適法行為に出ることが前提とされなければならない。計画を立てる行為の可罰性が考慮されうるのは、原則的に、そのような行為が行われる具体的な状況において、犯罪の遂行に至る具体的な危険を創出した、ということが当然に認められなければならない。それゆえ、可罰性を判断する際、将来の行為をその対象に含めるべきではない、と主張している[56]。

近年、ベッカーも申し合わせの処罰根拠を批判的に考察し、ツァーツィックの意見に賛同している。その上で、申し合わせの可罰性は決して正当化されるものではない、と明言している。ベッカーによれば、行為無価値は目的的行為の遂行に内在する。この目的性は主観的諸要素から生じるものであり、行為者は、遂行される行為を通じて法益侵害を志向するはずである。行為者が単独で決意して直接行為に及ぶ場合は、行為の完遂によって法益が直接侵害されるのに対し、申し合わせの場合、意思の合致は、法益侵害を惹起する行為が後に行われるだろう、という点に向けられており、その故意も法益侵害の間接的な惹起に向けられている。それゆえ、確かに申し合わせの目的性は完全に否定されず、行為無価値も存在するが、その程度は終了未遂よりはるかに小さい[57]。一方、申し合わせの結果無価値については全く認められない。申し合わせによって処罰される行為は、予備の可罰性が問われるゆえ、未遂よりも前に行われるものである。したがって、その段階では、法益侵害はもちろん、法益の具体的危殆化も存在していないため、申し合わせの可罰性を正当化することはできないだろう、と述べている[58]。

もっとも、ベッカーにおいても、申し合わせに抽象的な危険が見られるこ

---

(56) *Zaczyk*, a.a.O. (Anm.55), § 30 Rn.7.
(57) *Karina Becker*, Der Strafgrund der Verabredung gem. § 30 Abs.2, Alt.3 StGB, 2012, S.169.
(58) *Becker*, a.a.O. (Anm.57), S.168.

とまで否定しているわけではない。具体的危険と抽象的危険を区別するに当たっては、考慮に入れられる諸事情の蓋然性判断が問題となり、前者は、当該事例に存在するあらゆる諸事情から蓋然性が判断されるのに対し、後者は、当該事例ではなく、事例群を基に蓋然性が判断される。この基準を申し合わせに当てはめるならば、それは当該事例において危険であると認められるのではなく、類型的に見て危険であると認められる。それゆえ、判例の危険概念を申し合わせの危険性に当てはめて考える場合には、申し合わせの類型的な危険性のみ認められるという形で、抽象的危険と具体的危険を区別して理解する必要があるだろう、と指摘している[59]。

2　共謀行為の推進力

わが国の現行刑法にはドイツ刑法典30条2項に相当する規定が置かれていないため、申し合わせの可罰性について、その是非を論評することは控えたい。もっとも、申し合わせの行為態様が共謀行為と類似していることに鑑みれば、共謀行為の実行行為性を判断する基準は、申し合わせの行為無価値性をめぐる議論から、導出することができるように思われる。

議論を概観すると、申し合わせの可罰性に賛成する立場からも反対する立場からも、申し合わせが類型的に見て危険な行為である、と指摘されていた。この点については、わが国からも賛同することができるのではないだろうか。そうだとすると、明示的な事前共謀に基づく共謀共同正犯の事例において、共謀行為のみ関わった者は、直接行為者と共に一般的・定型的な危険性を有する実行行為に関与した者として、直接行為者と同様に共同正犯としての罪責を負う、と理解する道が考えられるかもしれない。しかし、そうした論拠は排斥されるべきだろう。共謀行為が実行行為であるとしても一般的・定型的危険性しか有していないのであれば、具体的危険性を有する後続行為に関与した直接行為者と具体的危険性のない一般的・定型的危険性を有する共謀行為のみ関与した者に同程度の罪責を認めることは均衡を失するか

---

[59] *Becker*, a.a.O. (Anm.57), S.184.

らである。そればかりか、単独正犯の場合には侵害犯であるにもかかわらず、共謀共同正犯の場合には危険犯として処罰する道を開くことにもつながる恐れがあり、そうした論拠は、単独犯の行動規範と共同正犯の行動規範が同一であるとする行動規範論の観点からも妥当とは言えないだろう。

　もっとも、共謀行為が抽象的危険犯に類似する性質を持つのであれば、一定の抽象的危険犯が具体的危険性犯として理解されうる限り[60]、共謀行為も具体的危険性を有する行為として認められる場合が考えられよう。共謀行為が事前的に判断される行為無価値としての具体的危険性を有する実行行為として評価される場合には、先の論拠が抱える欠点は当てはまらないのではないだろうか。

　では、どのような場合に、共謀行為が具体的危険性を有していると言えるのか。共謀行為に具体的危険性が認められるためには、最低限、ドイツ刑法典30条2項に規定されている申し合わせの成立要件を満たす必要があるように思われる。申し合わせが単なる約束では未遂犯として成立しないように、共謀行為も単なる約束だけでは具体的危険性を認め難いだろう。また、共謀行為の直接的危険性が認められるためには、直接行為としての後続行為が行われる高度の蓋然性まで認められることが要求されよう。そして共謀者は、未必的であれ択一的であれ概括的であれ、直接行為（後続行為）が行われる高度の蓋然性を認識していなければならない。この認識の有無が、正犯

---

[60] 増田・前掲註（12）181頁以下参照。また、山口厚は「抽象的危険犯の場合であっても、当該の犯罪の解釈によりその要件と解される危険が、具体的な個別の特殊事情のために発生していない場合には、たとえ法文上規定された一般的には危険な行為が行われたとしても、その成立は否定されるべきなのである」と述べている。山口厚『刑法総論 第2版』（有斐閣、2007年）46頁以下。そして、このように捉えるべき犯罪を「準抽象的危険犯」と呼んでいる。山口厚『危険犯の研究』（東京大学出版会、1982年）251頁以下。こうした捉え方も一定の抽象的危険犯を具体的危険性犯として捉えていることを示唆するものであろう。さらに、振津隆行も、具体的な個別状況において事前的観点から危険性が認められる具体的危険性犯と、一般的・定型的危険性が認められれば足りる抽象的危険性とを区別するツィーシャンクの見解に好意的な態度を表明している。振津隆行『抽象的危険犯の研究』（成文堂、2007年）108頁以下参照。

性を左右する重要な基準となるだろう。すなわち、直接行為（後続行為）の遂行を他の関与者に委ねるにせよ、直接行為の遂行やその具体的な内容を、他の関与者と双方向で自ら決断することなく準備行為に関与した者の行為は、正犯性を有する実行行為としての共謀行為ではなく、幇助行為として評価されることになる。総じて、明示的な事前共謀が間接正犯と同様に離隔犯的構造を有していることに鑑みれば、間接正犯における利用者の行為と同程度の危険性が、共謀行為に認められなければならないだろう。

　しかし、翻って単独犯の場合、準備行為の段階では決して実行行為として評価されないにもかかわらず、なぜ共同正犯の場合は、準備行為（共謀行為）の段階で正犯性を有する実行行為として評価される場合があるのだろうか。申し合わせの処罰根拠では、複数人が共同して遂行する場合、単独犯と比べ、結果に至る行為の遂行を中止することが困難になる、という一面が挙げられていた。この点について「共謀」と関連させて考えれば、次のように理解することができるだろう。すなわち、犯罪実現という目標に向けられた申し合わせ、さらには「強固な共謀」が成立したことにより、共謀者の間で犯罪実現を相互に拘束し合うという、ある種の規範的な関係あるいは連帯関係が構築され、直接行為への「推進力」が単独犯（直接正犯）の場合と比べて、類型的には飛躍的に、換言すれば間接正犯における利用行為と同程度にまで強化されるという面が認められることになるのである。それゆえ、直接行為者にとっては、強固な共謀の内容は、自らを拘束する「行動の指針」となり、直接行為を単に実現しようという意識のみならず、「実現すべきである」あるいは「しなければならない」という、ある種の（むろん法に敵対する）規範意識さえ抱くことになるだろう。

　前述の事例Ⅰにおいて、直接行為者であるYは、確かに事情を知っている。しかし、Yは単に事情を知っているというのではなく、Xとの間に成立した強固な共謀に伴う、ある種の規範力あるいは推進力に従って直接行為を実現するのである。このような場合に、共謀行為自体の危険性は、事情を知らない第三者を利用して被害者宅に毒物を発送するという間接正犯（離隔犯）の利用行為の危険性と比較して、決して劣るようなことはないだろう。

そうであれば、準備行為（共謀行為）を複数人で行う場合は、単独犯による準備行為に比べ、法益侵害結果に至る行為の推進力が強く、行為の具体的危険性も高くなることが限定的に想定されるだろう。そのような場合に、準備行為も実行行為となりうるのではないだろうか。また、結果に対する志向力が強ければ強いほど、法益侵害を志向する行為の無価値が増大するのであれば[61]、共謀者による準備行為には、単独犯による準備行為に比べて強い志向力が認められ、共謀行為の無価値も増大することが考えられよう。共同正犯の共犯性は、まさにこの点に見出されるように思われる。

このような判断基準によって、共謀行為が具体的・直接的危険性を有する実行行為として認められれば、共謀行為のみ関与した者であっても、共謀行為時に共同正犯としての実行の着手が認められることになる。そうすると、次のような問題がさらに提起されよう。共謀行為の段階で共同正犯としての実行の着手が認められた場合、その時点で直ちに共同正犯の未遂が成立するのか、という問題である。

結論から先に述べれば、ロクシンをはじめ、個別解決説を支持する多くの論者も指摘しているように、共謀行為の段階で実行の着手を認めるとしても、未遂犯の成立までは認められないと考えるべきだろう。共謀行為の段階で行為無価値としての法益侵害に対する行為の具体的・直接的危険性が認められたとしても、後続行為者が法益侵害結果を惹起する直接行為に出ない限り、結果無価値としての客観的危険事態は認められないからである[62]。

確かに、通説によれば、実行の着手時期と未遂犯の成立時期は完全に一致するものとして捉えられているため、そのような理解を前提にすれば、共謀行為の段階で実行の着手が認められれば、直ちに共同正犯の未遂が成立することになるだろう。しかし、実行の着手時期と未遂犯の成立時期を一致させなければならない必然性はない。実行の着手は、本来、実行行為がいつ開始されたかという問題であることに鑑みれば、実行の着手概念自体の理解としては、法益侵害の危険性を有する行為の開始時点、と理解すべきだろう[63]。

---

(61) 増田・前掲註（12）83頁以下。
(62) 増田・前掲註（12）261頁以下参照。

それゆえ、共謀者における共同正犯の未遂犯が成立する時期は、早くても後続行為者が直接行為に出た時点、ということになると思われる。

V まとめ

　共同正犯を規定する60条の趣旨は、一部実行全部責任の法理を是認しつつ、その限度に共同正犯を制限することによって、刑法の法益保護機能と自由保障機能を両立させる点に見られる。しかし、規定の趣旨を超えて、従来の共謀共同正犯肯定説のように、一部実行すら認められない者にも共同正犯の罪責を認めてしまうならば、それは言うまでもなく罪刑法定主義違反であり、いかなる論拠を後出ししても、共同正犯の成立範囲を限定することは困難を極めるだろう。一方で、従来の共謀共同正犯否定説によれば、共謀行為が具体的・直接的危険性を有する場合、そのような共謀行為のみ関与した者に対しても正犯性がおよそ認められないことになり、法益保護機能の観点から妥当性を欠くと言わざるをえない。共謀共同正犯の肯否をめぐる議論に終止符を打ち、実行共同正犯と狭義の共犯の成立範囲を明確にする、という学説の役割を果たすために、従来の議論の枠組みの妥当性を根本から疑って再検討する姿勢が必要なのであれば[64]、共謀行為は実行行為となりえない、とする従来の議論の前提を疑う必要があるのではないだろうか。

　これまで検討したように、共謀行為も正犯性を有する実行行為として認められる余地があるため[65]、「実行行為に内在する構成要件的故意の有無が正犯性を決定づける」とする基準は、従来いわゆる共謀共同正犯に属すると解されてきた事例においても、有効に機能するだろう。共謀者による先行行為が実行行為に「準じる」場合や「類似する」場合に正犯性が認められるのではなく、「まさに」実行行為そのものとして認められない限り、先行行為のみ関与した者に共同正犯が成立しないのであれば、共謀行為のみ関与した者に共同正犯が成立するケースは、自ずと限定的になると思われる。

（63）　曽根・前掲註（5）214頁以下。
（64）　照沼亮介「共犯論」法律時報81巻6号（2009年）44頁参照。

本章では、明示的な事前共謀に基づく共同正犯の事例を念頭に、検討を加えた。共謀共同正犯の構造が承継的共同正犯の裏返しであるとしても、離隔犯的構造を有する場合は事前共謀の事例に限られよう。現場共謀の場合、離隔犯的構造を有しているとは言い難いが、それでもなお、現場での共謀行為が実行行為として認められない限り、現場共謀のみ関与した者には、規範論の観点から、やはり共同正犯は認められないと考えるべきだろう。

(65) 松宮孝明は、住居侵入窃盗の際にリーダーが見張りをするような場合、共同正犯、しかも実行共同正犯だと立法者が述べていたことを見逃してはならない、と指摘している。そして、その趣旨は、おそらく共謀プラス実際に犯行にとって不可欠な、あるいは重要な役割の両方をやった場合が共同正犯であるというものであろう、と推察している。松宮孝明「共謀共同正犯」法学教室387号（2012年）23頁以下。私見においても、そのような事例においてリーダーが実行共同正犯として問われる余地があると考える。もっとも、そのような事例でリーダーに実行共同正犯が問われる場合は、共謀行為が有する直接行為への「推進力」が間接正犯における利用行為と同程度にまで強化される場合に限られよう。重要な役割を主要な基準として用いると、いかなるリーダーにも、重要な役割を有しているとして実行共同正犯が問われてしまうように思われる。

第5章 いわゆる承継的共犯の規範論的考察

I はじめに

　共同正犯が成立するためには、60条の趣旨、ひいては罪刑法定主義に基づく限り、関与者自身が正犯性を有する実行行為（正犯行為）の一部を行わなければならない。この要件が共謀者に対しても貫徹されなければならないことは、すでに前章で明らかにしたところである。では、正犯行為の一部を故意で行った者は、いかなる場合でも共同正犯としての罪責を負うのだろうか。前章第3節で挙げた事例IIIを想起してもらいたい。Yは、Aを毒殺するため、二回に分けて服毒させることを計画し、まず、入手した致死量の半分に相当する毒薬をコーヒーに混入し、Aに飲ませた（第一行為・先行行為）。その後、Xが、Yの状況を把握した上でYと意思を通じて計画に参加した。XとYは、致死量の半分に相当する毒薬をコーヒーに混入してAに飲ませ、Aを死亡させた（第二行為・後続行為）。

　これは、いわゆる「承継的共犯」というテーマの下で議論されている問題である。共謀共同正犯の犯罪構造が承継的共同正犯（sukzessive Mittäterschaft）の裏返しであるとの私見に基づくと、限定的ながら共謀行為が実行行為そのものと評価されうる場合には、共謀者にも（実行）共同正犯としての責任が認められうる以上、表裏一体の関係である承継的共同正犯についても肯定的な態度を示すことになりそうである。しかし、そのような帰結が妥当かどうかは、共謀共同正犯をめぐる議論とは別に、改めて検討しなければならない。

　正犯行為の途中から初めて参加した後続行為者の罪責については、依然として因果的な観点からの検討が目立つ。例えば、因果的共犯論に基づいて惹

起説を支持する立場から、いわゆる承継的共犯を全面的に否定するのが筋である、との主張が見受けられる。共犯の成立要件として構成要件該当事実全てについての因果性が必要であると解するならば、その一部についての因果性だけでは不十分だからである⁽¹⁾。確かに、因果的共犯論を支持する論者が声高に主張しているように、因果関係が認められなければ帰責されないのは当然である。しかし、因果的共犯論は、途中から初めて参加した後続行為者について、加担前の事象を含めた全体事象に対する幇助犯の成立をも否定する妥当な論拠となりうるだろうか。

そこで、本章では、いわゆる承継的共犯の成否について検討を行いたい。従来の考察手順を概観すると、共同正犯に軸足を置き、加担前の行為も含めた全体事象に対する共同正犯の成否を検討した後に幇助犯の成否を検討する論稿が圧倒的に多い。しかし、以下では規範論に基づいて、幇助犯の成否から検討してみたい。正犯と共犯の行動規範を念頭に承継的共犯の犯罪構造を捉えれば、プロトタイプではない幇助犯の存在が浮かび上がると同時に、従来議論されている正犯行為（の一部）を行う幇助犯（いわゆる実行行為を行う従犯）⁽²⁾の問題解決にもつながるだろう。もっとも、その犯罪構造に関連して、いつまでに正犯行為に加われば幇助犯が成立しうるのか、時間的な限

---

(1) 山口厚『刑法総論 第2版』（有斐閣、2007年）350頁。同様に主張する論者として、曽根威彦『刑法の重要問題〔総論〕第2版』（成文堂、2005年）353頁以下、浅田和茂『刑法総論 補正版』（成文堂、2007年）422頁以下、林幹人『刑法総論 第2版』（東京大学出版会、2008年）380頁以下、金尚均「承継的共同正犯における因果性」立命館法学310号（2006年）138頁以下（なお、いわゆる承継的幇助の検討は留保されている）等。

(2) 従来わが国では、正犯行為を行う幇助犯は、しばしば「実行行為を行う従犯」と称されている。しかし、こうした呼称は、誤解を招きかねない問題を抱えていると言えよう。制限的正犯者概念によれば、正犯行動規範とは区別される固有の幇助行動規範が存在するため、幇助行動規範の射程に入る固有の実行行為（幇助行為）が観念されることになる。それゆえ、制限的正犯者概念に基づくならば、より適切な「正犯行為の一部を行う幇助犯」という表現を用いるべきであろう。また、「故意ある幇助的道具」と称されることもあるが、そもそも故意も責任も有する後続行為者を「道具」と捉えるのは適切でないように思われる。この点について、佐伯仁志『刑法総論の考え方・楽しみ方』（有斐閣、2013年）411頁参照。

界が問われることになる。とりわけ「既遂」と「終了」概念を区別するならば、正犯行為が既遂に達しているものの、なお行為が終了していない段階で初めて加わった関与者は、いかなる罪責を負うだろうか。問題意識が高いドイツでの議論を参照しながら、検討を進めたい。

近年初めて、わが国でも承継的共同正犯に関する最高裁決定が出された[3]。一方で学説は、途中から初めて関与した後続行為者に対して、承継的共同正犯を限定的に肯定する見解が有力な状況である。当該決定の内容や有力説の妥当性については、規範論、とりわけ行動規範論の観点から、批判的に考察しなければならないだろう。後続行為者に加担前の事象を含めた全体事象に対する幇助犯が成立しうるならば、後続行為者の罪数についても、若干の検討を要するように思われる。

II　いわゆる承継的共犯の犯罪構造

1　正犯行為の内側で行われる幇助行為

いわゆる承継的共犯というテーマの下では、先行行為者が実行に着手したもののいまだ犯罪が終了していない段階で初めて参加した後続行為者がいかなる罪責を負うか、検討されている。まずは、先行行為者の犯罪が基本犯の場合を前提に、後続行為者は基本犯の承継的共同正犯となりうるのか、それとも基本犯に対する幇助犯となるのか、あるいはそれすら成立しないのかが問題となるだろう[4]。この問題に取り組むためには、差し当たって、幇助犯の行為類型を規範論的に理解しておく必要がある。

幇助行為の類型は、第一に物理的幇助と心理的幇助に区別されるのが一般的である。共同正犯として評価されない限り、前者のプロトタイプとしては、殺人犯に拳銃を提供する行為や犯罪を実行するための資金供与、住居侵入窃盗を容易にするための見張り行為等が挙げられよう。クライ／エッサーによれば、物理的幇助は外形的な協力（äußere Mitwirkung）によって行わ

---

(3)　最決平成24年11月6日刑集66巻11号1281頁。

れるものであり[5]、さらに次のように細分化される。すなわち、構成要件に該当する正犯結果に対して共に因果的である幇助行為と、そのような正犯結果と因果的ではないが構成要件に該当する正犯行為を容易にしたり促進したりする幇助行為の二つに分類されうる[6]。

しかし、このような細分化は適切ではないと思われる。確かに、幇助行為は正犯行為を容易にしたり促進したりする効果をもたらすが、そうした事情が認められれば幇助行為と正犯結果との因果性が認められなくても構わないとすると、幇助犯の処罰根拠を惹起説から説明することは難しくなる。惹起説の根幹は、正犯結果の惹起または正犯結果の惹起を志向する行為を処罰根拠とする点にあり[7]、何らかの形で惹起説を修正するとしても、正犯結果との因果性が必然的に要求されるからである[8]。

もっとも、幇助行為は、物理的幇助と心理的幇助といった区別の他に、規範論の観点からも二分されうるように思われる。幇助犯の規範構造は正犯者

---

(4) 宮崎万壽夫は、いわゆる承継的教唆（sukzessive Anstiftung）について想定困難であると述べている。宮崎万壽夫「承継的共犯論の新展開」青山法務研究論集7号（2013年）27頁。しかし、近年ドイツでは、その可能性についても関心が寄せられている。*René Börner*, Die sukzessive Anstiftung, Jura 2006, S.415ff.; *Stefan Grabow*, Die sukzessive Anstiftung, Jura 2009, S.408ff.; *Thomas Fischer*, Strafgesetzbuch mit Nebengesetzen, 61.Aufl., 2014, S.265; *Kristian Kühl*, Strafrecht Allgemeiner Teil, 7.Aufl., 2012, S.826f. 等を参照。具体的には、次のような事例が考えられよう。Yは、Aを毒殺するため二回に分けて服毒させる計画を立て、まず、入手した致死量の半分に相当する毒薬をコーヒーに混入し、Aに飲ませた（第一行為・先行行為）。しかしYは、予想以上に苦しむAを見て翻意し、その後の行為を中止することを決断した。ちょうどその時、Yに電話をかけたXは、状況を初めて把握した上で、計画を続行すべきである、と唆した。Yは、Xに教唆されたことで再び決心し、致死量の半分に相当する毒薬をコーヒーに混入してAに飲ませ、Aを死亡させた（第二行為・後続行為）。このような事例については、本書における検討の射程外とする。

(5) シュトラーテンヴェルト/クーレンも同様に捉えている。Vgl. *Günter Stratenwerth/Lothar Kuhlen*, Strafrecht Allgemeiner Teil, 6.Aufl., 2011, S.257.

(6) *Volker Krey/Robert Esser*, Deutsches Strafrecht Allgemeiner Teil, 5.Aufl., 2012, S.435f.

(7) 惹起説の検討については、本書第2章を参照。

(8) 詳細については、本書第6章第2節を参照。

Ⅱ　いわゆる承継的共犯の犯罪構造

概念の捉え方によって左右されるが、第1章でも示したように、統一的正犯者概念や拡張的正犯者概念には依拠しえない。統一的正犯者概念や拡張的正犯者概念によれば、本来「正犯」とは結果に対して因果関係を有する全ての行為を指すため、幇助犯は正犯と等価値であり、幇助者は正犯行動規範に違反する者として理解される。こうした理解に基づくならば、幇助行為自体の未遂にとどまる者も、刑法各則に未遂規定が存在し、未遂犯の成立時期について従来の前提に従う限り、未遂犯が成立するだろう。従来の前提によれば、未遂犯は実行に着手した段階で直ちに成立するからである。しかし、正犯が未遂犯としてすら問われない段階で共犯者に未遂犯が成立すれば、可罰性の肥大化を認めることになり、明らかに刑法の謙抑性に逆行する。それを避けるため、客観的危険事態が認められない限り未遂犯は成立しないと解するとしても、客観的危険事態が認められる時期は、早くても正犯が実行に着手した段階であろう。まさにこれは、正犯との量的従属性に他ならない。しかし、統一的正犯者概念は、従属性の放棄を理念として掲げているため、そのような未遂犯の解釈と相容れないはずである。結局のところ統一的正犯者概念は、可罰性の肥大化現象を抑えることはできないだろう。

　拡張的正犯者概念に基づきつつ、未遂犯の成立時期を客観的危険事態が認められる時点とするならば、可罰性の肥大化現象は抑えられるかもしれない。しかし、拡張的正犯者概念は、そもそも幇助行為と正犯行為を等価値であると解するため、両者の相違は責任の相違に求められよう。責任の相違を明らかにする際、正犯性の判断基準が重要な鍵を握るが、拡張的正犯者概念を基盤とするならば、その基準は従来の主観説へと傾斜を深めるだろう。正犯も共犯も客観的に見て等価値であれば、両者を区別するためには、純主観的な基準を採用しなければならないからである。しかし、従来の主観説は、正犯意思（Täterwille）あるいは自己の行為をなす意思（animus auctoris）をもって行為する者を正犯とするため、自殺関与罪の正犯性、第三者の利益を図る目的で背任を行った者の正犯性、または強盗や詐欺、恐喝によって財産上不法の利益を他人に得させた者の正犯性を説明することができない[9]。こうして、拡張的正犯者概念は、正犯性の判断基準として主張される主観説

の欠陥を抱えてしまうことになるだろう。

　したがって、正犯者概念については制限的正犯者概念に基づいて、幇助犯には正犯行動規範とは異なる固有の行動規範が向けられると解すべきである。行動規範の相違に従って実行行為を捉えると、例えば、幇助者に提供された包丁を用いて正犯が被害者を殺害した場合、正犯行動規範の射程に入る実行行為（正犯行為）は殺害行為であり、幇助行動規範の射程に入る実行行為（幇助行為）は包丁を提供する行為となるだろう。このように、規範論の観点から幇助行為を理解すると、そのプロトタイプは、かつてツィンマールも指摘していたように[10]、正犯行為の外側で行われるものであると言えよう。

　一方で、幇助行為を実質的に捉えると、正犯行為の外側で行われるサポートの他に、正犯行為の内側で行われるサポートも、幇助行為として評価されうるのではないだろうか。次のような詐欺事例を想定してみたい。Yは、Aから現金を詐取するため、Aの息子であるかのように装って、Yの銀行口座に200万円を振り込んでほしい旨、電話をかけた（第一行為・先行行為）。その後Xは、友人のYから事情を聞かされ、Yからの依頼通り、Aが200万円を振り込んだ後、銀行に出向いて振り込まれた現金を引き出し、Yに渡した（第二行為・後続行為）。

　詐欺事例において、Xの行為は、形式的に見る限り、正犯行動規範の射程に入る実行行為（正犯行為）の一部である。しかし、形式的客観説を採る場合を除いて、正犯行為の一部を行えば直ちに正犯性が認められるとは限らない[11]。正犯性が認められなければ、Xは、詐欺罪の幇助犯としての罪責を

---

(9) 正犯と共犯の区別基準に関する主観説の検討については、本書第3章第2節を参照。

(10) *Leopold Zimmerl*, Grundsätzliches zur Teilnahmelehre, ZStW 49, 1929, S.45. また、本書第1章第3節も参照。

(11) 田川靖紘は、このような場合、関与者間の関係に着目すべきであり、期待可能性論に基づいて正犯性の有無を判断することも可能であると主張している。田川靖紘「期待可能性論と従犯について」愛媛法学会雑誌39巻3・4号（2013年）90頁以下。しかし、期待可能性論に基づく判断は、正犯行為の不法と幇助行為の不法の相違を軽視するものであり、賛同し難い。

負うことになるだろう。このとき、Xの行為こそ正犯行為の内側で行われるサポートであり、プロトタイプではない幇助行為の片鱗がうかがえるのではないだろうか。

　正犯行為の一部を行った関与者に幇助犯が成立する可能性を認める見解に対しては、正犯性の判断基準が過度に主観化しているとの批判が向けられてきた[12]。確かに、従来の主観説によれば、正犯意思の有無に着目するため、主観化への懸念にも一理あるだろう。しかし、当該関与者に幇助犯の成立可能性を容認する見解が、従来の主観説と必然的に結びつくわけではない[13]。そもそも、正犯性を判断する際、実行行為の意味、とりわけ構成要件的故意の内容に着目する私見に対して、そうした懸念は当てはまらないだろう。

　むしろ、正犯行為を行う幇助犯の余地を認めない見解は、正犯性の判断基準を過度に客観化する結果、容易に正犯を成立させてしまうことになるのではないだろうか。このように考えると、かつての判例で、覚せい剤の売買に際して、被告人が売り手から預かった覚せい剤を買い手に手渡し、後日、代金を売り手に渡したものの、自らは売り手から一円も貰わず、買い手から車賃等の名目で現金五万円を受け取った事案について、「いわゆる正犯の犯行を容易ならしめる故意のある幇助的道具」であると認めて被告人を幇助犯とした結論自体は、妥当ではないかと思われる[14]。もっとも、被告人が「覚せい剤譲渡の正犯意思を欠き、……譲渡行為を幇助する意思のみを有したに過ぎない」ことを論拠として挙げている点は、従来の主観説を想起させるも

---

(12) 中森喜彦「実行行為を行う従犯」判例タイムズ560号（1985年）71頁、斉藤誠二「いわゆる『故意のある幇助的な道具』」受験新報516号（1994年）33頁、山口・前掲註（1）324頁、齋野彦弥『基本講義刑法総論』（新世社、2007年）267頁等。
(13) 亀井源太郎『正犯と共犯を区別するということ』（弘文堂、2005年）117頁以下。また、相内信も、正犯行為を行う幇助犯の論拠が主観のみを重視する理論であるとして否定し去るのは、形式だけを捉えたものであり、早計であると指摘している。相内信「故意ある幇助的道具の問題」金沢法学23巻1・2号（1981年）220頁。
(14) 横浜地川崎支判昭和51年11月25日判時842号127頁。また、正犯行為を行う幇助犯の成立を示唆する判例として、最判昭和25年7月6日刑集4巻7号1187頁も参照。

のであり、適切ではない。ともあれ、正犯行為を行う幇助犯の成否をめぐる問題では、まさに正犯性の判断基準が問われることになるだろう。

さらに、詐欺事例を少し変えて、第一行為の後、Yから聞かされる前にXが自ら事情を把握し、Yと意思を通じて第二行為から参加した場合、それはまさに本稿の検討対象である、いわゆる承継的共犯の犯罪構造に他ならない。正犯行為の内側で行われる幇助行為が観念されうるのであれば、正犯行為の途中から初めて加わった後続行為者に、加担前の事象を含めた全体事象に対する幇助犯としての罪責を認めることは可能ではないだろうか[15]。

一般的に幇助者は、正犯が実行に着手する前に事情を知っている場合もあれば、途中から加わる時点で初めて事情を知る場合もある。いずれにせよ、幇助者の行為無価値は必ずしも正犯の行為無価値と同時に成立するわけではなく、幇助者の実行行為が正犯にとって予備段階でも実行行為の段階でも遂行されうることに鑑みれば、後続行為者に全体事象に対する幇助犯が認められる余地はあるだろう。

因果的共犯論に従って全体事象に対する幇助犯の余地さえも否定する見解によれば、詐欺事例におけるXの罪責について、詐欺罪の共犯は不成立となるだろう。その論拠に目を向けると、正犯性の問題以前に、幇助犯であっても自己の行為と因果性のない関与前の事実の帰属を認めるのは個人責任の原則に反するとして、先行行為から生じた結果との因果性の欠如が挙げられている[16]。しかし、Xに詐欺罪の幇助犯を認める場合でも、Xは、自己の行為（第二行為・後続行為）を根拠に処罰されるのであって、決して他者の自己答責的行為（第一行為・先行行為）を根拠に処罰されるわけではな

---

(15) 従来こうした立場は、いわゆる承継的幇助（sukzessive Beihilfe）を認める立場と称されてきた。もっとも、「承継的幇助」という呼称は、他者である先行行為者の不法を「承継」する立場であるとの誤解を招いている現状に鑑みれば、適切とは言えないだろう。髙橋直哉も、承継的共犯と呼ぶとすれば、それは、すでに先行行為者が行ったことに関する罪責を後続行為者がそのまま受け継ぐという意味で理解されるべきではない、と指摘している。髙橋直哉「承継的共犯に関する一考察」法学新報113巻3・4号（2007年）153頁。また、佐伯・前掲註（2）387頁も参照。それゆえ、本書では限定的に「承継的幇助」という呼称を用いることにする。

い(17)。それゆえ、Xに詐欺罪の幇助犯を認める見解が個人責任の原理に反しているとの批判は、適切ではない。

　逆に因果的共犯論の弊害が、この点に現れているのではないだろうか。というのも、因果的共犯論に拘泥するあまり、幇助行為の特性に目が届いていないからである。正犯行為の一部を行う後続行為者は、正犯行為の外側で幇助行為を行うプロトタイプの幇助犯よりも当罰性は明らかに高い。それにもかかわらず、前者に加担前の事象を含めた全体事象に対する幇助犯の成立すら認めない帰結は、刑法の目的である法益保護の観点から、極めて疑問があると言わざるをえない。

　もっとも、いわゆる承継的共犯を全面的に否定する見解が、正犯行為を行う幇助犯（いわゆる実行行為を行う従犯）の事例において後続行為者に正犯性や幇助犯を認めるのであれば、両者は同じ犯罪構造を有しているにもかかわらず、なぜ結論に相違が生じるのであろうか(18)。ミヒャエル・ケーラーは、関与行為が犯罪全体の行為を促進しているか、もしくは助言によって形成された正犯意思の一部の要素となっている場合、すなわち事前の申し合わせによって提供されている場合に限り、全体事象に対する幇助犯が成立する、と述べている(19)。しかし、後続行為者が予備段階で関与することは、幇助犯の成立要件ではない。したがって、後続行為者が正犯行為の途中で初

---

(16)　例えば、松原芳博『刑法総論』（日本評論社、2013年）386頁。また、山中敬一「クルト・シュモラー『承継的共犯？』」ノモス13号（2002年）286頁、*Diethelm Klesczewski*, Strafrecht Allgemeiner Teil, 2.Aufl., 2012, S.258 も参照。

(17)　したがって、後続行為者に幇助犯を認めることは先行行為に対する責任の推定を認めることになる、とする植田重正の批判は正しくない。植田重正「承継的従犯について」関西大学法学会編『岩崎教授在職三十五年記念論文集』（関西大学人文科学研究所、1958年）263頁。いわゆる承継的幇助を認める照沼亮介も、先行する不法・責任の承継は構造的にありえない、と力を込めて述べている。照沼亮介「共同正犯と幇助犯―承継的共犯を素材として―」刑法雑誌48巻3号（2009年）21頁以下。

(18)　例えば、山口・前掲註（1）324頁。なお、浅田・前掲註（1）440頁は、先に挙げた覚せい剤譲渡事件について、形式的に見る限り正犯行為の一部であるにもかかわらず、幇助犯が成立する余地を認める。

(19)　Vgl. *Michael Köhler*, Strafrecht Allgemeiner Teil, 1997, S.536.

めて事情を知ったとしても、それが加担前の事象を含めた全体事象に対する幇助犯の成立を否定する論拠とはならないだろう。

2　幇助犯成立の時間的限界

　正犯行為の途中から初めて参加した後続行為者が、加担前の事象を含めた全体事象に対する幇助犯となりうるならば、幇助犯が成立しうる時間的な限界について問題となるだろう。とりわけ、後続行為者は、既遂後に参加しても正犯行為が終了していない間であれば、幇助犯となりうるのだろうか。

　ここでは、次のような盗品運搬事例を想定したい。Yは、電車から降りる際、Aの財布をこっそり抜き取った（第一行為・先行行為）。しかし、Aは自分の財布が取られたことに気づき、Yを追いかけた。Yは、追跡を免れるため逃走していたところ、Yの友人であるXが通りかかった。Xは状況を把握した上で、YからAの財布を受け取り、共に逃走した（第二行為・後続行為）。

　従来の理解によれば、状態犯である窃盗罪は、既遂と同時に犯罪が終了することになる。しかし、既遂後もなお先行行為者の占有が確実になっていない限り犯罪は終了しないと解するならば、二人が完全にAからの追跡を免れるまでは犯罪が終了せず、正犯行為も終了していないことになるだろう。このような理解に基づくと、既遂時期と終了時期が異なるため、その間に初めて参加したXに窃盗罪の幇助犯が成立しうるか、という問題が提起されよう。もっとも、Xの罪責を検討するに当たっては、そもそも「終了」概念を持ち出すべきではない、との異論が見られる。そこで、まずは上記の事例における「終了」概念の当否について、若干の考察を加えなければならないだろう。

　ザムゾンは、幇助犯が成立する時間的な限界として既遂や終了を基準とすることに反対している。というのも、幇助とは法益侵害の（共同）惹起であり、刑法上重要なのは、もっぱら構成要件に記述された法益侵害だからである。それゆえ、途中から参加した幇助者の関与が構成要件で考慮される法益侵害に影響をもたらす場合、たとえ正犯行為が終了していても、関与者は可

罰的な幇助を行っていると言える。例えば、すでに放火された家にガソリンを撒く者は、正犯行為が終了していても、法益侵害に関与している。つまり、放火罪の幇助犯が成立する。これに対して、正犯による欺罔行為から財産の損害が発生した後、利益を確保するために正犯に手助けをした者は、詐欺罪の幇助犯ではない。唯一重要な財産の損害に何ら関与していないからである。そのような者は、横領罪の幇助犯もしくは犯人庇護罪の幇助犯が問われることになるだろう、と解している[20]。

しかし、ザムゾンのように、幇助犯が法益侵害に影響をもたらしたかどうかを基準にするならば、後者の事例においても、詐欺罪の幇助犯が成立しうるのではないだろうか。盗品を確保することによって被害者の占有を排除することがより確実になる場合には、法益侵害に影響をもたらした、と言えるからである[21]。また、ザムゾンの基準に従うと、放火事例では正犯行為が終了して既遂に達した後でも幇助犯が成立しうることになる。実質的には事後従犯への道を開くことになり、このような帰結は、規範論の観点から到底受け入れられない。

ザムゾンよりもラディカルな見解を示し、そもそも犯罪行為の「終了」は失敗した法形象であると評するビッツィレキスは、構成要件の機能に着目して、幇助犯成立の可能な時期を探っている。犯罪の既遂から終了に至る一連の行為が「構成要件に該当する」とみなすことは、刑法体系における構成要件の機能を無視するものである。終了論の主張者が、どこで終了段階が途切れるのか、そして既遂後に遂行した終了行為者がどのようにして不法領域に帰属されるのかを明らかにしない限り、法的安定性に反するような危険な方法で構成要件が急激に拡大されることになる[22]。幇助犯が成立する時間的

---

(20) *Erich Samson*, in: Systematischer Kommentar zum Strafgesetzbuch, Band I, Allgemeiner Teil, 3.Aufl., 1981, § 27 Rn.18.

(21) わが国の判例で示されたように、スーパーマーケット・レジ外持ち出し事件において、「犯人が最終的に商品を取得する蓋然性が飛躍的に増大する」かどうかを基準にするならば、利益を確保することは、最終的に財物を取得する蓋然性を飛躍的に増大させることになるだろう。東京高判平成4年10月28日判タ823号252頁参照。

な限界基準を構成要件に求めるのであれば、正犯行為が構成要件に該当する限りにおいて、関与者には幇助犯が成立することになろう[23]。

近年、シュエも、刑法においては終了概念と決別すべきであると主張している。シュエは、公訴時効や刑の適用法令といった観点からも終了概念の意義を批判的に検討しているが[24]、いわゆる承継的共犯については、次のように解している。すなわち、構成要件と切り離された終了段階で関与した者は、もはや関与者としての資格を有しない。例えば、占有の確保に協力した者は、窃盗罪の幇助犯として処罰されるべきではない。構成要件に該当する奪取行為は、占有の移転という事象に限定され、占有の確保に資する行為を通じて拡大されないからである[25]。これに対して、先行行為者の欺罔行為によって錯誤に陥った被害者が小切手を振り出した後、小切手の現金化にのみ関与した者は、詐欺罪の幇助犯が成立する。後続行為者が関与した後も、終局的な損害の発生を防ぐことが義務づけられている先行行為者は、詐欺罪の構成要件を不作為で実現していると評価されうるからである[26]。結局のところ、構成要件に該当しない終了概念を基準とすることは、後続行為者の関与行為をめぐる問題の解決として許容されるべきではなく、構成要件に該当する終了概念は、形式的な意味における構成要件の実現を基準とすることで、その意義を失うことになる、と解している[27]。

終了概念を不要と解する論者の背後には、幇助犯の成立が犯罪の終了まで可能であるとすると、後続行為者の構成要件該当性に関心が向けられなく

---

(22) *Nikolaos Bitzilekis*, Vollendung und Beendigung der Straftat, ZStW 99, 1987, S.749. それゆえ、ビッツィレキスとは異なり終了概念を採用する佐伯仁志も、犯罪の終了時期を法益侵害の点だけから定めることはできず、構成要件を法益侵害の発生時点まで拡張することは罪刑法定主義上の疑問がある、と指摘している。佐伯仁志「犯罪の終了時期について」研修556号（1994年）22頁。

(23) Vgl. *Bitzilekis*, a.a.O. (Anm.22), S.726f.

(24) *Chih-Jen Hsueh*, Abschied vom Begriff der Tatbeendigung im Strafrecht, 2013, S.100ff.

(25) *Hsueh*, a.a.O. (Anm.24), S.217f.

(26) *Hsueh*, a.a.O. (Anm.24), S.225f.

(27) *Hsueh*, a.a.O. (Anm.24), S.228.

なってしまうことに強い抵抗があるのだろう。しかし、その点は後に検討するとしても、終了概念は、刑法上なお意義を有するように思われる。先の盗品運搬事例では、財布を抜き取られることによって窃盗は既遂に達する。しかし、Ｙが盗品の占有をいまだ確保していない状況であれば犯罪は終了しないと解することで、正当防衛の要件としての侵害の急迫性が、窃盗終了前まで認められることになろう[28]。シュエは、「侵害の急迫性」という正当防衛固有の基準を考慮することによって終了概念が不要になると解しているが[29]、終了概念を採用しなければ急迫性の限界は既遂時期となるため、自救行為の成立がほとんど認められていない現実に鑑みれば、終了概念を採用した上で犯罪の終了時期まで正当防衛権の行使を容認すべきであろう[30]。

また、窃盗罪が状態犯であるとしても、電気窃盗のような場合、窃盗行為が継続している最中は同時に電気エネルギーが消費されるため、既遂が成立すれば直ちに犯罪も終了するわけではなく、既遂時期と終了時期を区別して捉えることも可能である。即成犯、継続犯、状態犯の区別によって犯罪の終了時期が一義的に決まるわけではなく、現実の行為形態によって既遂時期と終了時期が異なりうるのであれば[31]、形式的な「既遂」時期と実質的な「終了」時期を区別することは、刑法上意義を有するだろう[32]。

---

(28) 伊東研祐／高橋則夫／只木誠／増田豊／杉田宗久『法科大学院テキスト　刑法各論』（日本評論社、2008年）151頁。すでに内藤謙も、窃盗が既遂に達した後でも、その直後で追跡中であり、盗んだものの占有をまだ十分に確保したといえない状況にあれば、侵害は現に存在しており継続中であるから、正当防衛としてこれを取り戻すことができる、と述べている。内藤謙『刑法講義総論（中）』（有斐閣、1986年）331頁以下。また、林美月子「状態犯と継続犯」神奈川法学24巻2・3号（1988年）20頁も同様に主張している。

(29) *Hsueh,* a.a.O. (Anm.24), S.92.

(30) 高橋則夫『刑法総論 第2版』（成文堂、2013年）265頁参照。

(31) 古田佑紀「犯罪の既遂と終了」判例タイムズ550号（1985年）91頁。

(32) Vgl. *Hans-Joachim Rudolphi,* in: Systematischer Kommentar zum Strafgesetzbuch, Band I, Allgemeiner Teil, 7.Aufl., 2002, Vor § 22 Rn.6f.; *Stratenwerth/Kuhlen,* a.a.O. (Anm.5), S.251; *Georg Freund,* Strafrecht Allgemeiner Teil, 2.Aufl., 2009, S.276; *Johannes Wessels/Werner Beulke/Helmut Satzger,* Strafrecht Allgemeiner Teil, 43.Aufl., 2013, S.236.

それでは、先行行為者の行為が既遂となった後、いまだ犯罪が終了していない段階で初めて加わった後続行為者は、加担前の事象を含めた全体事象に対する幇助犯が成立するだろうか。この点、ドイツでは、既遂後に初めて関与した後続行為者にも全体事象に対する幇助犯が成立するとの見解が主張されている[33]。

　フリスターによれば、形式的な既遂から実質的な終了に至るまでの間も、構成要件の実現に向けて一貫した行為の一部であり、その間に関与した者は、自らの行為を通じて実現した不法全体が帰属されうる。それゆえ、強盗事例において、暴行後に初めて参加し、盗品の奪取を幇助した者が、窃盗罪の幇助犯ではなく強盗罪の幇助犯となるにもかかわらず、奪取によって既遂に達した後に初めて参加し、盗品の運搬を幇助した者が、強盗罪の幇助犯でも窃盗罪の幇助犯でもなく犯人庇護罪に過ぎないとの結論は、承服しがたい。奪取直後に盗品の運搬を幇助した者は、強盗罪の幇助犯もしくは窃盗罪の幇助犯が成立することになる。そのような事例において犯人庇護罪の構成要件が適用されるのは、奪取行為と盗品の運搬がもはや一貫した行為とはみなされず、両者に切れ目（Zäsur）が存在する場合に限られる[34]。

　クライ／エッサーは、幇助犯において、共同の行為決意や共同の実行が要求されないため、奪取によって既遂に達した後、盗品の確保を通じて窃盗を終了させる行為が構成要件に該当していないとの批判は当てはまらない、と解している[35]。シュトレー／ヘッカーも、盗品の確保を目指している後続行為者の援助行為が行為の終了まで影響を及ぼしており、その影響について後

---

(33) Vgl. Jürgen Baumann/*Ulrich Weber*/Wolfgang Mitsch, Strafrecht Allgemeiner Teil, 11.Aufl., 2003, S.745; *Hans-Heinrich Jescheck/Thomas Weigend*, Lehrbuch des Strafrechts Allgemeiner Teil, 5.Aufl., 1996, S.692. また、わが国でも同調する論者が見られる。林幹人「犯罪の終了時期―最高裁平成18年12月13日決定を契機として―」刑事法ジャーナル9号（2007年）68頁、山本雅昭「犯罪の終了について」法政研究13巻3・4号（2009年）136頁、松原・前掲註（16）381頁以下等を参照。

(34) *Helmut Frister*, Strafrecht Allgemeiner Teil, 6.Aufl., 2013, S.448.

(35) *Krey/Esser*, a.a.O. (Anm.6), S.444.

続行為者自身も認識しているか、少なくとも甘受しているのであれば、場合によって幇助犯としてのより厳しい責任は免れられないだろう、と解している[36]。こうした見解は、同調するハイネ/ヴァイサーが示唆するように[37]、正犯によって設定された因果経過の進展や法益侵害の発生が決定的となった時期を重視していることがうかがえよう。

しかし、幇助犯成立の時間的限界基準を一律犯罪の終了時期に求める見解は、妥当ではないと思われる。先の盗品運搬事例を振り返ると、盗取罪・奪取罪である窃盗罪の既遂時期については、その罪質の特徴が占有者の意思に反して占有を奪う点にあることを念頭に置くならば、財物の占有を取得した時とする取得説の立場が妥当であろう。取得説によれば、YがAから財布を抜き取った時点が窃盗罪の既遂時期となるため[38]、既遂後、盗品を確保するまでの行為は、決して窃盗罪の構成要件に該当しない。保護法益を本権説から理解するにせよ占有説から理解するにせよ、法益侵害の強化それ自体は、行動規範違反ではないはずである[39]。それにもかかわらず、既遂後に初めて参加したXに窃盗罪の幇助犯を認めるならば、正犯行動規範の射程内において二次的・補充的な役割を果たす幇助行動規範の性質に反することになり、終了概念の採用に否定的な論者が指摘していた通り、幇助犯の構成要件が肥大化してしまうだろう[40]。

もっとも、監禁罪が問題となるような継続犯の事例においては、犯罪の終

---

(36) *Walter Stree/Bernd Hecker*, in: Adolf Schönke/Horst Schröder, Strafgesetzbuch, Kommentar, 29.Aufl., 2014, S.2422f.
(37) *Günter Heine/Bettina Weißer*, in: Adolf Schönke/Horst Schröder, Strafgesetzbuch, Kommentar, 29.Aufl., 2014, S.550f.
(38) もっとも、工場構内運搬事例のように、財物の性質や行為状況等の相違によって既遂時期は若干異なりうると思われる。大阪高判昭和29年5月4日高刑集7巻4号591頁参照。
(39) Vgl. *Kühl*, a.a.O. (Anm.4), S.858.
(40) ルドルフィーも、これは許されない方法で構成要件に該当する窃盗不法を認めるものであり、基本法103条2項に規定された「法律なければ犯罪なし」との原理に明らかに違反する、と論じている。*Hans-Joachim Rudolphi*, Die zeitlichen Grenzen der sukzessiven Beihilfe, in: Festschrift für Hans-Heinrich Jescheck zum 70. Geburtstag, 1985, S.568.

了まで継続する正犯行為が構成要件に該当するため、後続行為者には、犯罪が終了するまでに加われば、先行行為者の犯罪に対する幇助犯が成立しうる。また、窃盗罪の事例においても、電気窃盗罪が問題となるような事例においては、やはり犯罪の終了まで、先行行為者の犯罪に対する幇助犯が成立すると思われる。こうして見ると、犯罪の終了時期は、構成要件と関係づけられた終了と構成要件から切り離された終了の二種類に区別することができるのではないだろうか(41)。そして前者の場合には、犯罪の終了まで幇助犯が成立しうるのに対して、後者の場合には、既遂に達するまで幇助犯が成立しうるが、既遂に達した後から犯罪の終了までの間に初めて加わった後続行為者は幇助犯となりえず、犯人蔵匿罪や盗品等に関する罪が問われることになる。つまり、正犯行為が実行行為として評価される間は、後続行為者に幇助犯が成立しうると言えよう。

わが国でいまだ有力に主張されている因果的共犯論を前提にする立場からも、盗品運搬事例において、Xが窃盗罪の幇助犯として問われることはないはずである。因果的共犯論によれば、先行行為者の犯罪に対して、後続行為者は構成要件に該当する事象経過の形成に何ら影響を及ぼしていないため、共同正犯のみならず、幇助犯も成立しないと解していたからである(42)。

ともあれ、先の盗品運搬事例は、共犯の処罰根拠の妥当性を検討する格好のケースにもなるだろう。従属性指向惹起説（いわゆる修正惹起説）や混合惹起説（従属的法益侵害説）は、共犯の不法を一部であれ正犯の不法から導き、正犯行為の従属性を共犯の不法要素と捉えている。こうした理解に基づくと、既遂後なお終了前までの正犯行為は、正犯にとって一つの犯罪事象の一部であるため、不法が継続する正犯行為の終了時期までに加われば、共犯者には正犯の不法が導かれることになりかねない(43)。それにもかかわらず、

---

(41) Vgl. *Kristian Kühl*, Die Beendigung des vollendeten Delikts, in: Festschrift für Claus Roxin zum 70. Geburtstag, 2001, S.673ff.

(42) Vgl. *Heiko Hartmut Lesch*, Das Problem der sukzessiven Beihilfe, 1992, S.65.

(43) Vgl. *Stefan Grabow/Stefan Pohl*, Die sukzessive Mittäterschaft und Beihilfe, Jura 2009, S.660.

盗品運搬事例においてXに窃盗罪の幇助犯が認められないと解するならば、とりわけ混合惹起説の論者は、なぜそのような場合に共犯の不法を正犯の不法から一切導かないのか、説明する必要があると思われる[44]。

一方、共犯の処罰根拠について、純惹起説の理念を保ちつつ、制限的正犯者概念と相容れない正犯なき共犯を否定するため、制限的正犯者概念と整合性を有する形で純惹起説を修正する惹起志向説によれば、共犯の処罰根拠（共犯の不法）は結果惹起を志向する共犯行為のみであり、従属性は共犯の処罰条件として理解される[45]。このような理解を前提にすると、Xの行為は、もはや窃盗罪に関する正犯行動規範の射程外であるため、X自身の行為は決して幇助構成要件に該当しない。したがって、Xには窃盗罪の幇助犯が認められないことになるだろう。

III 行動規範論に基づく承継的共同正犯の否定

1 いわゆる承継的共犯の故意概念と行動規範

それでは、正犯行為の途中から初めて参加した後続行為者に、承継的共同正犯が成立する余地はあるだろうか。後続行為者に向けられる行動規範の内容を措定するためには、この点を論究しなければならない。

近時、わが国の最高裁は、承継的共同正犯の成否について、傷害罪に関する事例判断ではあるが初めて明言した[46]。当該事案は次のようなものである。被告人が共謀に加担する前、すでに先行行為者らが、被害者であるAやBに対して暴行を加え、傷害を負わせていた。先行行為者らから連絡を

---

(44) 照沼亮介は、共犯の処罰根拠論における混合惹起説の立場から、基本的な論理構造としてルドルフィーの見解を支持しているが、正犯の不法を考慮する際、既遂後の共犯行為だけに着目して、それが構成要件に該当しない行為であるため、およそ一般に正犯行為の終了に至るまで関与が可能なわけではない、と解している。照沼亮介『体系的共犯論と刑事不法論』（弘文堂、2005年）290頁以下。

(45) 惹起志向説については、増田豊『規範論による責任刑法の再構築』（勁草書房、2009年）354頁以下、本書第2章第3節を参照。

(46) 最決平成24年11月6日刑集66巻11号1281頁。

受けた被告人は、犯行現場に到着し、被害者らがすでに暴行を受けて逃走や抵抗が困難であることを認識しつつ、先行行為者らと共謀の上、さらに激しい暴行を被害者らに加えた。被告人の共謀加担前後にわたる一連の暴行の結果、Bは、頭部外傷擦過打撲、顔面両耳鼻部打撲擦過、両上肢・背部右肋骨・右肩甲部打撲擦過、両膝両下腿右足打撲擦過、頚椎捻挫、腰椎捻挫の傷害を負い、Aは、右母指基節骨骨折、全身打撲、頭部切挫創、両膝挫創の傷害を負った。なお、Bが負った顔面両耳鼻部打撲擦過とAが負った右母指基節骨骨折については、被告人の共謀加担後の暴行を通じて相当程度重篤化された傷害ではないことが認められた。

　第一審の松山地裁[47]や控訴審の高松高裁[48]は、従来下級審で示された観点、すなわち、後続行為者が、先行行為者の行為及びこれによって生じた結果を認識・認容するにとどまらず、これを自己の犯罪遂行の手段として積極的に利用する意思の下に、実体法上の一罪を構成する先行行為者の犯罪を途中から共謀加担し、上記行為等を現にそのような手段として利用した場合に限って承継的共同正犯を認める、との観点から[49]、本件被告人について、被告人が加担する以前の傷害を含めた全体について承継的共同正犯として責任を負う、とした。

　しかし、最高裁は、上告を棄却したものの職権で以下のように判断し、共謀加担前に先行行為者らがすでに生じさせていた傷害結果を含めて、被告人に傷害罪の共同正犯の成立を認めた原判決には、傷害罪の共同正犯の成立範囲に関する刑法60条、204条の解釈適用を誤った法令違反があるとした。すなわち、共謀加担前に「既に生じさせていた傷害結果については、被告人の共謀及びそれに基づく行為がこれと因果関係を有することはないから、傷害罪の共同正犯としての責任を負うことはなく、共謀加担後の傷害を引き起こすに足りる暴行によってAらの傷害の発生に寄与したことについてのみ、傷害罪の共同正犯としての責任を負うと解するのが相当である」と結論づけ

---

(47) 松山地判平成23年3月24日刑集66巻11号1299頁。
(48) 高松高判平成24年11月15日刑集66巻11号1324頁。
(49) 大阪高判昭和62年7月10日高刑集40巻3号720頁。

た。

　当該決定によって、少なくとも最高裁の立場は、承継的共同正犯を全面的に肯定する立場ではないことが明らかになった。もっとも、当該決定が事例判断であるがゆえに、最高裁が、傷害罪以外の犯罪においても、正犯行為の途中から加担した後続行為者について、承継的共同正犯の成立を否定するかどうかは疑わしい。実際、当該決定の補足意見では、「いわゆる承継的共同正犯において後行者が共同正犯としての責任を負うかどうかについては、強盗、恐喝、詐欺等の罪責を負わせる場合には、共謀加担前の先行者の行為の効果を利用することによって犯罪の結果について因果関係を持ち、犯罪が成立する場合があり得るので、承継的共同正犯の成立を認め得るであろう」と述べられている。また、従来の下級審判例でも、承継的共同正犯を限定的に肯定する態度を示している。

　近時の事案を挙げれば、東京高判平成11年8月27日東高刑時報50巻1～12号75頁では、被告人に不動産侵奪罪の承継的共同正犯が認められている。事実の概要によれば、被害者が借金から逃れるために一時姿を隠している際、先行行為者らが被害者の邸宅やマンションの一室にそれぞれ立入禁止の貼紙をし、出入口ドアの施錠を交換した。その後、被告人が先行行為者らと共謀の上、不動産侵奪の実行行為に参加した。東京高裁は、先行行為が不動産侵奪罪の実行の着手に当たるものの、いまだ既遂とは評価できないとした上で、既遂時期は、被告人らが入居して生活を始めた時点であると認定した。そして、実行の着手後、既遂に至る前に被告人と先行行為者らとの間に共謀が成立したことを理由に、被告人は不動産侵奪罪の承継的共同正犯として刑事責任を負う、と結論づけている。

　また、東京高判平成21年3月10日東高刑時報60巻1～12号35頁では、恐喝罪の承継的共同正犯が認められる余地を示唆している。事実の概要によれば、先行行為者らが被害者から金員を喝取しようと企てて恐喝行為に及んだが、被害者は要求に応じなかった。こうした儲け話が頓挫したため、先行行為者らは被告人に助けを求め、被告人はこれに応じた。被告人は、先行行為者らに提案をした上で、被害者に対して共に恐喝行為に及んだ。東京高裁

は、被告人が先行行為について容易に認識しえたとは認められず、自ら加担する前に行われた先行行為を積極的に利用する意思があったとも認められないとして、被告人が恐喝未遂の刑事責任を負うのは、共犯者らに提案をして共に行動をするようになった後の恐喝行為に限られる、と述べて承継的共同正犯の成立を否定した。このような論拠によれば、後続行為者が先行行為を積極的に利用する意思があれば、承継的共同正犯を成立させる余地が残されている、と言えよう[50]。もっとも、東京高裁は、なお書きの中で、仮に、被告人が共犯者らの先行行為を認識し、これを積極的に利用する意思があったと認められるとしても、被告人がこのように時間的・場所的に離隔した先行行為それ自体についても共同正犯としての刑事責任を負うと解すべきか否かは、検討の余地があるように思われる、と慎重な態度を見せている。

　有力な学説も、承継的共同正犯を限定的に肯定している[51]。近時では、髙橋直哉も、限定的ではあるが後続行為者に共同正犯が成立する余地を認めている。髙橋は、自らの行為と何らの因果性もない事象について罪責を問われることはない、と主張する一方、次のような場合には、因果性要件を緩和して、いわゆる承継的共犯が成立する、としている。それはすなわち、後続行為者の関与時において先行行為者の犯罪が進行中であり、後続行為者が先行行為者との意思連絡の下にその進行中の犯罪に自らの行為を連接させたという関係が認められ、かつ、後続行為者が自己の行為によってその進行中の犯罪に対する最終的な評価に影響を及ぼす可能性を残している場合である。この場合、後続行為者には、果たした役割の重要性によって共同正犯か幇助犯かが成立することになる、と論じている[52]。

---

(50) 実際、神戸地尼崎支判平成24年9月3日LEX/DB25482684では、被告人が先行行為を認識・了知し、これに主体的・積極的に途中から加担したことを根拠に、承継的共同正犯の成立を認めている。

(51) 大谷實『刑法講義総論 新版第4版』（成文堂、2012年）417頁以下、川端博『刑法総論講義 第3版』（成文堂、2013年）570頁、西田典之『刑法総論 第2版』（弘文堂、2010年）366頁以下、阿部力也「承継的共同正犯について―部分的肯定説の再検討―」井田良／髙橋則夫／只木誠／中空壽雅／山口厚編『川端博先生古稀記念論文集 上巻』（成文堂、2014年）553頁以下等。

(52) 髙橋・前掲註（15）153頁以下。

III 行動規範論に基づく承継的共同正犯の否定

また、十河太朗は、後続行為者の行為と当該犯罪の副次的な法益の侵害・危険との間に因果関係がなくても、第一次的な保護法益の侵害・危険と因果関係があれば、先行行為者と共同して当該構成要件を実現したと評価できるため、共犯の成立を認めてよい、と主張している。十河によれば、共同正犯と幇助犯には同じ内容の因果関係が要求され、その因果関係が存在することを前提として、後続行為者がどのような役割を果たしたかによって共同正犯か幇助犯か決定されうる[53]。

確かに、共同正犯の成立要件に立ち返ると、共同正犯の成立に必要不可欠な「共同実行の意思」は、それがコミュニケーション事象であることに鑑みれば、構成要件を実現する行為が引き続き遂行される限り、実行行為が開始された後においても形成されうる[54]。それゆえ、加担後の行為については、後続行為者も共同正犯になりうる。例えば、接続犯が問題となるような事例において、先行行為者が一人で実行に着手して財物を窃取した行為は、事情を把握して途中から初めて参加した後続行為者が財物をさらに窃取することによって、なお継続されうる[55]。この場合、後続行為者は、加担後の窃盗行為について正犯性が認められれば、加担後の行為については共同正犯としての罪責を負うだろう。

しかし、加担前の行為については、後続行為者に共同正犯としての刑罰必要性が認められないように思われる[56]。接続犯や結合犯のような複数行為が想定される事案において、後続行為者は正犯行為の一部を行っているものの、後続行為の危険性が先行行為の中に実現されていないからである。

このことは、共謀共同正犯の事例と比較することで、より明確になるであ

---

(53) 十河太朗「承継的共犯の一考察」同志社法学64巻3号（2012年）368頁以下。
(54) Vgl. *Kühl*, a.a.O. (Anm.4), S.783.
(55) Vgl. *Kühl*, a.a.O. (Anm.4), S.800. したがって、他の関与者の了解を得て、未遂成立後に初めて行為事象に合流した者も、加担後の行為について共同正犯になりうることは、ほとんど争いなく認められるだろう。Vgl. *Bernd Schünemann*, in: Heinrich Wilhelm Laufhütte/Ruth Rissing-van Saan/Klaus Tiedemann (Hrsg.), Strafgesetzbuch, Leipziger Kommentar, 12.Aufl., 2006, § 25 Rn.197; *Wolfgang Joecks*, in: Wolfgang Joecks/Klaus Miebach (Hrsg.), Münchener Kommentar zum Strafgesetzbuch, Band 1, 2.Aufl., 2011, § 25 Rn.202.

ろう。前章第3節の事例Iを想起すると、Xは、Aを毒殺することについてYと共謀し、XとYは、入手した毒薬のうち致死量をコーヒーに混入した(第一行為・共謀行為・先行行為)。その後、Yは一人で、共謀に基づき、毒薬入りコーヒーを持ってAの家に行き、そのコーヒーをAに飲ませて死亡させた(第二行為・直接行為・後続行為)。この事例では、確かにXは先行行為しか行っていない。しかしXは、先行行為を引き金に、第二行為に対する指針をYに与えている。それゆえ、第一行為の危険性は、第二行為の中にも最終的な法益侵害結果の中にも実現されている。

　一方、本章の冒頭で挙げた毒殺事例を振り返ると、確かに第二行為から最終的な法益侵害結果が発生している。しかし、Xは先行行為に対する指針を全く与えていない。本来有する第二行為の危険性は、せいぜい傷害結果にとどまるだろう。そうであれば、Xの刑罰必要性は、Yに認められる殺人罪の正犯としての刑罰必要性よりも低く、Xに対する刑罰は、Yに対する刑罰よりも減軽されなければならないように思われる。

　そもそも承継的共同正犯は、行動規範論の観点から否定されるべきではないだろうか。後続行為者に正犯行動規範が発動されるためには、当然ながら後続行為者に(従来の主観説とは異なる)正犯としての構成要件的故意が認められなければならない。そこで、第3章において正犯性の判断基準として提唱した故意行為、とりわけ後続行為者の故意に着目すると、決して先行行為に関する故意は認められない。事後強盗罪が問題となる事例を引き合いに出せば、先行行為者の窃盗行為後に事情を把握して初めて加わった後続行為

---

(56) レッシュは、制裁規範論の観点から後続行為者の罪責を検討している。レッシュによれば、刑法における形式的な不法を構成要件の実現と解する一方、実質的な不法とは制裁規範によって保障される規範的な期待と結びつけられたコミュニケーションの喪失であり、結果無価値はそうした規範の妥当性を侵害する中に存在すると解している。*Lesch*, a.a.O. (Anm.42), S.253ff., S.278ff. もっとも、規範論理的に見れば、行動規範に違反した後に制裁規範が問題となるため、後続行為者が正犯制裁規範に対応する正犯行動規範に違反したかどうかを第一に検討しなければならない。正犯としての刑罰必要性の観点から後続行為者の正犯性を検討することになれば、正犯と共犯の行動規範が同じであるとする拡張的正犯者概念に依拠しなければならなくなるだろう。

者が暴行のみ関与した場合、後続行為者には、先行行為である窃盗行為との関係で事後強盗罪の実行行為内在的な故意、すなわち正犯としての故意は認められない。加担前の窃盗行為について正犯としての故意を認めるならば、シュトラーテンヴェルト／クーレンも指摘しているように[57]、先行行為に関する正犯としての事後の故意を容認することになるだろう。刑法における意思としての故意については、事前の故意 (dolus antecedens) と共に事後の故意 (dolus subsequens) も真正の故意ではないことが一般的に承認されている[58]。先行行為に内在する真正の故意が認められない後続行為者に、事後強盗罪の承継的共同正犯を成立させてはならない[59]。

それにもかかわらず、正犯性の判断基準における形式的客観説は、正犯行為の一部を行った者を直ちに正犯とするため、事後の故意を容認して承継的共同正犯を肯定することになる。また、実質的客観説によれば、最終的な法益侵害結果の発生に重要な役割を果たした者が正犯となるため、最終的な法益侵害結果の発生を直接惹起した後続行為者は、重要な役割を果たしていたと認められやすく、たとえ限定的であるとしても承継的共同正犯を肯定してしまうことになるだろう。正犯性の判断基準を故意行為に求めれば、そうした帰結は排斥されうる。

事後強盗罪の事例に戻ると、後続行為者には、暴行罪の実行行為内在的な故意が認められる。それゆえ、少なくとも暴行罪は成立し、また暴行罪の限度で共同正犯が成立する。今一つ残されているのは、後続行為者に事後強盗罪の幇助犯としての故意が存在するか、存在するならば事後強盗罪の幇助犯を成立させることができるが、その場合に幇助の故意をどのように規定するか、という問題である。

---

(57) Vgl. *Stratenwerth/Kuhlen*, a.a.O. (Anm.5), S.241.
(58) Vgl. *Urs Kindhäuser*, Strafrecht Allgemeiner Teil, 6.Aufl., 2013, S.125.
(59) クライ／ヘルマン／ハインリヒは、わが国の刑法によれば事後強盗罪に相当する強盗的窃盗罪について、窃盗行為後に初めて加担した後続行為者に承継的共同正犯を認めることは類推禁止の原則に反する、と指摘している。*Volker Krey/ Uwe Hellmann/Manfred Heinrich*, Strafrecht Besonderer Teil, Band 2, 16.Aufl., 2012, S.140.

思うに、正犯行為の一部を行う関与者に全体事象についての正犯性が認められるためには、正犯行為（実行行為）に内在する故意が「全体的に」存在しなければならない。もっとも、いわゆる共謀共同正犯の事例では、共謀者が第一行為しか行っていないため、共謀者にとって、実行行為に内在する故意は第一行為のみであり、第二行為に関する認識は事前の故意であるかのように思われるかもしれない。しかし、共謀者が実行に着手した第一行為の段階において、直接行為者に第二行為に関する指針を与えているのであれば、それは事前の故意ではなく、後続行為者を介する実行行為内在的な故意であると言えよう。

　一方、同様の事例において、正犯行為の一部を行う関与者に全体事象についての幇助犯が成立する場合とは、正犯行為（実行行為）に内在する故意が「部分的に」存在する場合であると考えられる。確かに、後続行為が既遂に至る前の段階であれば、後続行為者の先行行為に関する認識は、事後の故意とは言えず、全体事象についての正犯としての構成要件的故意が存在するように思われるかもしれない。しかし、後続行為者が先行行為について事後的に指針を与えることは、およそ不可能である。それゆえ、先行行為に関する後続行為者の認識は、やはり真正の故意とは言えないだろう。先に挙げた事後強盗罪の事例に当てはめれば、正犯行為（実行行為）に内在する故意が部分的に存在する後続行為者には、事後強盗罪の幇助犯が成立すると思われる[60]。

　こうして見ると、正犯性の判断基準として重要な要素である、全体事象についての正犯としての構成要件的故意が認められるかどうかは、コミュニケーション事象あるいはコミュニケーション関係がいつ生じたか、という点が決定的な意味を持っているのではないだろうか。例えば、いわゆる共謀共同正犯の事例では、先行行為の時点でコミュニケーション事象（関係）が成立するため、後続行為についても、そうした関係が解消されない限り、（共同）正犯としての故意が維持されうる。これに対して、いわゆる承継的共犯の事例では、後続行為の時点で初めてコミュニケーション事象（関係）が成立するため、途中から加担した後続行為者が事情を了解するだけでは、全体

事象についての正犯としての構成要件的故意は認められず、せいぜい後続行為についての正犯としての構成要件的故意が認められるに過ぎない。

一方、全体事象についての幇助犯としての構成要件的故意は、例えば正犯行為の予備段階でプロトタイプの幇助行為をする場合にも認められ、また、正犯行為（実行行為）の途中で行われる場合にも認められる。幇助もコミュニケーション事象であることに鑑みれば、結合犯のような場合に先行行為を了解して後続行為のみ加担した者に、全体事象に対する幇助犯としての故意を認めても差し支えないだろう。

したがって、承継的共同正犯はいかなる場合も否定され、いわゆる承継的幇助のみが、すなわち加担前の事象を含めた全体事象に対する幇助犯のみが肯定されうることになる。先にも検討したように、その犯罪構造は、幇助犯のプロトタイプではない。プロトタイプ事例における幇助行動規範の内容

---

(60) キントホイザーも、先行行為に関与しなかった者は、強盗的窃盗罪の正犯となりえないと述べている。*Urs Kindhäuser*, in: Urs Kindhäuser/Ulfrid Neumann/Hans-Ullrich Paeffgen（Hrsg.）, Strafgesetzbuch, Nomos Kommentar, Band 3, 4. Aufl., 2013, § 252 Rn.24. エーザー／ボッシュが言及しているように、強盗的窃盗罪が強盗罪のように窃盗と強要の結合形態であるならば、強盗的窃盗罪の正犯性が認められるためには両者の諸要素を正犯的に満たさなければならないからである。*Albin Eser/Nikolaus Bosch*, in: Adolf Schönke/Horst Schröder, Strafgesetzbuch, Kommentar, 29.Aufl., 2014, S.2409. わが国における事後強盗罪も、窃盗行為と暴行・脅迫が併存することによって、行為無価値の観点から強盗罪と同価値性を有するのであれば、やはり両者の行為について正犯性が認められなければならないだろう。正犯性の判断基準を故意行為に求める私見によれば、実行行為内在的な真正の故意が暴行・脅迫行為しか存在しない後続行為者には、事後強盗罪の正犯性は認められず、事後強盗罪の幇助犯のみが成立することになる。もっとも、事後強盗罪を身分犯と解する立場からは、後続行為者の罪責を、いわゆる承継的共犯のテーマの下で解決すべきではないとの批判が提出されている。例えば、曽根威彦『刑法各論 第5版』（弘文堂、2012年）131頁以下、前田雅英『刑法総論講義 第5版』（東京大学出版会、2011年）496頁以下、523頁以下参照。しかし、そのような立場によれば、事後強盗罪においては窃盗行為が「身分」という犯罪主体の要件として理解されるため、本来窃盗行為が行動規範に違反する行為であることに鑑みれば、他の犯罪においても行動規範に違反した行為者は、すべて身分犯となってしまうように思われる。それゆえ、そうした批判の前提自体に重大な欠陥を抱えていると言えよう。

は、正犯行為の外側にある行為、例えば、凶器提供や情報提供等である。しかし、幇助行動規範の内容はそれにとどまらず、複数行為が想定される事案においては、正犯行為の一部を規範内容とする幇助行動規範が措定され、そのような規範に違反する場合が、いわゆる承継的幇助であると考えられる。後続行為者が途中から初めて加担し、正犯行為（実行行為）の一部（後続行為）を遂行する場合であっても、全事象を見る限り、正犯を通じて法益侵害結果を志向する幇助行為であると言えよう。

以上の検討を踏まえると、先の最高裁決定で、共謀加担前に先行行為者らがすでに生じさせていた傷害結果について、被告人が共同正犯としての罪責を負わないと結論づけたのは、妥当な判断ではないだろうか。もっとも、そのような結論を導出した因果的なアプローチは、一部の学説で見られるようにプロトタイプではない幇助犯の成立可能性までも閉ざしてしまうおそれがあるため、正犯行為の途中から初めて加担した後続行為者の罪責を検討する一般的な基準として使用すべきではないだろう[61]。強盗罪や詐欺罪等の事例において承継的共同正犯の成立可能性を示唆する補足意見には、賛同できない。

2　後続行為者に関する罪数問題

後続行為者には承継的共同正犯が成立しえないものの、加担後の行為については共同正犯が成立しうる。その際、後続行為者が、加担前の事象を含めた全体事象に対する幇助犯にもなりうるならば、両者の罪数関係について問題となる。実際に学説を見ると、全体事象に対する幇助犯の成立を肯定する論者の間で結論の相違が見られる。

まず、山本雅子は、共同意思主体説の立場から、共同意思主体の形成は心理的・事実的なものであるため、後続行為者は、先行行為について事後的に認容・承継する意思があっても、あくまで片面的意思しかなく、先行行為に

---

(61) 早渕宏毅も、当該決定の理論構成が因果性を重視した考え方である可能性を指摘した上で、そのような理論構成を批判的に考察している。早渕宏毅「判批」研修777号（2013年）31頁以下。

Ⅲ　行動規範論に基づく承継的共同正犯の否定　149

対する共同正犯となりえないと解する。もっとも、共同意思主体は 60 条以下の共犯現象を包括する概念であり、共同正犯、教唆犯、幇助犯のいずれが生じたのかは、誰がいかなる役割を担っているかによって明らかになる。こうした理解に基づいて結合犯における後続行為者の罪責を検討すると、途中の介入時点で共同意思主体が形成されるため、典型的な支援行為の発現ではないにせよ、正犯に従う行為があれば幇助行為として評価されうる。結合犯については、それを法益の観点から見れば、二者に分解しきれない書かれざる爾余の法益侵害が措定されていると見るべきであるから、結合犯の実行行為は不可分である。それゆえ、後続行為者には全体事象に対する幇助犯が成立することになる、と主張している[62]。

共同意思主体はあくまで現象形態であり、共同意思主体内部での各行為主体が個別に見られるものであれば、正犯性の基準を別に求める限り、個別責任の原理に反することはないかもしれない。しかし、そのように解するのであれば、共同意思主体の有無は、共謀共同正犯を肯定する根拠や基準を提供するものではないことになり、正犯性を基礎づける論拠としての意義を失うことになるだろう[63]。そこで正犯性の基準を先のように役割の重要性に求めると、直接結果を惹起する後続行為者は、むしろ「重要な役割を担った者」として容易に全体事象に対する正犯性が認められてしまうように思われる。また、確かに結合犯の実行行為が不可分であるとしても、後続行為者には後続行為に関して正犯性を有する余地が残されているため、その点を検討すべきではないだろうか。

行為支配説の立場から機能的行為支配の有無によって正犯性を判断する照沼亮介は、強盗罪の事例において、後続行為者は窃盗の共同正犯と強盗の幇助犯との観念的競合になると主張している。その論拠として、先行行為者の強盗の実現を促進したという観点からは、構成要件該当性のみならず罰条適

---

(62)　山本雅子「承継的共同正犯論」川端博／椎橋隆幸／甲斐克則編『立石二六先生古稀祝賀論文集』（成文堂、2010 年）469 頁以下。

(63)　西田典之『共犯理論の展開』（成文堂、2010 年）48 頁、松原・前掲註（16）358 頁参照。

用の段階においても具体的に強盗幇助という罪名を摘示して、後続行為者の行為に対する評価を加えることが必要であるが（実質数罪）、他方、同一人物に対する財産侵害という観点からすれば、窃盗の共同正犯と強盗の幇助とは、その中核部分すなわち財産侵害において重なり合うため、両者の量刑において科刑対象となる事実の重複を回避する必要が生ずる（科刑上一罪）ことを挙げている[64]。一方で強盗殺人罪の事例では、自然的な意味の行為にとどまらず、刑法上の実行行為も明らかに独立した複数の部分があり、それぞれが別個の規範・不法内容を構成している。したがって、前半部分の実行行為が終了し不法が実現された場合には、もはや促進すべき正犯の不法内容が存在しない以上、その部分に対する幇助は認められないとして、後続行為者は、窃盗罪の共同正犯と強盗罪の幇助犯の観念的競合となり、窃盗の刑で処断されると解している[65]。

しかし、そのような強盗罪や強盗殺人罪の事例において、後続行為者は、窃盗罪の共同正犯と強盗罪の幇助犯の観念的競合となるのであろうか。ここでは、とりわけ強盗殺人罪の事例を念頭において、後続行為者は加担前に生じた加重結果についても罪責を負い、強盗殺人罪の幇助犯となりうるか、検討したい。

そもそも、強盗罪の事例であれば、暴行後に加担した後続行為者が強盗罪の幇助犯として処罰されうることは、これまでの検討から明らかであろう。一般的に、強盗罪は結合犯であると理解されている。結合犯（zusammengesetze Delikte）とは、個々の意思活動それ自体が犯罪構成要件を充足する数個の行為を結合させてできた犯罪である。一部の論者によれば、結合犯は複

---

(64) 照沼・前掲註（44）294頁。同様の立場として、井田良『講義刑法学・総論』（有斐閣、2008年）473頁、高橋則夫「承継的共同正犯について」井田良／高橋則夫／只木誠／中空壽雅／山口厚編『川端博先生古稀記念論文集 上巻』（成文堂、2014年）575頁以下、橋本正博「『承継的共同正犯』について」井田良／高橋則夫／只木誠／中空壽雅／山口厚編『川端博先生古稀記念論文集 上巻』（成文堂、2014年）591頁以下等。

(65) 照沼・前掲註（44）294頁。また、同「共同正犯の理論的基礎と成立要件」岩瀬徹／中森喜彦／西田典之編『刑事法・医事法の新たな展開 町野朔先生古稀記念 上巻』（信山社、2014年）276頁も参照。

数の法益保護に資するものであると説明されているが⁽⁶⁶⁾、いずれにせよ、強盗罪の構成要件的行為が法律学的意味における一つの行為（eine Handlung im juristischen Sinn）であると言えるだろう⁽⁶⁷⁾。他方、強盗殺人罪については、判例や通説の理解に従って刑法 240 条の規定から当該構成要件を導出できると理解するならば、強盗罪と殺人罪の結合犯として捉えられ、法律学的意味における一つの行為として評価することが可能であろう。そうであれば、強盗殺人罪の事例において加担前に死亡結果が生じている場合でも、強盗罪の事例において加担前に生じている暴行も含めて後続行為者が強盗罪の幇助犯となりうる場合と同じように考えて、後続行為者には、強盗殺人罪の幇助犯が成立しうるのではないだろうか⁽⁶⁸⁾。強盗致傷罪のような結果的加重犯の事例において、加担前に加重結果が生じている場合も、結果的加重犯が通常結合犯であることに鑑みれば⁽⁶⁹⁾、後続行為者には、加重結果について少なくとも予見している限りにおいて、強盗致傷罪の幇助犯が成立しうるように思われる⁽⁷⁰⁾。

では、強盗殺人罪の幇助犯と窃盗罪の共同正犯の罪数関係について、どの

---

(66) Vgl. *Uwe Murmann*, Grundkurs Strafrecht, 2.Aufl., 2013, S.480. こうした理解がわが国でも通用するかどうかは、傷害罪が暴行罪の結果的加重犯かどうかを検討する必要があるだろう。傷害罪を暴行罪の結果的加重犯と解するわが国の通説的な理解に対する批判として、増田豊『語用論的意味理論と法解釈方法論』（勁草書房、2008 年）248 頁以下参照。

(67) Vgl. *Wessels/Beulke/Satzger*, a.a.O. (Anm.32), S.319f.

(68) この点、松宮孝明は、罪名従属性（一罪性）に着目して後続行為者の罪責を検討している。松宮孝明『刑法総論講義 第 4 版』（成文堂、2009 年）272 頁。確かに、こうした観点に着目すれば、関与前の他人の行為に関する責任まで認めるものではなく、一罪性を根拠とする承継は罪名に限られるため、承継は見かけ上のものに過ぎないと言えよう。もっとも、罪名従属性にとらわれると、正犯性の判断基準次第で承継的共同正犯を肯定しうることになる（実際、松宮は役割の重要性に着目し、後続行為者の寄与が重要であれば承継的共同正犯もありうることになる、と述べている）。同「承継的共犯について―最決平成 24 年 11 月 6 日刑集 66 巻 11 号 1281 頁を素材に―」立命館法学 352 号（2013 年）369 頁。しかし、たとえ承継が見かけ上に過ぎないとしても、後続行為者に共同正犯が成立する余地を認める立場は、先に述べた行動規範論と相容れず、妥当ではない。

(69) Vgl. *Jescheck/Weigend*, a.a.O. (Anm.33), S.265.

ように処理されるべきであろうか。両者を観念的競合として理解すれば、確かに実質数罪が成立するものの、科刑上は一罪として処断されることによって科刑対象となる事実の重複が回避されるため、二重処罰の禁止には反しない。しかし、後続行為者が、一つの客体しか認識していない場合でも数罪成立するならば、たとえ制裁規範論のレヴェルで量刑責任がクリアされるとしても、そもそも行動規範論のレヴェルにおいて決して許されない故意なき故意犯を容認することになり、責任主義とは相容れない事態を招いてしまうだろう。後続行為者が強盗と窃盗という二つの属性を択一的に認識しているとしても、客体を一つしか認識していない以上、二つの既遂結果が同時に発生する重畳的故意事例はありえないため、強盗殺人罪の幇助犯と窃盗罪の共同正犯の観念的競合とする理解は、適切ではない。

　後続行為者に成立する犯罪の数が一罪であるならば、強盗殺人罪の幇助犯かそれとも窃盗罪の共同正犯かが問題となるが、強盗殺人罪と窃盗罪は法条競合の関係にあるため、後続行為者は、強盗殺人罪の幇助犯のみが成立することになろう[71]。同様に考えれば、強盗罪の事例において、奪取行為から加担した後続行為者には、強盗罪の幇助犯のみが成立する。また、強盗致傷罪の事例において、致傷結果が成立した後に加担して奪取行為のみ行った後続行為者には、結果的加重犯も法条競合の特別関係にあるため[72]、強盗致傷罪の幇助犯のみが成立すると考えられよう。

　こうした理解によれば、強姦罪の事例において、先行行為者による暴行または脅迫が終了した後、後続行為者が事情を把握した上で初めて参加し、姦淫行為のみ行った場合、後続行為者には強姦罪の幇助犯のみが成立すると思

---

(70) 榎本桃也も、正犯者が基本犯たる犯罪を実行することと、その実行の一応の状況を認識して教唆者や幇助者が加担したのであれば、そのことのみで、実現事実に対して教唆や幇助としての現実的な影響力は及ぼしていると考えられるのであり、基本的には、結果的加重犯の共犯は成立しうる、と主張している。榎本桃也『結果的加重犯論の再検討』（成文堂、2011年）255頁。

(71) 大審院も、被害者を金品強取の目的で殺害したことについて先行行為者から聞かされた上で協力を求められ奪取行為を容易にした被告人に対して、強盗殺人罪の幇助犯を成立させている。大判昭和13年11月18日刑集17巻839頁。

(72) Vgl. *Wessels/Beulke/Satzger*, a.a.O. (Anm.32), S.320.

われるかもしれない。しかし、そのような場合は、後続行為自体に準強姦罪の正犯性も認められよう。加担前の事象を認識して後続行為に及んでいるのであれば、後続行為者は、抗拒不能に乗じて姦淫した者に該当するからである。それゆえ、強姦罪の幇助犯と準強姦罪の共同正犯を包括一罪の関係として扱うのが妥当であろう。178条2項において、抗拒不能に乗じて姦淫した者は強姦罪（177条）の例によることが規定されているため、後続行為者には、準強姦罪の共同正犯のみが成立すると解されよう。

Ⅳ　まとめ

　正犯行為の途中から初めて参加し、正犯行為の一部を行う後続行為者には、行動規範論の観点から、いかなる場合であれ承継的共同正犯を成立させるべきではない。これに対して、いわゆる承継的幇助、すなわち加担前の事象を含めた全体事象に対する幇助犯は、後続行為者が正犯行動規範の射程内である実行行為の途中から初めて参加した場合であれば成立する。その際、決定的な基準となるのが、コミュニケーション事象（関係）がいつ生じたか、という点である。先行行為の時点でコミュニケーション関係が構築されていれば、そうした関係が解消されない限り、（共同）正犯としての真正の故意が認められうる。しかし、後続行為者が後続行為の時点で初めてコミュニケーション関係を構築した場合には、正犯としての構成要件的故意は、後続行為に関する部分しか認められない。もっとも、そのような場合でも全体事象に対する幇助犯としての構成要件的故意は認められうる。正犯行為の予備段階でプロトタイプの幇助行為を行う場合でも実行行為の途中で行う場合でも幇助犯としての構成要件的故意が認められうることに鑑みれば、後続行為者に、全体事象に対する幇助犯としての構成要件的故意を認めることができよう。

　ところで、いわゆる共謀共同正犯は、限定的ではあるが共謀行為が実行行為そのものとして認められない限り否定されるべきであり、それはもはや実行共同正犯のカテゴリーに属するだろう。それゆえ、実行行為を行わない共

謀共同正犯は成立しえない。一方で、本稿の検討から、承継的共同正犯は成立しえないことが明らかとなった。表裏一体の関係にある両者は、いずれも行動規範論の観点から、共同正犯となりえないことが言えよう。

　いわゆる承継的共犯をめぐる問題は、近年の犯罪においてもたびたび重要な論点となりうる。例えば、先に挙げたような振り込め詐欺の事案においては、実行行為の途中（現金の受け渡しなど）から初めて参加した後続行為者に対して、詐欺罪の共同正犯を認めるべきではない。コミュニケーション関係がいつ構築されたのかを厳格に認定し、それが後続行為の段階で構築されたのであれば、詐欺罪の幇助犯が成立するに過ぎない[73]。また、ストーカー事例においても、後続行為者の罪責について問題となりうるだろう[74]。ストーカー行為等の規制等に関する法律（いわゆるストーカー規制法）2条2項によれば、「ストーカー行為」とは、同一の者に対し、つきまとい等を反復することであるが、従来の集合犯とは次の点で異なる。すなわち、集合犯が個々の行為それ自体も独立して構成要件に該当するのに対して、ストーカー行為罪は、つきまとい等を一回行っただけでは構成要件に該当せず、「反復すること」が成立要件とされている点である[75]。このようなストーカー行為罪が問題となる事例において、先行行為者が失恋に対する怨恨の感

---

(73) 小林憲太郎も、現金の受け渡しから初めて参加した後続行為者（いわゆる受け子）に詐欺罪の幇助犯を理論的に認める余地があるとしつつ、「詐欺の共犯とするためには詐欺の承継を肯定しなければならない」と述べている。小林憲太郎「いわゆる承継的共犯をめぐって」研修791号（2014年）12頁。もっとも、そのような言明が「先行行為の不法や責任を承継することになる」という意味であれば、いわゆる承継的共犯の犯罪構造を捉え損ねている、と言えよう。これに対して、「詐欺には途中からしか関わっていないが、詐欺罪の幇助犯となりうる」という程度の意味であれば、この点を問題視する気はない。

(74) ドイツでは2007年から、刑法238条に「つきまとい行為」を処罰する規定が置かれているが、ホッホマイヤーは、個別のつきまとい行為に途中から参加した者の罪責について、いわゆる承継的共犯をどのように理解するかによって結論が異なりうることを指摘している。Vgl. *Gudrun Hochmayr*, Das sukzessive Delikt—ein neuer Deliktstypus. Zugleich ein Beitrag zur Anwendung der Strafvorschriften gegen Stalking, ZStW 122, 2010, S.776ff.

(75) 四條北斗「『漸次犯』という概念について—ストーキングに対する構成要件と実行行為—」東北学院法学73号（2012年）229頁参照。

情を充足する目的で、つきまとい等を数回行った後、事情を把握した上で途中から初めて参加した後続行為者が、同様の方法でつきまとい等を一回行った場合、因果的共犯論に基づくならば、後続行為者は、ストーカー行為罪の共犯となりえず、無罪となるだろう。しかし、そうした帰結は、刑法の目的に鑑みれば妥当ではない。行動規範論に基づいた考察を行うことで、後続行為者はストーカー行為罪の幇助犯となり、法益保護の観点とも調和する妥当な帰結を導くことができよう。

第6章　幇助犯における因果関係の意味

I　はじめに

　共同正犯と幇助犯を区別する際、実行行為の意味、とりわけ実行行為に内在する構成要件的故意の内容が決定的に重要なメルクマールであるならば、幇助犯の成立範囲を明らかにするためには、幇助犯の成立要件としての構成要件的故意の認識対象を示す必要があるだろう。しかし、その前に、幇助犯の罪責をめぐる古典的なテーマであろう幇助犯の因果性について、詳論しなければならないと思われる。幇助犯における因果関係の捉え方次第で、故意の認識対象も異なるからである。
　ところで、正犯行動規範とは異なる固有の規範であると解すべき幇助行動規範[1]、一般的に刑法の目的とされている法益の保護と、刑法の機能の一つとされている自由保障機能、さらに刑罰権の謙抑性・断片性・補充性との調和に鑑みれば、正犯行動規範の存在を前提とする規範である。そのため、幇助者の行為無価値は、正犯と同様の法益侵害結果の惹起を志向する幇助行為に求められ[2]、そのような行為が幇助犯の実行行為である。幇助犯の実行行為は、むろん事後従犯は認められないが、正犯にとって予備段階でも実行行為の段階でも遂行されうる。つまり、幇助者の行為無価値は、必ずしも正犯の行為無価値と同時に成立するわけではない。
　一方、幇助者の結果無価値は、惹起説の観点から、正犯によって惹起される法益侵害結果である。それゆえ、幇助犯の既遂結果は正犯と同時に成立す

---

(1)　幇助行動規範の固有性については、本書第1章第3節を参照。
(2)　私見によれば、このような行為が幇助犯の処罰根拠となる。幇助犯を含む共犯の処罰根拠に関する検討については、本書第2章を参照。

る。また、幇助犯の未遂結果も、行動規範論の観点から、正犯の未遂結果と同時に成立すると解すべきであろう。確かに、第2章で論じたように共犯従属性の意義や機能を処罰条件に見出すならば、正犯が実行に着手した段階で、幇助者にとって中間結果である正犯行為が惹起されているため、幇助犯の（未遂としての）処罰条件は満たされるようにも思える。しかし、正犯が実行に着手した段階は、離隔犯を想定すれば明らかなように、常に客観的危険事態が認められるとは限らない。それゆえ、幇助者の結果無価値（事態無価値）は正犯の結果無価値（事態無価値）と同時に成立する、と言えよう。

こうした理解に基づいて、幇助行為と既遂結果・未遂結果（正犯結果）との因果関係を問い直してみたい。学説に目を向けると、そもそも幇助犯においては幇助行為と正犯結果との因果関係を不要と解する立場が一部で見られる。また、因果関係を必要と解する立場においても、その意味を条件説で捉えない見解が有力に主張されており、正犯結果との因果関係必要説も決して一枚岩ではない。そこで、まずは正犯結果との因果関係不要説から考察する。

II 幇助行為と正犯結果との因果関係の要否

幇助犯は抽象的危険犯であり、挙動犯でもあると主張する野村稔は、幇助犯の処罰を次のように考えている。幇助行為、すなわち、およそ正犯が行われる際にその実行を容易ならしめる行為を行うこと自体が、法益を間接的に危険ならしめるものであり、このことを理由として処罰される。したがって、幇助犯は正犯結果を実現するものではないので、正犯結果との間には因果関係は不要である[3]。また、幇助行為は、その行為が行われるときに、一般的に正犯行為の実行を容易ならしめるもので足り、現実に、正犯行為の実行を容易ならしめたことは必要ではないと考える。この意味で、正犯行為と幇助行為との間にも、行為者の主観においては因果関係が存在する必要があるものの、客観的には不要である[4]。

---

(3) 野村稔『刑法総論 補訂版』（成文堂、1998年）421頁。

同様の見解は、すでにヘルツベルクが主張している。ヘルツベルクの理解によれば、なるほど幇助犯は結果犯であるから、幇助犯もまた結果に対して因果的でなければならない。しかし、その「結果」は、もっぱら「幇助 (Hilfe)」を意味するのであって[5]、その可罰性が正犯と同様の法益侵害結果に対する因果的な行為に制限されるわけではない。犯罪遂行の際の幇助行為を一般的に禁止することは、立法者の自由裁量に任されている。通常、法益に対する危険を高める行為や、それを通じてさらに具体的には侵害作用をもたらさない無益な幇助行為も可罰性を有すると言えよう。このような理解から、概念的に幇助犯は抽象的危険犯である、とヘルツベルクは考えている[6]。

しかし、幇助犯を抽象的危険犯と捉える見解は、行動規範論の観点からすると適切ではない。幇助行動規範は、確かに正犯行動規範から区別される固有の行動規範である。しかしそれは、法益保護を目的とする正犯行動規範を補強するために創設されるのであって、二次的・補充的な規範である。したがって幇助行動規範も、正犯行為に寄与することを通じて間接的にではあるが、法益侵害を志向する行為を禁止しているものと理解されるべきだろう[7]。正犯が侵害犯の場合に幇助犯を抽象的危険犯と解すれば、侵害犯よりも抽象的危険犯へ先に行動規範を発動させることになるため、先に示した幇助行動規範の理解と相容れないように思われる。

また、そのような見解は、単なる抽象的な考察によって、結果的には正犯行為におよそ影響をもたらさない幇助行為をも可罰的な領域に含めてしまう危険があり、幇助の未遂の不可罰性をすり抜けてしまうことになるのではないだろうか[8]。さらに、「幇助」という概念が、単なる抽象的な決定づけによって輪郭のないものになってしまっている、との指摘も見られる[9]。こう

---

(4) 野村・前掲註（3）424頁。同様の立場を主張する見解として、中野次雄『刑法総論概要 第3版補訂版』（成文堂、1997年）165頁参照。
(5) *Rolf Dietrich Herzberg*, Anstiftung und Beihilfe als Straftatbestände, GA 1971, S.5.
(6) *Herzberg*, a.a.O. (Anm.5), S.7.
(7) 増田豊『規範論による責任刑法の再構築』（勁草書房、2009年）358頁。
(8) Urs *Kindhäuser*, Strafrecht Allgemeiner Teil, 6.Aufl., 2013, S.371.
(9) Vgl. *Günther Jakobs*, Strafrecht Allgemeiner Teil, 2.Aufl., 1991, S.672.

した批判を踏まえると、事実上の因果関係を放棄して幇助犯を抽象的危険犯と捉える見解には賛同し難い。

　幇助犯を抽象的危険犯と捉える見解に反対するものの、先の見解と同様に、正犯結果との因果関係を不要とする見解として、いわゆる行為促進説（Handlungsförderungstheorie）が挙げられる。この見解に従えば、幇助者の関与行為が正犯行為の原因である必要はなく、正犯行為を何らかの方法で容易にしたり促進したりすればよい、とされる。

　ボイルケ／ザッツガーによれば、ドイツ刑法典27条には正犯行為に対する幇助を処罰する旨が規定されているのであるから、正犯によって惹起された結果は幇助者に「幇助者の成果」として帰属されるわけではない。そのため、幇助の可罰性は、正犯性の領域の中で前提とされる因果連関に必ずしも依存する必要はないとして、ドイツの判例が基準としている促進的因果性（Förderkausalität）に同調している[10]。

　わが国でも、判例理論や一部の学説によれば、幇助の因果性はこのように理解されている[11]。例えば、板橋宝石商殺害事件では、強盗殺人の正犯が宝石商を地下室で射殺し、保管中だった宝石類の返還を免れようと計画しているのを知った被告人が、それに先立ち、防音のために地下室の入口戸の周囲をガムテープで目張りする等した。もっとも、正犯は計画を変更し、走行中の自動車内で宝石商を射殺したが、その際被告人は、正犯が乗車している自動車を追従していた。このような事件において、被告人の罪責が問われた第一審では、被侵害利益や侵害態様等、構成要件上重要な点を共通にする行為が、前の計画と同一性を保って、時間的にも連続する過程において遂行されたものであるから、被告人の目張り行為等は、正犯の一連の計画に基づく被害者の生命等の侵害を現実化する危険性を高めたものと評価でき、幇助犯

---

(10) *Johannes Wessels/Werner Beulke/Helmut Satzger*, Strafrecht Allgemeiner Teil, 43.Aufl., 2013, S.230. 同様の主張として、*Georg Freund*, Strafrecht Allgemeiner Teil, 2.Aufl., 2009, S.417 を参照。

(11) 例えば、大谷實『刑法講義総論　新版第4版』（成文堂、2012年）445頁以下、川端博『刑法総論講義　第3版』（成文堂、2013年）599頁等。

の成立に必要な因果関係において欠けるところはない、と認定された[12]。しかし、控訴審は、被告人の地下室における目張り等の行為が現実の強盗殺人の実行行為との関係では全く役に立っておらず、このような場合でも被告人の目張り等の行為が現実の強盗殺人の実行行為を幇助したといいうるには、被告人の目張り等の行為が、それ自体、正犯を精神的に力づけ、その強盗殺人の意図を維持ないし強化することに役立ったことを要するとした。その上で、被告人の目張り等の行為が正犯に認識されていたとする証明がなく、正犯を精神的に力づけ、その強盗殺人の意図を維持ないし強化することに役立ったことを認めることはできない、と認定した[13]。目張り行為が強盗殺人の実行行為との関係で役立たなかった点が重視されたのであれば、この点は行為促進説を想起させるものと言えよう。

　学説においても、日髙義博は次のように述べて、幇助の因果関係は正犯が現実に行った実行行為との関係で問題にすれば足りる、と理解している。殺人犯人に幇助犯が拳銃を提供する行為は、犯行を容易にしうるとしても、人の死亡の直接の原因にはなりえない。拳銃自体では、人は殺害できない。その拳銃の引き金を引く行為によって人の死亡という結果が発生するのである。したがって、拳銃の提供という幇助行為と、正犯によって惹起された人の死亡という結果との間の因果関係を問題にして、そこから直接に幇助の因果性を立証しようとすること自体がすでに無理である。幇助の因果性は、拳銃の提供が殺人の実行行為を実際に容易にしている（促進させている）という点に求められるべきである[14]。

　確かに、63条によれば幇助犯は刑の必要的減軽事由とされているため、幇助犯の因果関係について、正犯に求められる因果関係よりも緩やかに解して、促進的因果性で足りると捉えうる道はあるかもしれない。しかし、共犯

---

(12)　東京地判平成元年3月27日判タ708号270頁。
(13)　東京高判平成2年2月21日東高刑時報41巻1～4号7頁。もっとも、東京高裁は、被告人の追従行為が正犯の意思を強化したとして、被告人に強盗殺人罪の幇助犯を成立させている。
(14)　日髙義博「幇助の因果関係」植松正／川端博／曽根威彦／日髙義博『現代刑法論争Ⅰ　第2版』（勁草書房、1997年）340頁以下。

の処罰根拠について、正犯を通じた法益侵害結果の惹起に求める惹起説を出発点とするのであるならば、そのような理解に賛同する論者は、惹起説との整合性を積極的に説明しなければならないように思われる。また、行為促進説が指摘するように関与者は正犯行為の段階までしか影響を及ぼしえず、結果の惹起は正犯によるその後の推移に依拠せざるをえないとしても、当該関与者が未遂犯に対する幇助犯であるのか、既遂犯に対する幇助犯であるのかを区別するためには、結局のところ最終的な正犯結果に着目せざるをえないだろう[15]。さらに、実行の着手時期と未遂犯の成立時期に関する理解によっては、抽象的危険犯に対する批判と同様に、幇助の未遂をも可罰的領域に含めてしまう危険性も孕んでいよう[16]。

以上のように考えると、幇助犯の成立要件として、幇助行為と正犯結果との間に因果関係が認められなければならないだろう。そうであるならば、幇助犯における因果関係の意味が、次に問題となる。すなわち、幇助犯の因果性は、条件説の意味において認められなければならないのだろうか。この点、客観的帰属論に活路を見出して、条件関係が認められない場合でも危険増加原理に基づく帰属関係が認められれば因果関係の存在を肯定しうる、との見解が今日広がりつつある。

因果性と帰属性が少なからず関連性を有していると理解するならば、こうした見解を正犯結果との因果関係不要説と結論づけるのは早計である。しかし、幇助犯の因果性を認定する際、条件関係は果たして不要なのだろうか。また、危険増加原理についても慎重な検討を要すると思われる。こうした問題意識の下で、さらに検討を進めていくことにしよう。

---

(15) 小野上真也「従犯における客観的成立要件の具体化」早稲田法学会誌60巻2号（2010年）158頁。
(16) Vgl. *Claus Roxin*, Strafrecht Allgemeiner Teil, Band II, 2003. S.194f.

Ⅲ　条件関係必要説の再検討

1　従来の認定方法

　幇助犯の因果性を認定する際、正犯の因果性と同様に条件関係の存在を必要と解するならば、まずは必要条件公式の適用可能性について、従来の学説を検討しなければならないだろう。次のような事例（ハンマー事例）を想定したい。

　　事　例：幇助者は、住居侵入窃盗を計画している正犯に、侵入を容易にするハンマーを提供した。犯行当日、正犯は提供されたハンマーを携帯して空き巣に侵入したが、侵入する際、提供されたハンマーよりも性能の良いハンマーが庭に置かれていたため、正犯は、提供されたハンマーの代わりに性能の良いハンマーを使って住居侵入窃盗を行った。提供したハンマーを正犯が使用せず、より有効な手段を選択したことについては、幇助者にとって織り込み済みであった。

　必要条件公式（condicio-sine-qua-non-Formel）によれば、結果が具体的な形で成立している以上、消去することができない行動が、結果の原因として特定される[17]。この公式を、ハンマー事例においても採用し、因果関係を個別に認定すると、幇助行為を消去しても法益侵害結果が成立するため、幇助者にとって既遂結果との因果関係は否定されることになるだろう。そこで、幇助犯においても条件説の意味での因果関係が必要であると主張する従来の学説は、現実に発生した結果を通常よりも具体的に捉えること（具体的結果観）で、なお必要条件公式が有効に機能することを論証してきた。

　正犯と共犯の区別基準について形式的客観説を基本的に支持するメッガーは、正犯と共犯が共同で諸条件を設定することからも明らかなように、正犯であれ幇助犯であれ、結果に対する個々の諸条件の相違というものは存在しない、と明言している[18]。その上で、幇助犯の因果関係については、行為

---

(17)　Vgl. *Kindhäuser*, a.a.O. (Anm.8), S.79.
(18)　*Edmund Mezger*, Strafrecht, 3.Aufl., 1949, S.444.

を具体的に捉えて、特別な形態（修正）に関する協力が因果的であれば十分である、としている。すなわち、正犯行為に幇助者固有の特色を与えているものの、構成要件要素の本質に関わらないような、正犯行為の修正をもたらしたことについて因果的であればよい。例を示すと、幇助犯が窃盗犯人に偽の鍵を渡した場合、仮に窃盗犯人が利用しなかったとしても、また、鍵を携帯することで窃盗犯人の行為決意が強化されなかったとしても、（既遂）幇助となりうる。というのも、鍵を利用する可能性という事実は、たとえその事実が幇助を決定づける重要なメルクマールではないとしても、具体的な行為の形象を修正しているからである、とメッガーは論じている[19]。

わが国では、内田文昭がメッガーの見解に同調している。内田も、条件と結果を具体化ないしは個別化することにより、通常の場合と全く同様に条件説を維持することができるとして、当該支援行為がなかったならば、その時、そのような形状での正犯行為もなかったであろうといえる限り、幇助犯の因果性を肯定している。具体例によれば、ＡとＢが同じ拳銃を差し出したところ、正犯がＡの拳銃を選んだ場合、Ｂの行為については、その行為があったから正犯はＡの拳銃を選んだ、という関係が認められれば因果性が認められる、と述べている[20]。

これらの主張の背景には、幇助犯の因果性が認定不能に陥りやすいという理由をもって別の関係を設定したり特殊の因果関係を持ち出したりしてはならない、との共通した理念があるように思われる[21]。確かに、条件関係自体を慎重に検討しようとする限りで、そのような理念は全く正当なものであると言えよう。しかし、これらの見解は、結果を具体的に捉えることで、最

---

(19) *Edmund Mezger*, in: Heinrich Jagusch/Edmund Mezger, Strafgesetzbuch, Leipziger Kommentar, 8.Aufl., 1957, § 49 Anm.2.
(20) 内田文昭「幇助の因果性」判例タイムズ717号（1990年）38頁、同『改訂 刑法Ⅰ（総論）補正版』（青林書院、1997年）313頁以下。
(21) 上野幸彦「幇助犯における因果連関と客観的帰責」日本法学70巻3号（2004年）112頁以下参照。上野は、因果関係の問題を事実問題と規範的問題に分け、前者は、条件関係の存否の問題であり、後者は、法的責任を誰に帰すべきかの問題であるとして、前者の判断に際しては具体的結果観に基づいて必要条件公式を適用すべき旨を主張している。

終的な法益侵害結果とは異なる別の結果、すなわち中間結果としての正犯行為にも着目し、正犯行為が修正されたかどうかを決定的な基準としている。そうであれば、結局のところ、幇助行為と正犯行為との間に促進関係があれば足りるとする見解に類似し[22]、共犯の処罰根拠を惹起説から説明するならば、理論的一貫性に疑念が生じることになるだろう。

　もっとも、シュペンデルは、結果を具体的に捉えつつも、法的に見て重要な構成要件的結果だけを考慮する、という限定を加えて必要条件公式の修正を図っている[23]。しかし、このような方向での修正に対しては、何が「法的に見て重要な」構成要件的結果なのかがまさに重要な問題であろう。近年、小野上真也は、この点を精緻化し、幇助犯における重要な結果とは、結果の発生時期が早期化されたこと、あるいは、被害の範囲が増大したという結果であり、結果の変更（修正）は「不良変更」であることが重要である、と主張している[24]。

　なるほど、幇助行動規範が正犯行動規範の存在を前提とする固有の規範である限り、幇助構成要件には、正犯行動規範から導出される「法益侵害結果」という要素に加え、幇助行動規範から導出される「幇助した」という要素、すなわち、法益侵害結果の惹起を「容易にした」、あるいは「促進した」という固有の要素が付加されるだろう[25]。そうであるならば、具体化された「結果の不良変更」との条件関係を必要と解する試みは、一定の成功を収めているように見える。

　しかし、松原芳博は、そうした見解に賛同を示しつつも、心理的・精神的

---

(22) その点を指摘する論者として、小野上・前掲註（15）161頁。もっとも、促進関係で足りると主張するフィッシャーも、もちろん因果性なくして「促進」というものは考えられない、と述べている。*Thomas Fischer*, Strafgesetzbuch mit Nebengesetzen, 61.Aufl., 2014, S.272.

(23) *Günter Spendel*, Beihilfe und Kausalität, in: Festschrift für Eduard Dreher zum 70. Geburtstag, 1977, S.173.

(24) 小野上・前掲註（15）182頁以下。同様の立場として、松原芳博『刑法総論』（日本評論社、2013年）377頁以下も参照。

(25) Vgl. *Thomas Weigend*, Grenzen strafbarer Beihilfe, in: Festschrift für Haruo Nishihara zum 70. Geburtstag, 1998, S.206.

幇助の事例では「結果の不良変更」との条件関係を要求し難いことを認めている。その上で、心理的因果性における関係性は、動機の提供や反対動機の除去を通じて正犯者の犯意を維持・強化し、翻意可能性の低下した心理状態で結果を惹起させたことを意味するとして、結果の不良変更とは別の基準に着目している[26]。

やはり、幇助犯における因果関係を条件説の意味で捉える際、結果を具体化する試みには、様々な弊害が付きまとうと言えよう。そもそも、なぜ幇助犯の因果性を認定する場合にのみ、結果を具体化することが許されるのだろうか。必要条件公式を適用するために結果を具体化するのであれば、そのような論拠は、便宜的であるとの感が否めないばかりか、結論の先取りにつながる恐れもあるだろう。

2 合法則的条件公式の適用可能性

それゆえ、必要条件公式に代えて合法則的条件公式を適用することによって、幇助犯の因果関係を条件説の意味で捉える見解も主張されている。例えば、高橋則夫は、「幇助なければ結果発生なし」という必要条件公式が適用できない以上、合法則的条件公式を採用し、当該幇助行為によって、法益状態の悪化あるいは法益侵害の容易化という形で結果が具体的に変更されたか否か判断することが妥当である、と表明している[27]。

また、井田良も、共犯における法的因果関係を肯定するためには、条件関係と相当因果関係が共に認められることが必要であり、合法則的条件公式を適用して、行為から結果への事実的経過を順次にたどりつつ検討したとき、それぞれが因果法則によって説明できる形で結びついていれば条件関係が肯定される、と説明している。幇助犯の一部については、いわゆる心理的因果性が問題となるが、井田によれば、人の意思形成に関わる心理法則を適用し

---

(26) 松原・前掲註（24）379頁。
(27) 高橋則夫『規範論と刑法解釈論』（成文堂、2007年）158頁。また、伊東研祐『刑法講義 総論』（日本評論社、2010年）360頁以下、*Diethelm Klesczewski*, Strafrecht Allgemeiner Teil, 2.Aufl., 2012, S.253 も参照。

て事実的経過を説明できれば、条件関係が肯定されうる[28]。

しかし、エンギッシュによって提唱された合法則的条件公式は、本来自然法則を前提とするものである[29]。そのため、正犯の心理や自由が介在する幇助犯の因果性を認定するに当たって、合法則的条件公式をストレートに適用できるかは、極めて疑わしいと言わざるをえないだろう[30]。すでに指摘されているように、結果を志向する意思決定過程が問題となる心理的な関係性については、刺激や反応のメカニズムに極めて多くの因子が関与しており、法則性についての実験も困難である[31]。合法則的条件公式を用いて幇助犯の因果性を認定する見解に対しては、法則や規則が無差別的に扱われている点で、更なる検討を要するであろう。

もっとも、自然法則を前提とする合法則的条件公式は適用できないとしても、合法則的条件公式が原因から結果へと推論する前向き推論であると理解されうるならば[32]、そのような推論は、幇助犯の因果性を認定する上でも、なお有効に機能すると考えられる。正犯の心理や自由が介在する場合でも、何らかの関係性や規則性は存在するだろう。例えば、喫茶店に入ってコーヒーを注文すればコーヒーが運ばれてくる、という一連の事象では、コンヴェンショナルな規則性や（目的）合理性が認められ、「コーヒーを下さい」という言語行為をなせばウェイターによってコーヒーが運ばれるだろう、と前向きに推論することが可能である[33]。それゆえ、幇助犯の因果性を認定する際、自然法則を前提とする合法則的条件公式の適用可能性は疑わしいと

---

(28) 井田良『講義刑法学・総論』（有斐閣、2008 年）495 頁。
(29) Vgl. *Karl Engisch*, Die Kausalität als Merkmal der strafrechtlichen Tatbestände, 1931, S.21ff.
(30) 増田豊『語用論的意味理論と法解釈方法論』（勁草書房、2008 年）515 頁以下参照。
(31) 林幹人『刑法総論 第 2 版』（東京大学出版会、2008 年）377 頁以下参照。
(32) 増田豊『刑事手続における事実認定の推論構造と真実発見』（勁草書房、2004 年）306 頁以下。
(33) 増田・前掲註（32）314 頁。また、森川恭剛「教唆犯の因果性と行為の目的論的解釈―ベルンスマンの『非因果的惹起』構想をうけて―」九大法学 69 号（1995 年）84 頁以下も参照。

Ⅳ 危険増加原理に対する批判的考察

1 危険犯としての幇助犯と危険増加原理

　幇助犯における因果関係を条件説の意味で捉える場合、従来の学説は、いずれも欠点を抱えていると言えよう。そのため今日では、条件説の意味で捉えることを断念する代わりに、帰属論の意味で捉える立場が支持を広げつつある。この立場の特徴は、帰属関係を認定する基準として、危険増加原理を採用している点にあるだろう。もっとも、学説を詳細に見ると、幇助犯を危険犯と捉えた上で危険増加原理を採用する見解と、因果関係の意味として危険増加原理を採用する見解に大別されうる。

　まずは前者の見解から検討したい。シャフスタインは、幇助犯の成立要件として、因果関係自体を放棄して、危険増加原理に着目する。因果関係を必要条件公式の意味における条件説によって理解するならば、幇助犯の因果性は、幇助者の行動なくして正犯行為の結果が発生しなかっただろう、という関係性を意味することになる。そのような理解に基づくと、幇助を志向する行為は、必要条件公式の観点から因果的であると認められなければ、不可罰的な未遂になってしまうだろう、と述べている[34]。一方で、メッガーのように幇助行為の可罰性判断において結果を具体的に捉えるとしても、法的評価にとって重要であると評価されるような行為形態に限定できない限り、幇助行為の因果性というものは重要ではない[35]。こうしてシャフスタインは、可罰的となる既遂の幇助が成立する要件として、条件説の意味における正犯結果との因果関係を放棄し、判例が採用する「促進関係」について立ち入った考察を加えている。その上で、客観的な「促進」という基準は、正犯行為

---

(34) *Friedrich Schaffstein*, Die Risikoerhöhung als objektives Zurechnungsprinzip im Strafrecht, insbesondere bei der Beihilfe, in: Festschrift für Richard M.Honig zum 80. Geburtstag, 1970, S.174.

(35) *Schaffstein*, a.a.O. (Anm.34), S.176f.

の成功に対する機会を高めたこと、すなわち正犯行為を通じて侵害される法益にとって危険が増加したことを意味し[36]、「幇助した」と認められるか否かの判断は、正犯の特別な認識と結びつけられる客観的な観察者の観点から、幇助行為時に行われるべきである、と提唱している[37]。

近年、ツィーシャンクは、シャフスタインの見解に光を与えている。ツィーシャンクは、ドイツ刑法典257条に規定されている犯人庇護罪の「援助する」という概念と、27条に規定されている「幇助した」という概念を統一的に理解する[38]。というのも、257条で基準とされる「正犯が利益を確保するチャンスの促進」と27条で基準とされる「危険の増加」は全く同一の観点、すなわち行為者の認識に結びつけられた思慮ある観察者の観点に基づいて事前的に判断されるからである。とりわけ27条に着目すれば、すでにシャフスタインが危険増加原理を展開していたが、それはまさに「行動の具体的危険性」という基準に他ならず[39]、危険増加原理に基づいて事前判断される幇助犯の構造は、未遂犯の構造を有するものである、と指摘している。ツィーシャンクによれば、未遂犯の処罰根拠は事前的な状況から判断されうる行為の客観的危険性に求められるため、客観的な観点から、既遂結果が発生する具体的に危険な行動が問題となる点で、幇助犯と未遂犯が同様に

---

(36) *Schaffstein*, a.a.O. (Anm.34), S.179.

(37) *Schaffstein*, a.a.O. (Anm.34), S.180.

(38) *Frank Zieschang*, Der Begriff „Hilfeleisten" in § 27 StGB, in: Festschrift für Wilfried Küper zum 70. Geburtstag, 2007, S.745. もっとも、ドイツにおける判例や通説は、„Hilfeleisten" をめぐる概念の統一的な理解を否定している。オスナブリュッゲによれば、ドイツ刑法典257条における „Hilfeleisten" という概念の可能な語義は、意味としてあらゆるものが含まれるのに対して、27条の場合は限定されている。すなわち、幇助犯の場合は、実行行為を促進することによって結果を促進させたという意味に限定的に解すべきであるとして、257条の概念を27条の概念に転用することに反対している。*Stephan A.Osnabrügge*, Die Beihilfe und ihr Erfolg, 2002, S.30f. また、ヨエックスも、257条では「援助する」(Hilfe leistet) と規定されている一方、27条では「幇助した」(Hilfe geleistet hat) と規定されているとして、統一的な理解を退けている。*Wolfgang Joecks*, in: Wolfgang Joecks/Klaus Miebach (Hrsg.), Münchener Kommentar zum Strafgesetzbuch, Band 1, 2.Aufl., 2011, § 27 Rn.31.

(39) *Zieschang*, a.a.O. (Anm.38), S.736f.

Ⅳ　危険増加原理に対する批判的考察　　169

捉えられるのであろう(40)。

　シャフスタインやツィーシャンクの見解については、幇助犯の処罰根拠が幇助行為にあることを明確に示している点に限り、評価に値すると言えよう。第2章までの検討によって明らかにしたように、幇助行動規範が固有の行動規範であり、幇助犯に固有の不法が幇助行為から導かれることに鑑みれば、幇助者が許されない危険を故意的に創出したかどうかが、幇助犯における実行行為性判断の基準となるからである。しかし、両者が、幇助犯における因果関係を不要とし、共犯従属性の観点から要求される正犯行為の存在について、「幇助する」という行為形態に特徴とされる幇助者の単なる行為性に過ぎないものと捉えている点は看過できない。このような捉え方は、行動規範論と整合しないだろう。およそ因果関係を不要と解するならば、幇助者の結果無価値が成立しない段階で、幇助行為の可罰性が認められてしまうからである。

　このことは、離隔犯を想定すれば一層明らかであろう。被害者を殺害する計画を有している正犯に幇助者が青酸カリを提供したところ、正犯は、その青酸カリを砂糖に混ぜ、青酸カリが混入した砂糖を被害者の家に郵便小包で送った場合、確かに正犯の実行の着手が発送行為時に認められうるとしても、客観的危険事態は小包が被害者の家に到達するまで認められないように思われる(41)。そうであるならば、小包が到達した時点で初めて、正犯の未遂結果が認められ(42)、幇助犯の未遂結果も、同様にその時点で初めて認められるはずだろう。しかし、幇助犯の成立要件として因果関係を不要と解すれば、正犯行為との間に客観的な関係性（連帯関係）が認められる時点で幇

---

(40)　*Zieschang*, a.a.O. (Anm.38), S.743; *ders*, Die Gefährdungsdelikte, 1998, S.137ff.
(41)　増田・前掲註（7）261頁参照。
(42)　わが国の判例も、同様の事例において、発送時に未遂犯としての可罰性を認めていない。例えば、大判大正7年11月16日刑録24輯1352頁では、毒入り砂糖が食用に供されうる状態に置かれた、小包の受領時に殺人の実行の着手を肯定して殺人未遂罪を成立させている。もっとも、判例が、小包の受領時を実行の着手時期としている点については疑問の余地がある。行為者の行為から離れた時点を実行の着手時期とするのは、「着手」の語義からかけ離れているように思われるからである。この点については、本書第4章第3節も参照。

助犯の可罰性が肯定されるため、幇助犯の可罰的領域が正犯の可罰的領域より拡大してしまう。このような帰結は、幇助行動規範の二次的・補充的な規範としての理解に反すると言えよう。

ツィーシャンクが指摘するように幇助犯と未遂犯の構造が同一であると理解するのであるならば[43]、むしろ幇助犯の場合も、正犯と同様に、少なくとも客観的危険事態との間の因果関係が必要とされるのではないだろうか。このような理解は、惹起説にも反しないと考えられよう。未遂犯も既遂犯も、法益侵害結果を志向する行為であり、「結果」の内容こそ異なるものの、条件関係に加えて「危険の実現」としての行為と結果の因果関係を要する点でも一致するからである[44]。さらに、正犯が実行に着手した後、客観的危険事態を惹起した時点で幇助犯の処罰条件が満たされるのであれば、従属性の観点からも、幇助行為と客観的危険事態との間に因果関係が認定されなければならないだろう。もっとも、この段階で幇助犯の既遂結果まで認められると解するならば、幇助犯を具体的危険犯と捉えてしまうことになるように思われる。

---

(43) ザムゾンも、シャフスタインの見解を批判的に検討する中で、そのような見解は幇助犯を未遂犯の性質として捉えることになる、と指摘している。*Erich Samson*, Die Kausalität der Beihilfe, in: Festschrift für Karl Peters zum 70. Geburtstag, 1974, S.132.

(44) 名和鐵郎「未遂犯の論理構造」福田雅章／名和鐵郎／村井敏邦／篠田公穂編『刑事法学の総合的検討（下）』（有斐閣、1993年）420頁参照。また、木村静子も、未遂犯は本来的な危険犯ではなく、侵害犯である行為が結果として危険発生にとどまったに過ぎない犯罪であり、主観的にも危険の認識で足りるとは言えない、と述べている。木村静子「未遂犯における既遂故意と主観的違法要素」福田雅章／名和鐵郎／村井敏邦／篠田公穂編『刑事法学の総合的検討（上）』（有斐閣、1993年）113頁。さらに、内山良雄「教唆犯処罰・未遂犯処罰の根拠と『未遂の教唆』の周辺問題について」斉藤豊治／日髙義博／甲斐克則／大塚裕史編『神山敏雄先生古稀祝賀論文集 第一巻 過失犯論・不作為犯論・共犯論』（成文堂、2006年）519頁も参照。もっとも、着手未遂を想定すれば明らかなように、未遂犯と既遂犯の相違は、結果発生の有無だけでなく、実行行為の点においても異なる場合がある。

2 因果関係の意味としての危険増加原理

　ザムゾンも、シャフスタインの危険増加論は故意の対象として、正犯行為の結果に対する幇助行為の因果性を必要とすることになるはずである、と述べている。因果性を放棄して幇助犯を抽象的危険犯と捉えるならば[45]、不可罰であるはずの幇助の未遂が幇助の既遂として可罰的となるからである。「危険の増加」という幇助者の故意を考えると、幇助者による関与がなかったならば正犯行為が失敗しただろう、という意味において、関与行為が正犯行為によって惹起された結果と因果的でなければならない[46]。しかし、メッガーのような等価説（条件説）で十分であると解すれば、幇助犯としての帰責領域が肥大化することになる[47]。そこでザムゾンは、必要条件公式を採用して結果を具体的に捉えた上で、客観的帰属性を判断すべきであると提唱している。客観的帰属性については、強化原理（Intensivierungsprinzip）に基づいて「保護客体の状況を悪化させた」という結果を惹起したかどうか[48]、あるいは引き受け原理（Übernahmeprinzip）に基づいて違法な関与を引き受けたかどうかが基準とされる[49]。

　ザムゾンの見解は、シャフスタインのように幇助行為の属性を検討する基準として危険増加原理を用いるのではなく、帰属性を検討する基準としての危険増加原理を幇助犯の因果性に転用する点に特徴を見出すことができよう。さらに、強化原理については、代替原因（Ersatzursache）が考慮されている。すなわち、実際に惹起された法益侵害状況が、幇助行為なくして発生したであろう状況と同じかどうか判断され、例えば故殺（Totschlag）構成要件が問題になる場合には死の時点が異なるかどうかが考慮され、傷害（Körperverletzung）や器物損壊（Sachbeschädigung）の場合には、侵害の

---

(45) もっとも、ツィーシャンクの理解からは、幇助犯を具体的危険性犯と捉えることになるだろう。*Zieschang*, a.a.O. (Anm.38), S.52ff., S.369ff.
(46) *Samson*, a.a.O. (Anm.43), S.130ff.
(47) *Samson*, a.a.O. (Anm.43), S.123.
(48) *Erich Samson*, Hypothetische Kausalverläufe im Strafrecht, 1972, S.100, S.164f.
(49) *Samson*, a.a.O. (Anm.48), S.141f, S.170ff.

強化が考慮されることになる[50]。

　ロクシンも、危険増加原理は、客観的帰属性の判断と同様に因果関係に付け加えられて初めて適切に適用されうる、と述べている[51]。ただし、ロクシンによれば、幇助犯の因果性は、条件説の意味とは別様に捉えられている[52]。その点は、ロクシンの弟子であるシューネマンによって一層明らかにされており、幇助として評価される行動は、帰属論の一般原則である、法的に許されない結果惹起の危険、または犯罪が成功するチャンスを何らかの方法で高める行為であると解されている[53]。

　わが国でも、例えば山中敬一は、幇助犯も正犯や教唆犯と同様に、正犯結果を惹起することが必要であるが、結果をどの程度具体的に定義するかについて困難な問題があるとして、事後的危険増加説を主張している。すなわち、「法的に重要な結果の変更」を判断する際、事後的観点から危険の増加が認められるかどうかに着目している[54]。また、客観的帰属論を採用しない浅田和茂も、幇助犯の因果性については事後的危険増加説を支持している[55]。その根拠として、事後的危険増加説が、客観的事後的予測という点で結果無価値論に忠実であることを挙げている[56]。さらに、大越義久は、ザムゾンの強化原理を採用し、ザムゾンと同様に仮定的な因果経過を考慮して幇助犯の因果性を判断すべきである、としている[57]。

　こうした見解は、正犯結果との間に危険増加原理に基づく帰属関係を求めているため、惹起説の立場とも矛盾しないだろう。しかし、論者自身も認めているように、危険増加原理は、不能犯論における客観的危険説と発想が類

---

(50) *Samson*, a.a.O. (Anm.48), S.108f.
(51) *Roxin*, a.a.O. (Anm.16), S.260.
(52) *Roxin*, a.a.O. (Anm.16), S.193.
(53) *Bernd Schünemann*, in: Heinrich Wilhelm Laufhütte/Ruth Rissing-van Saan/Klaus Tiedemann (Hrsg.), Strafgesetzbuch, Leipziger Kommentar, 12.Aufl., 2006, § 27 Rn.5. 同様の主張を展開する論者として、*Klaus Geppert*, Zum Begriff der ≫Hilfeleistung≪ im Rahmen von Beihilfe (§ 27 StGB) und sachlicher Begünstigung (§ 257 StGB), Jura 2007, S.590 を参照。
(54) 山中敬一『刑法総論 第2版』(成文堂、2008年) 921頁以下。
(55) 浅田和茂『刑法総論 補正版』(成文堂、2007年) 446頁。

似している(58)。客観的危険説は、未遂犯の成立要件をなす危険を客観的に判断する見解であり(59)、危険増加原理からも危険の増加は客観的に判断される。その際、未遂犯として処罰されるためには、結果無価値としての客観的危険事態の成立が必要であると理解するならば、結局のところ、これらの見解も幇助犯の構造を未遂犯と同様に捉えている、と言えるのではないだろうか。「危険の増加」は、「既遂結果」ではなく、むしろ「未遂結果」に等しいだろう(60)。

さらに、危険増加原理に対しては、危険の「増加」の有無をどのように判断するかが極めて重要となるが、ザムゾンのように仮定的因果経過を考慮する見解に対しては、危険増加原理を採用する論者からも、現実的な事情だけを考慮すべきである、との批判が向けられている(61)。もっとも、危険が増加したか否かは、ザムゾンが主張するように、仮定的な事情を考慮しなければ判断することができないだろう。仮定的因果経過を考慮すべきでないとするならば、危険増加原理は空虚な理論となってしまうように思われる。

---

(56) 浅田和茂「共犯論覚書」中山研一先生古稀祝賀論文集編集委員会編『中山研一先生古稀祝賀論文集 第三巻 刑法の理論』（成文堂、1997 年）288 頁以下。同様の主張をする論者として、西田典之『共犯理論の展開』（成文堂、2010 年）196 頁、島田聡一郎『正犯・共犯論の基礎理論』（東京大学出版会、2002 年）362 頁以下。さらに、因果性を危険性の意味で捉えようとする見解として、森川恭剛「因果的共犯論の課題―教唆の未遂の否定と正犯と共犯の区別―」九大法学 68 号（1994 年）107 頁。もっとも、危険増加原理は、行為無価値論者からも採用されている。例えば、照沼亮介『体系的共犯論と刑事不法論』（弘文堂、2005 年）195 頁以下。
(57) 大越義久『共犯の処罰根拠』（青林書院新社、1981 年）171 頁以下。
(58) 浅田・前掲註（55）289 頁。
(59) 山口厚『刑法総論 第 2 版』（有斐閣、2007 年）275 頁。山口によれば、未遂犯の成立要件としての「結果」は事後的に判断される。山口厚『危険犯の研究』（東京大学出版会、1982 年）150 頁。しかし、行動規範論に基づくならば、客観的危険性の判断は事前の観点から行うべきだろう。増田・前掲註（7）173 頁以下参照。
(60) 町野朔「惹起説の整備・点検―共犯における違法従属と因果性―」松尾浩也／芝原邦爾編『刑事法学の現代的状況 内藤謙先生古稀祝賀』（有斐閣、1994 年）141 頁参照。
(61) 例えば、Roxin, a.a.O.（Anm.16）, S.204; 照沼・前掲註（56）183 頁等。

V　一括消去モデルによる必要条件公式の適用可能性

　これまでの検討を踏まえると、幇助犯における因果関係の意味を危険増加原理に基づいて理解する見解に対しては、確かに危険増加原理を採用することが直ちに幇助犯を抽象的危険犯へと変容させることになるわけではないとしても、正犯行為時を基準とした具体的危険犯と捉えることになるのではないかとの疑念が、なお払拭されないように思われる[62]。それでは、幇助犯における因果関係をいかなる意味で理解すべきだろうか。

　結論から先に述べれば、幇助犯の因果関係についても、条件説の意味で捉える余地は、なお残されているように考えられる。従来の学説とは一線を画し、いわゆる一括消去モデルに基づくならば、幇助犯の成否を検討する上でも必要条件公式を採用することは可能であろう。

　一括消去モデルは、単独犯の事例において競合原因が想定される場合、とりわけ択一的競合の事案に対して必要条件公式を適用するために提出されているモデルである[63]。例えば、共犯関係にないAとBがそれぞれ単独で、Cの飲むコーヒーに致死量の毒を混入したところ、Cが毒の混入したコーヒーを飲んで死亡した場合、Cの死亡結果に対する競合原因のうち、Aの混入した毒とBの混入した毒のいずれが決定的なものであるかが明らかにされない限り、必要条件公式を素直に適用すると、原因を特定できず認定不能となるため、AもBも因果関係が否定されてしまうだろう。そこで、Aによって設定された条件とBによって設定された条件を一括して消去しうるかを検討することで、必要条件公式の機能を維持しようと試みる。すなわち、結果が成立している以上、確かに択一的に消去することができるものの累積的には消去することができない複数の諸条件は、全て結果に対して因果的である、と理解するモデルである[64]。

　一括消去モデルに対しては、従来から指摘されているように、共犯関係にない諸条件をなぜ一括することができるのか説得的な根拠が示されていな

---

(62)　同様の指摘として、松原・前掲註（24）379頁参照。
(63)　林陽一『刑法における因果関係理論』（成文堂、2000年）46頁以下参照。

い、との批判が向けられてきた(65)。確かに、単独犯の事例において、そのような批判は全く正当なものであり、特段の事情がない限り、一括消去モデルを使用すべきではないだろう。しかし、共犯の事例において、そのような批判は当たらない。共犯という犯罪類型は、共同正犯に限らず、教唆犯であれ幇助犯であれ、コミュニケーション事象であり、行為者間のコミュニケーションの中で実行行為が遂行されるものである(66)。とりわけ幇助犯は、実行行為の点で正犯行為と事前的なタイムラグが生じうるものの、正犯を促進することによって法益侵害結果に対して因果的に寄与することになる。すなわち、幇助者は、正犯を通じて正犯と共に法益侵害結果を惹起するのである。それゆえ、幇助犯における因果関係は、必要条件公式の一括適用を前提としていると考えられよう。

　実際、このような一括消去モデルは、わが国における同時傷害の特例（刑法207条）についても同様に妥当することになると思われる。本来、この規定自体は立法論として廃止されるべきだろう(67)。というのも、207条の規定によれば、複数人の暴行から生じた傷害事例において、因果関係が個別的に

---

(64) Vgl. Hans Welzel, Das Deutsche Strafrecht, 11.Aufl., 1969, S.45. 択一的競合の事例においてこのようなモデルを支持するわが国の代表的な論者として、木村亀二（阿部純二増補）『刑法総論 増補版』（有斐閣、1978年）178頁、前田雅英『刑法総論講義 第5版』（東京大学出版会、2011年）181頁等。

(65) 佐伯仁志『刑法総論の考え方・楽しみ方』（有斐閣、2013年）50頁、高橋則夫『刑法総論 第2版』（成文堂、2013年）119頁、松原・前掲註（24）62頁等。

(66) 増田・前掲註（7）383頁参照。キュールやカムも、共同正犯における共同の行為決意は実際のコミュニケーションの中に存在する、と指摘している。*Kristian Kühl*, Strafrecht Allgemeiner Teil, 7.Aufl., 2012, S.783; *Simone Kamm*, Die fahrlässige Mittäterschaft, 1999, S.32. 共犯以外では、例えば詐欺罪においても、コミュニケーション犯罪と捉える学説が見られる。例えば、*Roland Hefendehl*, in: Wolfgang Joecks/Klaus Miebach (Hrsg.), Münchener Kommentar zum Strafgesetzbuch, Band.5, 2.Aufl., 2013, §263 Rn.21ff.; 森永真綱「欺罔により得られた法益主体の同意」川端博／浅田和茂／山口厚／井田良編『理論刑法学の探究④』（成文堂、2011年）155頁、冨川雅満「詐欺罪における推断的欺罔の概念―行為者が事実を黙秘した場合の作為犯成立の限界―」中央大学大学院研究年報41号法学研究科篇（2012年）211頁以下等。

(67) 山口厚『刑法各論 第2版』（有斐閣、2010年）50頁。

特定されない場合でも、「共犯の例による」とされる。共犯関係が存在しないにもかかわらず無理やり共犯の場合と同様に処理してしまう点は、明らかに「疑わしきは被告人の利益に」という法治国家的原理に反し、憲法違反の疑いが拭えないからである[68]。しかし、その点は措くとしても、207条が前提としている、「共犯」であれば因果関係を一括消去で処理して構わないとする点については、学説からも異論なく認められていると言えよう。

　もっとも、207条における「共犯」の文言の解釈が、ここでは重要な問題となるだろう。すなわち、207条に規定されている「共犯」は、共同正犯に限定されるのか、それとも幇助犯等の狭義の共犯も含まれるのだろうか。通説は、共同正犯についてのみ、必要条件公式の適用について一括消去が認められる、との立場に依拠している[69]。しかし、条文の文言に目を向ければ、「共犯の例による」と規定されているものの「共同正犯の例による」とは規定されていない。共犯には狭義の共犯も当然に含まれることからすれば、207条が適用される者に幇助犯が成立する余地も残されているように思われる[70]。「共犯の例による」としているのは、あくまでも、反証のない限り結果の帰属を全員に認めるという効果の限度で理解すべきであるとするならば[71]、そのような理解は、幇助犯の因果関係について、一括消去モデルを展開して条件説の意味で捉える本書の基本構想と、まさに両立することになるだろう。

---

(68)　平野龍一『刑法概説』（東京大学出版会、1977年）170頁。浅田和茂／斉藤豊治／佐久間修／松宮孝明／山中敬一編『刑法各論　補正版』（青林書院、2000年）51頁等。

(69)　例えば、筑間正泰「刑法207条（同時傷害）について」広島法学11巻2号（1988年）15頁以下、大谷實『刑法講義各論　新版第4版』（成文堂、2013年）33頁、前田雅英『刑法各論講義　第5版』（東京大学出版会、2011年）48頁以下。

(70)　杉本一敏は、「207条が共同正犯を擬制するという法的効果を規定していることに着目するならば、各人の暴行には、本来の共同正犯との類似性、即ち『意思連絡の外形』が要求されると解すべきではないだろうか」と解しつつも、「このような解釈に『論理必然性はない』」と述べている。杉本一敏「同時傷害と共同正犯」刑事法ジャーナル29号（2011年）56頁。

(71)　伊東研祐『刑法講義　各論』（日本評論社、2011年）41頁参照。

V 一括消去モデルによる必要条件公式の適用可能性

ともあれ、以上の論理に対しては、次のような批判が想定されよう。第一は、共同正犯の場合であれば、「一部実行全部責任」の法理に従って一括消去が認められうるが、私見によれば、正犯と幇助犯の構成要件や規範が異なり、実行行為も別であるとさえ主張しているため、幇助犯の因果関係については一括消去モデルを採用する前提が明らかに欠けているのではないか、という批判であろう。もっとも、共謀共同正犯の場合に、単なる共謀者の行為は実行行為ではないとする通説の立場は、そのように批判する資格をすでに失っていると言えよう[72]。その上で、確かに正犯と幇助犯の実行行為が区別されるとしても、そもそも幇助犯はコミュニケーション事象であり、いわば「連係プレー」をその本性とするものである。正犯と共に正犯を通じて結果を惹起する関与形態であり、正犯が介在することによって初めて因果関係を有することになる以上、幇助犯の因果関係を認定する際にも、一括消去モデルを排除する特段の理由はないと言えよう。

第二は、幇助犯の因果関係を判断する上で正犯と幇助犯を一括して捉えると、共謀共同正犯肯定説の論拠をめぐる共同意思主体説が想起され、責任主義に反することになるのではないか、というものである。しかし、本書で示した構想は、共同意思主体説のように[73]共犯者が完全に一体化し、一人格となるわけではない。確かに、共犯においては、ある種のコミュニケーション共同体が成立するものの、個人はその共同体内部で行為を分担するため、関与者の行為態様が処罰根拠となり、その行為態様によって（共同）正犯として罪責を負うのか、それとも幇助犯として罪責を負うのかが判断されるのである。一方、結果無価値については、正犯結果を基準として幇助者に有利な方向で統一的に捉えることが惹起説の趣旨に合致すると思われる。したがって、一括消去モデルに基づく論拠は、責任主義に反することにはならず、むしろ個別行為責任としての自己答責性原理が徹底されうるのではない

---

(72) 共謀行為を実行行為とは別様に捉えながら共謀者に共同正犯としての罪責を認める判例理論や通説に対する批判として、本書第4章第2節を参照。

(73) 草野豹一郎『刑法改正上の重要問題』（巌松堂書店、1950年）315頁以下、下村康正『共謀共同正犯と共犯理論』（学陽書房、1975年）83頁以下等参照。

だろうか。

　第三は、法益侵害結果の惹起を志向する幇助犯が、正犯に対して結果の実現に何ら促進効果をもたらさない物を提供した場合でも、幇助犯と正犯のいわばコミュニケーション関係が認められれば、一括消去モデルによって幇助者に正犯結果（既遂結果）が帰属されうるため、結局のところ、私見は幇助犯において因果関係不要説を採るものであり、幇助犯の可罰性を増大させることになるのではないか、という批判である。こうした批判に対しては、次のように反駁することが可能であろう。すなわち、幇助行動規範が固有のものであると解するならば、前述したように、幇助犯固有の構成要件要素として「幇助した」という結果の要素も必要となるだろう。そうした理解を前提にすれば、たとえ幇助犯と正犯との間にコミュニケーション関係が存在するとしても、そもそも幇助行為自体に正犯を「幇助した」という結果をもたらす客観的危険性が存在しない場合、そのような事例は幇助犯の観点から不能犯となるように思われる。幇助の行為無価値を他説よりも厳格に捉え、客観的危険性を幇助犯における行為無価値の内容とするのであれば、幇助犯の可罰性が他説より肥大化することは決してないだろう。不能犯事例において、客観的危険説の立場からすでに行為無価値が存在しないと考えるならば[74]、因果性が問われる以前に幇助行為の可罰性が否定されよう。

　第四は、一括消去モデルによる必要条件公式の適用は、正犯と幇助犯に相互的なコミュニケーション関係が存在することを前提としているものであり、そのような関係が存在しない片面的幇助の事例においては、このモデルを採用できないのではないか、というものである。この点については、そもそも一方的なコミュニケーション関係しか存在しない片面的幇助の可罰性を認めるかどうか、また、そのような場合でも一括消去モデルを採用することが可能かどうか検討しなければならず、これらの立ち入った考察は改めて別の機会に行いたい。もっとも、判例や通説の立場のように片面的幇助の可罰性を認めるとしても、正犯と幇助犯の相互的なコミュニケーションが存在し

---

(74)　増田・前掲註（7）173頁以下参照。

ない限り一括消去モデルを採用しえないのであれば、第四の批判は的を射ていると言えよう。その場合は、単独犯における必要条件公式の適用と同様に、まずは幇助行為と未遂結果(客観的危険事態)との因果関係が条件説の意味で認められるか、検討されるべきであろう。

Ⅵ　まとめ

　幇助犯における因果関係の意味をめぐっては、必要条件公式を適用する条件説の意味で捉えることに否定的な態度が示されてきた。従来の見解は、幇助犯の因果関係を同時犯と同様の仕方で個別に認定することを前提としていたため、袋小路に迷い込んでしまったのであろう。しかし、因果関係を検討する限りでは、幇助行為と正犯行為を一括することが許容されうるのではないだろうか。60条で規定されている共同正犯の趣旨、すなわち一部実行全部責任の法理を振り返れば、複数人の行為を一括して因果の起点とすることが認められている[75]。行為態様によって共同正犯と幇助犯が区別されるのであれば、幇助犯の場合でも、幇助行為と正犯行為を一括して因果の起点とすることが認められるはずである。そのような一括消去モデルに基づくならば、なお条件説の意味で幇助犯の因果関係を捉えることは可能であろう。危険増加原理は、幇助犯を危険犯と捉えることにつながりかねない危険性を孕んでいるため、妥当な論拠とは言い難い。

　最後に、本章で示した構想を先のハンマー事例に当てはめると、次のような帰結に至るだろう。幇助者は、正犯の犯行計画を知った上でハンマーを提供しているため、強固な共謀に基づいて正犯との間で犯罪の実現を相互に拘束し合う、規範的な連帯関係を構築したわけではないが[76]、正犯とのコミュニケーション関係を構築したと認められるだろう。それゆえ、幇助犯の因果関係を検討する上では、幇助行為と正犯行為が一括され、「幇助行為と正犯

---

(75)　松原・前掲註(24)62頁参照。
(76)　規範的な連帯関係を構築すれば、幇助犯ではなく共同正犯としての罪責が問題となるであろう。本書第4章第4節も参照。

行為がなければ結果が実現しなかっただろう」と認定されることによって、幇助者には、正犯と共に惹起された既遂結果との因果関係が肯定されることになる。

確かに、幇助者が提供したハンマーは、正犯によって遂行された実行行為の際に用いられていないため、因果関係を個別に検討するならば、幇助犯における因果関係を条件説の意味で捉えた場合には、幇助行為の因果性は否定されるだろう。しかし、幇助者にとって、提供されたハンマーを正犯が使用せず、正犯の状況判断でより有効な手段が取られることは予め織り込み済みであった。そのような認識の下でハンマーを提供する行為は、それが使用されたかどうかに関わらず、正犯に対して結果惹起を後押しするサポート行為になっており、そのことが結果の発生を惹起する動因の一つとなっている、と言えるのではないだろうか[77]。

そもそも、共犯をコミュニケーション事象と捉える場合、およそ共犯の因果性は、純粋に物理的なものではないだろう。付加的共同正犯の事例を想定すれば明らかなように、XとYが意思を通じてAに拳銃を発射し、両者の銃弾がAに命中したものの、Xの弾丸が致命傷になった場合や、両者がAに拳銃を向けたがXの弾丸が命中したことでYは拳銃を発射しなかったという場合でも、Yは既遂としての共同正犯の罪責を負いうる[78]。これらの事例でも、Yの行為に結果との物理的因果性は認められないが、XとYとの間にはコミュニケーション関係が存在しているため、Xの行為とYの行為が一括され、Yにも因果関係が肯定されるのである。それゆえ、同様にコミュニケーション関係が存在するハンマー事例においても、提供行為と既遂

---

(77) 判例理論は行為促進説を想起させるものであるが、先に挙げた板橋宝石商殺害事件において、「Xの地下室における目張り等の行為がYの現実の強盗殺人の実行行為との関係では全く役に立たなかった……にもかかわらず、……Yの現実の強盗殺人の実行行為を幇助したといい得るには、Xの目張り等の行為が、それ自体、Yを精神的に力づけ、その強盗殺人の意図を維持ないし強化することに役立ったことを要すると解さなければならない」と述べられていることからすれば、判例理論が正犯結果との因果関係を全く考慮していないかどうかは必ずしも明らかではなく、私見と方向性が同じであるとも言えるのではないだろうか。

結果(正犯結果)との因果性が肯定されよう。ただし、ハンマー事例では、行為と行為に内在する意思(構成要件的故意)の観点から、ハンマーの提供者に(共同)正犯性が認められないため[79]、共同正犯ではなく幇助犯としての因果関係が肯定されることになろう。

---

(78) 丸山雅夫「共謀共同正犯」南山法学33巻3・4号(2010年)62頁参照。もっとも、Yが拳銃を発射しなかった場合、すなわち直接行為に出なかった場合は、XとYによる共謀行為そのものが正犯性を有する実行行為として認められない限り、Yに共同正犯は成立しえないと解すべきだろう。本書第4章第4節を参照。ベッカーも「行為を行うこと」こそが正犯性の中心的な要素である、と主張している。*Christian Becker*, Das gemeinschaftliche Begehen und die sogenannte additive Mittäterschaft, 2009, S.147. もっとも、ベッカーによれば、付加的共同正犯は存在しえない。というのも、Yの行為は、Aの「死」という結果に対して因果的ではなく、それゆえYには未遂犯が成立するに過ぎないからである。*ders*, a.a.O., S.167. しかし、ベッカーが考える共犯(共同正犯)の因果性論は心理的な面を見落としており、妥当とは言えないように思われる。

(79) 本書第3章第4節を参照。エングレンダーも、集団窃盗事例を検討する中で、「共同」という概念について、直接行為に関与しない場合でも、実行行為の危険性が増大することの表れとして、場所的・時間的な観点から関与者らが協力した、という意味は維持されるべきであるとして、共同正犯概念の制限的な解釈を主張している。*Armin Engländer*, Die Täterschaft beim Bandendiebstahl, GA 2000, S.584, S.589.

第7章　幇助犯における故意の認識対象

I　はじめに

　本書の立場によれば、幇助犯の処罰根拠は、法益侵害結果を志向する幇助行為である。そして、共同正犯と幇助犯を区別するに当たっては、実行行為に内在する意思、すなわち構成要件的故意の内容が決定的な基準となる。この「実行行為に内在する構成要件的故意」は、可罰的な幇助行為と不可罰的関与行為を区別する上でも適切な基準となりうるように思われる。両者の最も顕著な相違点は、構成要件該当性の有無である。すなわち、幇助行動規範が向けられる幇助者は幇助固有の構成要件要素を具備する一方、不可罰的関与行為は幇助構成要件に該当しない。構成要件が故意規制機能を有することに鑑みれば、関与行為に内在する行為者の表象によって、当該関与行為が幇助構成要件に該当するか否かを判断することができるのではないだろうか。

　そうであるならば、幇助者の表象、すなわちその故意内容はいかなるものか、詳細な検討が必要である。単独正犯の場合、故意が成立するためには、志向対象としての正犯結果の認識が要求されることに異論は見られない。しかし、幇助犯の場合は、この点について見解が分かれている。まずは、幇助犯における故意の成立要件として、正犯結果の認識を求めるべきか、論じることにする。

II　正犯結果の要否

　わが国では、幇助犯における故意の認識対象について、志向対象としての正犯結果は必要ではなく、正犯行為で足りるとするものが見られる[1]。

Ⅱ 正犯結果の要否　183

　大審院時代には、次のような判例がある。すなわち、正犯者が賭場を開帳して賭博をすることを知り、その正犯者のために賭博者を誘引した被告人に、賭博場開帳図利罪の幇助が認められたものである。「共同正犯ノ成立ニハ其ノ主観的要件トシテ共同正犯者間ニ意思ノ連絡即チ共犯者カ相互ニ共同犯罪ノ認識アルコトヲ必要トスレトモ従犯成立ノ主観的要件トシテハ従犯者ニ於テ正犯ノ行為ヲ認識シ之ヲ幇助スルノ意思アルヲ以テ足リ従犯者ト正犯者トノ間ニ相互的ノ意思聯絡アルコトヲ必要トセルヲ以テ正犯者カ従犯ノ幇助行為ヲ認識スルノ必要ナキモノトス」[2]。

　この判例の文言を見る限り、大審院は、幇助の主観的要件を正犯行為の認識と幇助の意思に求めているようにも思われる。もっとも、当該判例は、片面的幇助の成否が主要な争点となった事案であるため、大審院の関心は、幇助者の故意における認識対象にはなく、幇助者と正犯者との意思連絡の要否にあったものと考えられる。したがって、この判例を基に、大審院が、幇助者の故意における認識対象から志向対象としての正犯結果を除外していると断定することはできないだろう。その後、大審院から最高裁へと移り変わって以降、幇助者の志向対象としての正犯結果の要否について正面から論じた最高裁判例は存在しない。

　だが、下級審判例の中には、この点について述べたものがいくつかある。

---

(1) この点、ドイツでは古くから、正犯結果も幇助犯における故意の認識対象として考えられていたようである。ライヒ裁判所も、「幇助者の故意に必要なのは、幇助者によって支援された行為が、幇助者の援助によってなされるという認識と意思である。したがって、幇助者は、正犯によって意欲された行為の既遂を援助するとの故意をもって援助しなければならず、それゆえ幇助者の意思もまた、正犯によって意欲された行為の結果に向けられていなければならない」と述べている。RGSt 60, 23. わが国でも、最判昭和24年10月1日刑集3巻10号1629頁では、「従犯は他人の犯罪に加功する意思をもつて、有形、無形の方法によりこれを幇助し、他人の犯罪を容易ならしむるもの」である、と述べられている。すなわち、他人の「犯行」に加功する意思をもって他人の「犯行」を容易にするものであるとは述べられていない。この点に着目するならば、最高裁も幇助犯における故意の認識対象として正犯結果まで必要であることを示唆している、と評価することは可能なように思われる。最決平成25年4月15日刑集67巻4号437頁も参照。

(2) 大判大正14年1月22日刑集3巻921頁。

その一つに、次のような判例が挙げられよう。被告人は、正犯者Aが被告人の夫であるBを殺害し、その生命保険金を詐取しようと企てていることを認識しながら、Aから促されるまま、その面前でBを生命共済に加入させる手続を行うなどして、Bを殺害するというAの犯意を強化せしめたとして、殺人罪の幇助が問われた。この事件において、福岡地裁は幇助者の故意について「幇助の故意としては、正犯者の実行行為とそれによる結果発生の可能性を認識はしていても、結果発生を認容することまでは要しないというべきであるから、本件においても、被告人がB殺害という結果の発生をたとえ認容していなくとも、AがBの殺害を実行しようとしていること及び自己の行為がAのB殺害行為を心理的に促進し、幇助することについての認識、認容がある以上、本件殺人の幇助の故意として欠けるところはない」と述べた[3]。この判例では明らかに、幇助犯の故意内容として、正犯によって発生する既遂結果の認容が不要であると解されている。

大塚仁は、幇助犯における故意の認識対象を教唆犯における故意の認識対象と同様に捉えるべきだとして、被教唆者が単に実行行為に出ることを表象・認容してなされた教唆行為を当然に不可罰とすることは法感覚に反する、と論じている[4]。このような主張に同調する論者の背景には、共犯の既遂ないし未遂の可罰性が、共犯者の認識に左右されるものではなく、共犯行為の射程を超越するものであって、正犯の既遂ないし未遂に単に従属するに過ぎない、ということが念頭に置かれているのであろう[5]。

そうだとすると、こうした論者は、共犯の処罰根拠について惹起説が妥当であるとしつつも、その「惹起」とは「正犯結果の惹起」ではなく、「正犯行為の惹起」と理解していることになるだろう。確かに、理論的にはそのよう

---

(3) 福岡地判平成16年5月27日 LEX/DB28095547。福岡地裁は、被告人がB殺害という結果発生についてまでは認容していなかったことを認定しつつ、被告人に殺人罪の幇助犯が成立するとした。

(4) 大塚仁『刑法概説（総論）第3版増補版』（有斐閣、2005年）295頁。同様の立場を表明する論者として、大谷實『刑法講義総論 新版第4版』（成文堂、2012年）434頁。

(5) 川端博『共犯の理論』（成文堂、2008年）146頁参照。

な理解に辿り着くことはできよう。共犯の側から見ると、正犯行為は中間結果、すなわち広義の意味における結果として捉えることができるからである[6]。

しかし、惹起説における「惹起」概念をそのように理解することは可能であるとしても、こうした見解は、第2章で言及した、共犯の処罰根拠における堕落説と同様の欠点を抱えることになるのではないだろうか。すなわち、幇助犯は正犯行為までを表象すれば足りると解すると、正犯が侵害犯の場合、幇助犯は、正犯結果の表象が不要となるため、危険犯となってしまうように思われる。制限的正犯者概念に基づき、共犯固有の行動規範は二次的に発動されるべき性質を有すると理解するのであるならば、共犯の危険犯化につながる見解は、到底受け入れられるものではない。

したがって、幇助者に故意が認められるためには、幇助者が少なくとも、志向対象としての最終的な正犯結果（法益侵害）を表象しなければならないと解すべきである。

Ⅲ　正犯行為の要否

幇助犯としての故意が成立するためには、関与者が正犯によって実現されるであろう既遂結果を表象しなければならないとしても、さらに正犯行為の表象も要求すべきだろうか。これは必ずしも明白ではない。幇助者にとって、現実に行われた正犯行為は広義の結果であると同時に最終的な法益侵害結果に至る因果経過の一部分でもあると理解するならば、そもそも故意の認識対象として因果経過の要否が論点となるからである。また、正犯行為に関する表象が必要であるとすれば、幇助者はどの程度具体化された正犯行為を認識しなければならないのかも併せて問題となる[7]。

前章では、幇助犯の成立要件として条件説の意味における正犯結果との因

---

(6) 高橋則夫『共犯体系と共犯理論』（成文堂、1988年）174頁以下参照。
(7) この点、すでにドイツでは研究が進められている。例えば、*Hans Theile*, Tatkonkretisierung und Gehilfenvorsatz, 1999, S.106ff.; *Nikolai Warneke*, Die Bestimmtheit des Beteiligungsvorsatzes, 2007, S.109ff. 等が挙げられよう。

果関係が求められることを明らかにしたが、故意の認識対象としての因果経過の要否については、改めて立ち入った考察を行わなければならないだろう。こうした問題に関する従来の議論を概観すると、故意の認識対象としていかなる因果経過を指しているのか、現実の因果経過なのか、あるいは行為時における一定の事前的な因果経過ないし因果性なのか、明確に示されないまま検討されている感が否めない。この問題の真の所在を明確化するためには、規範論の観点から考察することが有益であると考える。そのため、まずは行動規範と制裁規範の相違から見ていきたい。

1　行動規範論と制裁規範論の相違

　ビンディンクの功績によって明らかになった行動規範と制裁規範の区別づけは[8]、今日、わが国でも暗黙のうちに認められているように思われる[9]。このような区別を前提とするならば、行動規範論の問題と制裁規範論の問題が、厳格に区別されることになろう。

　行動規範は、ある一定の行動が適法か違法かを示す評価規範であると同時に、違法であると評価される行動を控えるよう要求する決定規範でもある。その限りで、行動規範は人間の行動を制御する機能を有している、と言えるだろう[10]。刑法は、法益が危殆化されたり侵害されたりする行動を禁止し、あるいは法益の保護や維持に資する行動を命令することで、規範を通じて法益を保護しているのである[11]。それゆえ、行動規範の内容は、法益保護の観点から確定されよう。

　行動規範の内容から、その名宛人の領域が必然的に決定づけられる。とい

---

(8)　Vgl. *Joachim Renzikowski*, Die Unterscheidung von primären Verhaltens- und sekundären Sanktionsnormen in der analytischen Rechtstheorie, in: Festschrift für Karl Heinz Gössel zum 70. Geburtstag, 2002, S.3ff. レンツィコフスキィーは、行動規範と制裁規範という二元的な規範構想がホッブズやベンサムに根ざしている、と指摘する。

(9)　行動規範の存在に対する批判とその反論について、*Joachim Vogel*, Norm und Pflicht bei den unechten Unterlassungsdelikten, 1993, S.30ff. を参照。

(10)　Vgl. *Ulrich Stein*, Die strafrechtliche Beteiligungsformenlehre, 1988, S.66f.

(11)　Vgl. *Urs Kindhäuser*, Strafrecht Allgemeiner Teil, 6.Aufl., 2013, S.36.

うのも、行動規範が命令や禁止を通じて人間の行動を制御し、法益の保護を目的とするものであるならば、行動規範は、法益を侵害ないし危殆化する行為に出るかどうか判断をなすべき立場にある者に、事前的に向けられなければならないからである[12]。例えば、AがBを川に突き落とす際、Bが見知らぬ子供であること、川の水深が子供の背丈以上に達していること等をAが認識している場合、Aには刑法199条に内在する「人を殺してはならない」という行動規範が向けられる。しかし、Bは友人であること、泳ぎに自信を持っている者であること、浅瀬の川であること等の事情をAが認識している場合、「人を殺してはならない」という行動規範は、決してAに向けられないように思われる。

そうだとすると、行為者の故意行為、ならびに故意の認識対象は、行動規範論のレヴェルでの問題である、と考えられよう。行動規範が構成要件に機能的に内在していることに鑑みれば、構成要件に該当する諸事情が故意の認識対象となることは言うまでもないが[13]、認識対象はそれにとどまらず、結果に至る事前的な因果性（危険性）についても故意の内容に含まれることになる。AがBを川に突き落とす先の事例において、後者の場合は、Bの死という結果に至る因果性、換言すれば死に至る危険性を認識していないので、Aには故意が認められず、したがって「人を殺してはならない」という行動規範も向けられないのである。

一方、制裁規範は、ある者が諸条件の下で一定の方法によって刑法上非難され、処罰されうることを規定した刑罰法規である。したがって、その名宛人は検察官や裁判官等の国家機関に向けられる[14]。制裁規範の名宛人が国家機関であることから、そこにはある一定の時間的パースペクティヴが生ま

---

(12) Vgl. *Warneke*, a.a.O. (Anm.7), S.92f.
(13) 山本紘之も、こうした構成要件の故意規制機能を主張している。さらに山本は、構成要件論の機能は故意規制機能を中心に考え、錯誤論との関連で構成要件論を展開していくことが妥当である、と述べている。山本紘之「構成要件論の機能について」川端博／椎橋隆幸／甲斐克則編『立石二六先生古稀祝賀論文集』（成文堂、2010年）65頁。
(14) Vgl. *Kindhäuser*, a.a.O. (Anm.11), S.35ff.

れることになろう⁽¹⁵⁾。すなわち、検察官や裁判官は、法益侵害結果が諸事情の下で発生したと言えるか否か、どのような諸事情の下で法益侵害結果が発生したのかを事後的に判断する。それゆえ、検察官や裁判官は、行為者が実行行為時に認識しておらず、ただ単に予見可能であったに過ぎない因果経過や法益侵害結果をも、時間的に事後的なパースペクティヴから認識することができよう。

　制裁規範のこうした点を考慮すると、事後的な事実上の因果経過は、決して故意の認識対象とはならず、それは制裁規範論のレヴェルで扱われるのが適切である、と言えるだろう。ブロックも、事後的な事実上の因果経過を故意の認識対象とすることは体系に反する、と述べている⁽¹⁶⁾。ブロックは、因果経過ないし実現連関が行動規範の観点から故意の認識対象として重要な意義を持たない、と主張するフリッシュ⁽¹⁷⁾やシュロートの見解⁽¹⁸⁾に賛同して、次のように論じている。すなわち、因果経過は実際、常に事後的に確認されるものであり、刑法上の制裁を適用するための要件である。このことを踏まえると、因果経過は行為時に制御しえないのであるから、因果経過を故意の認識対象とすることは不可能である⁽¹⁹⁾。

　事後的な事実上の因果経過や現実に発生した法益侵害結果が制裁規範論の問題であることは、共犯の事例においてさらに明確に示されるだろう。法益侵害結果の惹起を志向する共犯行為、換言すれば狭義の共犯固有の行動規範の侵害こそが共犯の処罰根拠であると考える惹起志向説に依拠するならば、行動規範論のレヴェルで問題となるのは、共犯者自身の故意行為のみである。事実上の因果経過、すなわち現実に行われた正犯行為や惹起された法益侵害結果は、制裁規範論のレヴェルでの問題となる。第2章第3節で論究したように、共犯従属性の意義と機能を共犯の処罰条件として捉える理由は、

---

(15)　*Warneke*, a.a.O. (Anm.7), S.92.

(16)　*Florian Block*, Atypische Kausalve-läufe in objektiver Zurechnung und subjektivem Tatbestand, 2008, S.230ff.

(17)　Vgl. *Wolfgang Frisch*, Vorsatz und Risiko, 1983, S.57f.

(18)　Vgl. *Ulrich Schroth*, Vorsatz und Irrtum, 1998, S.96.

(19)　*Block*, a.a.O. (Anm.16), S.232.

III　正犯行為の要否

この点に存在するのである。

　以上から、故意行為と事実上の因果経過や現実に発生した法益侵害結果は、規範論において異なるレヴェルの問題であると考えられる。それゆえ、故意行為があれば行動規範違反が認められ、実際の因果経過や現実に発生した結果との実現関係、すなわち結果帰属は制裁規範論の問題となる[20]。こうした理解に基づくならば、結果に至る事前的な因果性は故意の認識対象となるが、事後的な事実上の因果経過については故意の認識対象ではない。事後的な因果経過をも故意の認識対象とする見解は、行為者の認識とは異なる因果経過を辿って結果が発生した場合、主観的認識と客観的事実の齟齬が大きければ故意は阻却されるとしているが[21]、そのような理解は失当であると思われる。もし故意が阻却されると解すると、未遂の故意と既遂の故意を区別する見解であればともかく[22]、そのように区別しないのであれば、未遂にもならなくなり不当な結果に至ってしまうだろう[23]。また、事後的な因果経過をも故意の認識対象とすると、行為者の計画がより詳細なほど齟齬の可能性は高まり、故意が容易に阻却されてしまうことも懸念されよう[24]。

　そもそも、行為者が、行為後の因果経過を行為時に認識することはおよそ不可能である。例えば、銃撃された被害者が重傷を負い、一週間後に死亡したが、行為者は犯行の翌日に持病により死亡したような場合、行為者には、

---

(20)　フリッシュも、行動規範違反と結果帰属は互いに独立したメルクマールである、と述べている。*Wolfgang Frisch*, Tatbestandmäßiges Verhalten und Zurechnung des Erfolgs, 1988, S.541.

(21)　内藤謙『刑法講義総論（下）I』（有斐閣、1991年）952頁以下、井田良『刑法総論の理論構造』（成文堂、2005年）66頁。

(22)　もっとも、未遂の故意と既遂の故意を区別する見解に対しては、未遂の故意も、最終的には既遂結果を発生させるつもりがないといけないので、内容的には既遂の故意と何ら変わりはない、と松宮孝明が批判している。中山研一／浅田和茂／松宮孝明『レヴィジオン刑法3　構成要件・違法性・責任』（成文堂、2009年）378頁。

(23)　山中敬一「具体的事実の錯誤・因果関係の錯誤」中山研一／森井暲／山中敬一編『刑法理論の探究―中刑法理論の検討― 中義勝先生古稀祝賀』（成文堂、1992年）195頁。

(24)　*Block*, a.a.O. (Anm.16), S.234.

自己が死亡した後の因果経過など全く認識不可能であろう[25]。その意味で、故意の認識対象としての因果性ないし危険性（表象・意思の対象としての因果経過）は、行為時に認識可能な因果経過である、ということになる。因果経過は故意の認識対象ではないと主張する見解が念頭に置いている「因果経過」がいかなる因果経過を意味するのかについては従来あまり明確に示されていないが、結果の発生のみを意図し、それに至るプロセスを全く表象しない心理状態は現実的に考えられないと思われる[26]。わが国における一部の論者は、因果経過の認識を不要と解しつつ、実行行為の認識は必要である、と主張しているが[27]、実行行為の認識の中に結果発生に至る危険性、あるいは許されない危険の創出を要求するならば[28]、それは、可能的な因果経過の認識を要求していることになるのではないだろうか[29]。

ともあれ、結果に至る因果性は故意の認識対象であり、行動規範論のレヴェルで問題となる。それゆえ、幇助者にとって、法益侵害結果に至る因果性の一部である正犯行為は、故意の認識対象とされよう。もっとも、幇助者における故意の認識対象としての正犯行為は、決して事後的な事実上の正犯行為ではなく、幇助行為時に認識可能な正犯行為であることを念頭に置かなければならない。

---

(25) 増田豊『規範論による責任刑法の再構築』（勁草書房、2009年）211頁参照。したがって、行為後の因果経過や結果は、行為無価値の要素ではないことになる。
(26) 井田・前掲註（21）65頁。
(27) 浅田和茂「因果関係の錯誤」内藤謙／芝原邦爾／西田典之編『刑事法学の課題と展望 香川達夫博士古稀祝賀』（成文堂、1996年）281頁以下、大谷・前掲註（4）155頁、前田雅英『刑法総論講義 第5版』（東京大学出版会、2011年）246頁以下等。
(28) 前田・前掲註（27）248頁、Block, a.a.O. (Arm.16), S.235ff.。
(29) 山口厚も同様に、因果経過の認識は故意の要件として不要であるとする見解においても因果関係の認識・予見と同じものが『実行行為性』の認識という名の下に要求されている、と指摘している。山口厚『刑法総論 第2版』（有斐閣、2007年）213頁。

2 認識対象としての正犯行為の具体化

では、関与者に幇助犯としての故意が認められるためには、正犯行為をどの程度具体的に認識していなければならないのであろうか。ドイツでは、幇助犯における故意の特定性をめぐって議論が積み重ねられている。

ドイツの判例を概観すると、一時期、ロクシンが示した教唆犯の故意に関する基準、すなわち「不法の本質的規模（die wesentlichen Dimensionen des Unrechts）を認識していなければならない」とする基準に類似した論拠を示していた。例えば、爆弾テロの際に時限信管として用いられた目覚まし時計を被告人が提供した事案において、原審のデュッセルドルフ高等裁判所は、幇助者が被幇助行為の本質的な不法内容と侵害志向を認識していれば、幇助者の故意における認識の程度としては十分である、と説示した[30]。この基準に従うならば、幇助者は侵害の程度や侵害方法を認識していなければならないだろう。

しかし近年、連邦通常裁判所は、アメリカ合衆国で2001年9月11日に起きた同時多発テロ事件の遂行を容易にしたとして被告人が幇助罪に問われたものの、テロ行為が当該被害者に向けられたものであるとの認識を被告人が有していたとは認められないとしてハンブルク高等裁判所に差し戻した判決の中で、「実際に遂行された行為の『不法の規模』の認識は必要ではない」と明言した[31]。さらには、ロクシン自身も、計画された侵害方法や被害の大まかな程度について幇助者が詳細に知らなくても、実現される構成要件について認識していれば幇助犯として認められるだろう、と述べている[32]。幇助者の故意内容が教唆者の故意内容よりも幾分明確でなくてもよいとする理由について、ロクシンは次のように述べている。すなわち、教唆者に事象の誘発に対する責任を問う場合、教唆者は行為をあらかじめ指図することから、行為を少なくとも大まかに認識していなければならない。これに対して幇助者は、正犯の行為決意と共に計画された行為の構想について、更なる概

---

(30) BGH, NStZ 1990, S.501. Vgl. BGHSt 42, 135.
(31) BGH, NJW 2007, S.384ff.
(32) *Claus Roxin*, Strafrecht Allgemeiner Teil, Band II, 2003, S.225.

要を知らされなくても、あらかじめ目の当たりにしている。この点に、教唆者の故意内容と幇助者の故意内容の相違が見られるのである[33]。

こうして、幇助者に不法の本質的規模の認識を要求する見解は少数説となり[34]、現在の判例や通説は、「正犯行為の重要なメルクマール（die wesentlichen Merkmale der Haupttat）の認識」を幇助者に要求している。この基準によれば、幇助者による特定の構成要件該当事実の認識が存在することを前提に、幇助者が認識している正犯行為と現実に行われた正犯行為が同一である必要はなく、その重要部分において一致していればよい、とされる。したがって幇助者は、いつ、どこで、誰に対して、どのような特別事情の下で行為が実行されるのかという行為の詳細について認識していなくてもよい。

連邦通常裁判所は、正犯が欺罔を用いて脅迫した際、脅迫について認識せず、単に欺罔についてのみ援助しようとした幇助者に詐欺幇助の罪責が認められた事例において、次のように述べている。「なるほど幇助者は、他者によって実現され、そしてそれが重罪もしくは軽罪に該当する特定の構成要件を幇助者の重要なメルクマールとして目論まなければならない。しかし、法的判断において、正犯行為が幇助者の認識した行為と同一であるかどうかは問題ではない。正犯行為は、幇助者が援助しようとした行為と重要な点においてのみ一致していればよい」[35]。また、バイエルン高等裁判所は、故意の

---

(33) *Roxin*, a.a.O.（Anm.32）, S.225f.
(34) このような認識を要求する論者として、オットーが挙げられよう。オットーは幇助の故意について、幇助者は、第一に正犯が故意をもって行為に及ぶという事実、すなわち正犯によって実現される行為不法と当該不法の本質的規模を認識しなければならず、第二に、幇助者が、自らの行為によって正犯行為を促進することを知っていなければならないとする二つの要件（いわゆる幇助の二重の故意）を求めている。*Harro Otto*, Grundkurs Strafrecht Allgemeine Strafrechtslehre, 7.Aufl., 2004, S.334. また、ハイネ／ヴァイサーも幇助者の認識として、不法の本質的な内容と侵害へ向けた流れに関する認識を要求している。もっとも、行為の詳細、すなわち、いつ、どこで、誰に対して、どのような特別事情の下で行為がなされるかを認識する必要はない、と述べている。*Günter Heine/Bettina Weißer*, in: Adolf Schönke/Horst Schröder, Strafgesetzbuch, Kommentar, 29.Aufl., 2014, S.551f.
(35) BGHSt 11, 66f.

認識対象としての正犯行為について、どの程度具体化して認識しなければならないかを以下のように説明し、窃盗に対する幇助を認定した。「幇助者は、自らが特定の他人の行為を支援し、それを用いて犯行の終了へと至るということを知っていなければならない。しかし幇助者は、正犯によって実現されうる可罰的行為の重要なメルクマールさえ認識していればよい。いつ、どこで、誰に対して、どのような特別事情の下で行為が実行されるのかという行為の詳細について、幇助者は知っている必要がないのである。……当該事例において確かに、いつ、どこで、誰の不利益に向けて、〔正犯である―筆者註〕Gがその銅線を用いて金銭を盗んだかということは、今なお決定づけることができない。しかし被告人は、Gが被告人によって示された方法に基づいて、被告人から売り渡された銅線を用いて、室内遊技場に設置されていた商標Mの機械から金銭を盗もうとしていたことを認識していた。それゆえ、正犯行為は、被告人の認識において十分に特定されていたのである」[36]。

フィッシャーは、幇助の故意について、幇助者は、正犯行為の実現に当たってその都度必要な正犯者の故意を、少なくとも認容しなければならない、と述べている。そして幇助者は、正犯行為を促進し、それによって構成要件の実現に関与することを意欲しなければならず、その際、正犯行為の重要なメルクマールを認識しなければならない、と主張している[37]。また、キュールも同様の立場に依拠し、判例も、幇助者は援助された正犯行為の重要な不法内容と侵害志向を把握していれば十分であり、正犯行為に関する具体的な認識まで要求していないことを指摘している[38]。

このような基準が幅広い支持を受けている背景には、単独犯における因果経過の齟齬事例を解決する基準として見解の一致がほぼ認められている、いわゆる重大性説(Wesentlichkeitstheorie)の影響があるものと思われる。重大性説に依拠する連邦通常裁判所によれば、故意は事象の経過に及んでいなければならないが、事象経過のあらゆる詳細を予見することはできないの

---

(36) BayOLG, NJW 1991, S.2582.
(37) *Thomas Fischer*, Strafgesetzbuch mit Nebengesetzen, 61.Aufl., 2014, S.274f.
(38) *Kristian Kühl*, Strafrecht Allgemeiner Teil, 7.Aufl., 2012, S.860.

で、表象された経過に対する齟齬が、一般的な生活経験によれば予見可能なものという限界内に依然としてとどまり、かつ、犯行につき別様の評価を正当化しない場合には、通常、故意を阻却しない、と判断される[39]。

しかし、重大性説に対しては、その重大性をいかなる基準で判定するかがまさに重大な問題として提起され、それが重大であるか否かを問うことは、混乱を招きうる有害な思考過程とみなされる、との批判が向けられている[40]。同様の主張は、幇助者に要求される「正犯行為の重要なメルクマールの認識」という基準に対しても向けられており、ヴォルフは、重要なメルクマールが何を意味するのか未解決のままである、と指摘している[41]。ヴィルトも、幇助者による認識の中で正犯行為が特定されていなければならないのは、正犯が一つまたは複数の犯罪を行い、それが法律上の構成要件に属するという事情を幇助者が認識していなければならないことから導かれる、と考えている。それゆえ、幇助者が犯行日時、場所、正犯等の事情を認識することができない場合、他者の行為に関する認識はいったいどのような方法で実際に特定されるのであろうか、と疑問を呈している[42]。

近年、連邦通常裁判所は、正犯行為の重要なメルクマールの認識に加えて新たな基準を提示している。それによれば、幇助犯は、正犯に「決定的な行為手段（das entscheidende Tatmittel）」を故意に提供し、意図的に、まさにその手段を用いることによって典型的な方法で援助された正犯行為が行われる危険を高めた者である[43]。この基準が初めて示された事案の概要と判旨は、あらまし以下の通りである。

宝石やダイヤモンド、真珠の鑑定人だった被告人は、数百もの宝石の価値

---

(39) BGHSt 7, 329.
(40) 増田・前掲註（25）237頁以下。
(41) *Gerhard Wolf*, Anmerkung zu BayObLG Urt. v. 27. 3. 1991—RReg. 4 St 198/90. JR 1992, S.428.
(42) *Peter Wild*, Bestimmtheit des Gehilfenvorsatzes und Teilanfechtung von Strafurteilen—BayObLG, NJW 1991, 2582, JuS 1992, S.911ff. またタイレも、こうした基準は、基本的に不可欠な構成要件との関連性を超えて解決することに成功していない、と主張している。*Theile*, a.a.O. (Anm.7), S.137f.
(43) 近年では、例えば、BGH, NStZ-RR 2000, S.326 等が挙げられる。

について鑑定するよう正犯から委託された。その際、被告人と正犯との間には、鑑定結果が正犯による欺罔行為に利用されることについて暗黙の合意があった。被告人は、虚偽の鑑定を行うことで、それらの宝石が実際よりも非常に高い価格で売られるか、貸付金を得るための担保に供されるであろうことを認識していた。そして、その宝石は実際に売却することができないほど粗悪なものであったにもかかわらず、被告人は、それが高価な宝石であることを証明した。その後、正犯は、その鑑定結果を銀行に提示し、銀行は、被告人が事実に反して証明した価格表記を信用して正犯へ金銭を貸すことを決定した。こうして正犯は金銭を借りたものの、その借金を返済することができなかった。そのため銀行は、担保とした宝石を売却しようと試みたが、粗悪な宝石であったがゆえに売却することができず、損害が生じた。

　このような事案に対して、連邦通常裁判所は次のように述べている。すなわち、「共犯者の故意の明確性要件には、行為計画の本質的な詳細をすでに知っている共犯者だけが正犯行為の犯行を真に想定しうる、という認識が基礎に置かれる。そして、正犯行為の犯行を十分推定しうるような行為事情の認識が、共犯者の故意に対して本質的なものとみなされうる。共犯における異なった構造、行為への密接さ、法定刑（教唆者に関しては正犯と同様であるが、幇助者は必要的に刑が減軽される）は幇助の故意に、教唆の故意とは別の基準を置くことを要求する。教唆者は、ある一定の行為、とりわけある一定の行為結果を認識する。これに対して幇助者とは、正犯行為とは区別される関与行為を遂行する者である。幇助者は、必ずしも正犯行為を達成させようと努力しているわけではないが、自らの行為が犯罪行為の援助として受け取られることを知っており、少なくともこれに同意している。以上から、作為による幇助は、正犯に決定的な行為手段を故意に提供し、それによって意図的に、まさにその手段を用いることによって典型的な方法で援助された正犯行為が行われる危険を高めた者のみが、犯しうるものなのである」[44]。

　この基準を支持する論者として、ファールが挙げられる。上述の判例に対

---

[44] BGHSt 42, 135ff.

する評釈の中で、ファールは、幇助者が法律上認められない結果を発生させる機会を高めたこと（危険増加）が重要である、としている。そして、幇助者によってなされた関与を用いて、つまりそうした手段を使うことによって典型的な方法で援助された正犯行為が行われるであろうという危険が高まれば高まるほど、主観的側面への要求は少なくなる、と主張している[45]。

　「決定的な行為手段の提供」という認識を要求する見解は、幇助者による法益侵害の危険増加を問題にしているものと思われる。確かにこの見解は、幇助者の主観面において、自らの行為が、正犯にとって決定的な行為手段を提供することになるとの認識を要求しているが、一方で、決定的な行為手段を提供することになるかどうかは、客観的に見て法益侵害の危険が高まったかどうかを判断しなければ、行為手段の提供が決定的であるとはいえないであろう。したがってこの見解は、ファールの主張からも明らかなように、幇助犯としての故意の認定をより客観的に判断するものであると思われる。

　しかし、このような基準に対しても異論が出されている。例えば、タイレは、決定的な行為手段と決定的でない行為手段との区別づけに疑問を投げかけている[46]。タイレによれば、この基準に従うと、正犯行為という事象を詳細に認識しなければならないことになる。というのも、正犯行為に関する具体的に輪郭づけられた表象を抱いている場合にのみ、幇助者は、正犯の実行行為にとって幇助行為が実際に決定的であるか否かを判断することができるからである。その表象には、被害者に関する諸事情も含まれることになるが、幇助者はそのような諸事情を幇助行為時に表象しえないだろう、と指摘している[47]。こうした理由から、タイレは、幇助者が認識しなければならない正犯行為の内容について、刑法各則に規定された犯罪構成要件が正犯行為によって実現されるとの認識を有し、かつ、抽象的で直観的な表象内容 (der abstrakt-anschauliche Vorstellungsinhalt) を有していればよい、と提

---

(45)　*Christian Fahl*, Anforderungen an den objektiven und subjektiven Tatbestand der Beihilfe, JA 1997, S.14.
(46)　*Theile*, a.a.O. (Anm.7), S.137f.
(47)　*Theile*, a.a.O. (Anm.7), S.136f.

Ⅲ　正犯行為の要否　197

唱している[48]。

　また、ヴァルネケも「決定的な行為手段を提供する認識」という基準に対して、次のように批判している。この基準では、幇助者にいかなる構成要件が主観的に帰属されるのか明らかにならない[49]。例えば、幇助者が「おまえの問題を解決するために」と言って正犯に武器を提供する場合、故意の構成要件との関連性は欠如している[50]。それゆえ、正犯行為についての共犯者の表象が、ある特定の構成要件に関連していて、かつ、共犯者が自らの行為を通じて構成要件的法益に対する具体的危険を創出することを認識している場合には、故意が認められる、と主張している[51]。

　このように、幇助者の故意内容として要求される正犯行為の具体化の程度については、正犯行為の重要なメルクマールの認識、あるいは決定的な行為手段を提供する認識があればよいとする基準が広く支持されているものの、そうした基準に対しては一部の論者から異論が唱えられている状況である。では、この問題について、どのように考えるべきであろうか。

　その手がかりとなるのは、行動規範であると考える。というのも、先に論じたように、故意の認識対象は行動規範論における問題だからである。

　行動規範が内在する構成要件の故意規制機能から、故意の認識対象として構成要件に該当する諸事情に加えて、結果に至る因果性（危険性）も故意の内容に含まれることは先に示したが、このことをエルプは、幇助犯の成否を検討する中で、次のように述べている。幇助者の故意は、幇助として議論の対象となっている行動が正犯行為の成功に資することを幇助者が少なくとも容認している場合にのみ認められる。その際、故意は、結果が行為の帰結として何らかの仕方で発生する、ということに向けられていなければならない。より正確に言えば、結果もまた、行為者が表象している行為作用の仕方で発生しなければならない[52]。

---

(48)　*Theile*, a.a.O. (Anm.7), S.144ff.
(49)　*Warneke*, a.a.O. (Anm.7), S.110.
(50)　*Warneke*, a.a.O. (Anm.7), S.111.
(51)　*Warneke*, a.a.O. (Anm.7), S.141, S.176ff.

エルプのこうした考え方は、基本的に正しいと思われる。故意行為は、故意（行為）一般があれば直ちに認められるものではなく、傷害を故意的に志向する行為、殺人を故意的に志向する行為等として存在する。そして、殺人を志向する行為の場合、銃で射殺する故意行為、毒で中毒死させる故意行為等として問題となる。それゆえ、結果に至る因果性の認識が行為の内容であり、また、故意の対象となる。そうであるならば、幇助者の故意が認められるためには、幇助者は何らかの方法で結果が発生することを認識しなければならず、その方法を認識しうる程度に具体化された正犯行為を認識しなければならない。暗殺を計画している正犯に、拳銃を提供する者であれば正犯行為に関する認識として射殺行為の認識が、紐を提供する者であれば絞殺行為の認識が幇助者に要求されよう。したがって、ドイツの判例や通説が重要視している「正犯行為の重要なメルクマールの認識」や「決定的な行為手段を提供する認識」は、具体化の程度として適切ではないように思われる。

幇助者の故意内容としての正犯行為について留意しなければならないのは、現実に発生した正犯行為との相違である。現実に発生した正犯行為は、制裁規範論のレヴェルで問題となるものであり、時間的に事後的なパースペクティヴから一義的であるのに対し、前者の正犯行為は、事前的に認識可能な正犯行為に過ぎないため、決して一義的ではなく、択一的、概括的でありうる[53]。例えば、テロ行為を計画している正犯に金銭を提供する者は、正犯がその金銭を武器の購入に用いたり、逃走資金として用いたりすることを概括的に認識しているのが通常であろう。それゆえ、択一的であれ概括的であれ、幇助行為時に未必的すら認識していない正犯行為から結果が発生した場合には、因果経過の齟齬が問題となるだろう[54]。

---

(52) *Volker Erb*, Mord in Mittäterschaft—BGH, NJW 1991, 1068, JuS 1992, S.200.
(53) 増田・前掲註（25）239頁以下参照。
(54) Vgl. *Erb*, a.a.O. (Anm.52), S.200. シルトも、計画された幇助行為が、現実的にも計画された援助通りとなったことが必要である、と述べている。*Wolfgang Schild*, in: Urs Kindhäuser/Ulfrid Neumann/Hans-Ullrich Paeffgen (Hrsg.), Strafgesetzbuch, Nomos Kommentar, Band 1, 4.Aufl., 2013, § 27 Rn.18. 幇助犯における因果経過の齟齬事例については、本書第8章第3節を参照。

Ⅳ　まとめ

　本章では、故意行為こそが幇助犯の成立範囲を画する決定的な基準になるとの私見に基づき、幇助犯における故意の認識対象を検討した。検討によって得られた内容の中で重要な点を簡潔にまとめたい。
　幇助者に故意が認められるためには、まず、幇助者が、正犯を介して発生する法益侵害結果を表象していなければならない。そして、正犯行為に関する表象の要否については、次のように考えるべきである。すなわち、故意の認識対象が行動規範論の問題であり、結果に至る事前的な因果性が故意の認識対象となること、そのような事前的な因果性は、多くの場合、決して一義的ではなく、択一的、概括的でありうることを念頭に置かなければならない。幇助者にとって、正犯行為は結果に至る因果性の一部であることに鑑みれば、幇助者は、何らかの方法で結果が発生することを認識しなければならず、択一的であれ概括的であれ、その方法を認識しうる程度に具体化された正犯行為を少なくとも未必的に認識していることが要求される。したがって、こうした表象が認められない場合は、幇助犯の成立が否定されよう。
　それでは最後に、幇助行為と不可罰的関与行為は実際どのように区別されるのか、具体的な事例を参照しながら論じることにする。

第8章　幇助行為の可罰性と故意帰属

I　はじめに

　今日、幇助犯の罪責をめぐる問題では、いわゆる中立的行為（neutrale Handlung）が「流行のテーマ」[(1)]として取り上げられている。わが国でもウィニー提供事件を契機に議論が更に深化しており、とりわけドイツに倣って客観的帰属論の枠組みの中で解決を図る見解が支持を広げつつある。一例として、豊田兼彦は、ロクシンによって主張されている客観的帰属論の観点から混合惹起説を支持し、その理論を用いて解決しようと試みている[(2)]。また、松生光正は、中立的行為による幇助のように特殊な領域で行われる幇助行為を特に取り出して可罰性の有無を論じるためには、そのような行為の文脈を評価的に議論でき、処罰に結びつけることのできる客観的帰属論が適している、と述べてヤコブスの見解に一定の評価を与えている[(3)]。
　こうした趨勢を一瞥する限り、客観的帰属論によるアプローチが与えたイ

---

(1)　*Kristian Kühl*, Strafrecht Allgemeiner Teil, 7.Aufl., 2012, S.846.
(2)　豊田兼彦『共犯の処罰根拠と客観的帰属』（成文堂、2009年）31頁、164頁、172頁以下。
(3)　松生光正「中立的行為による幇助（2）」姫路法学31・32合併号（2001年）291頁以下。その他、客観的帰属論によって解決する立場に賛同する論者として、山中敬一「中立的行為による幇助の可罰性」関西大学法学論集56巻1号（2006年）118頁以下、安達光治「客観的帰属論―犯罪体系論という視点から―」川端博／浅田和茂／山口厚／井田良編『理論刑法学の探究①』（成文堂、2008年）84頁以下、照沼亮介『体系的共犯論と刑事不法論』（弘文堂、2005年）202頁以下、永井善之「『中立的行為による幇助』について」浅田和茂／川崎英明／葛野尋之／前田忠弘／松宮孝明編『刑事法理論の探求と発見　斉藤豊治先生古稀祝賀論文集』（成文堂、2012年）134頁以下等が挙げられる。

ンパクトは大きいと言えよう。しかし、客観的帰属論による結果帰属排除原理は、可罰的な幇助行為と不可罰的関与行為との限界を探る上でどれほど有用なのであろうか。共犯論において客観的帰属論を転用する意義について、まずは流行のテーマにスポットライトを当てながら考察を進める。さらに、幇助犯における因果経過の齟齬事例を引き合いに、客観的帰属論の限界も明らかにしたい。

Ⅱ　いわゆる中立的行為による幇助をめぐる議論

　従来、幇助犯をめぐる問題の関心は、主にその因果性に向けられていた。議論を振り返ると、幇助犯における因果性の性質（物理的因果性なのか、それとも心理的因果性なのか）や、条件関係の要否について検討されていたように思われる。しかし、こうした議論の下では解決できない問題が、いわゆる中立的行為による幇助の問題である。「中立的行為」[4]とは、行為それ自体は日常生活を送る中で一般的に行われているものの、具体的状況において法益侵害の客観的危険性が認められ、法益侵害結果との間に条件関係をも有する行為である。例えば、窃盗犯にねじ回しを販売する店主の行為や強盗犯を乗車させて目的地まで運転するタクシー運転手の行為等が想定されよう[5]。一見すると価値中立性を有するように思われるこうした行為については、当該行為者に法益侵害結果が帰属されうるのか、問題になっている。以下で述べるように、実際ペルーでは、強盗犯人を乗せたタクシー運転手の行為について判決が出されており、注目に値する。わが国では、ウィニー提供事件が、この問題の射程に入れられている。そこで、本格的な検討に入る前に、ウィニー提供事件を中心とした判例の論拠を確認したい。

1　ウィニー提供事件の概要
　（1）ウィニー提供事件に至るまでのわが国における判例の状況
　過去の判例を振り返ると、ウィニー提供事件が学界の注目を浴びる以前から、問題の射程に入れられうる事案がいくつか存在していた[6]。

好例として挙げる第一の事件では、印刷業者がいわゆるホテルの宣伝用小冊子（ピンクチラシ）を受注して作成することが、売春防止法6条1項に定められている売春周旋罪の幇助行為にあたるかどうかが争点となった。原審の東京地裁は「問題の印刷物が、違法な用途に供されることが一見して明らかなものであろうと、そうでなかろうと、被告人らに本件売春周旋幇助の故意が認められない限り、刑事責任を問うことはできない」としながらも、「故意の点を含め、犯罪成立要件をその他の点ですべて満たしている行為について、その行為が、ただ、印刷業者が一般営業ベースで注文を受けて行った印刷行為であるというだけの理由で、違法性が阻却され、免責される理由

---

(4) 「中立的行為」という表現は他にも「日常的行為」（Alltagshandlung）との表現が存在するが、このような表現に対して、ラッコーによれば、「日常性」は可罰的でない行動態様をあらかじめ包摂する定義であり、「中立性」という定義はある一定の行為に対する刑法上の評価を指しているのか特定の行為に対する一定の性質を指しているのか不明確であるとして、嫌疑なき行為（unverdächtige Handlung）と表現している。*Peter Rackow*, Neutrale Handlungen als Problem des Strafrechts, 2007, S.29ff. また、松宮孝明は、「中立的な行為・態度」との直訳は意味がわかりづらいとして、ありふれた行為であって、しかも大抵仕事として行われるという意味を込めて、「日常取引」と訳している。中山研一／浅田和茂／松宮孝明『レヴィジオン刑法1 共犯論』（成文堂、1997年）112頁。いずれにせよ、本書では、最も多くの論者が採用している「中立的行為」という表現を用いて検討を行うことにする。なお、石井徹哉は、そもそも「中立的行為による幇助」という問題設定について、幇助犯の成立要件として実質的意味を持ちうるのか、疑問を呈している。「中立的行為」であることを根拠にして何らかの形で成立要件を限定しようというアプローチは、中立性を判断する基準をいかに設定するのかという点で困難な問題に直面することになり、議論が錯綜していることを指摘して、結局のところ、幇助犯の基本的な成立要件に立ち返って、その処罰の可否を検討すべきである、と主張している。石井徹哉「いわゆる『デュアル・ユース・ツール』の刑事的規制について（下）」千葉大学法学論集27巻2号（2012年）230頁以下。「中立的行為」の可罰性判断については、本書も幇助犯の一般的な成立要件の中で検討すべきであるとの立場に基づいていることを明らかにしておきたい。
(5) Vgl. *Joachim Kretschmer*, Welchen Einfluss hat die Lehre der objektiven Zurechnung auf das Teilnahmeunrecht?, Jura 2008, S.268.
(6) 「中立的行為」という言葉自体は、すでに福岡県青少年保護育成条例事件（最大判昭和60年10月23日刑集39巻6号413頁）において、谷口正孝による反対意見の中で用いられている。

はない」と述べて、本件行為について売春周旋罪の幇助が成立するとした[7]。控訴審の東京高裁も、「幇助犯としての要件をすべて満たしている以上、印刷が一般的に正当業務行為であるからといって、売春の周旋に関して特別の利益を得ていないなど、所論指摘のような理由でその責任を問い得ないとは考えられない」として売春周旋罪の幇助を認めている[8]。ここで問われている印刷行為は、被告人がそれを業としていたことを踏まえると、いわゆる中立的行為の射程に入れられるだろう。

その後、次のような判例も登場した。この事件では、地方税法における軽油引取税の不納入罪を敢行した特別徴収義務者Aから軽油を購入した買主（被告人）について、Aの税不納入の意図を推知していたため、同罪の幇助犯となりうるかが問題になった。熊本地裁は、以下のように説示して幇助犯の成立を否定している。「被告人の供述の全趣旨を踏まえて検討するに、同人は、Aが軽油引取税を納入する意思がないまま販売していることを確定的に推知するに至ったと考えられる東洋化工の取引の際にも、別段Aらの犯行を幇助する意思で取引を開始したわけではなく、自己の取引上の利益を図るため、従前どおりAらから軽油を購入し続けることにしたに過ぎないと考えられる。被告人は、軽油販売の相手方となることによって、Aらの犯行を実現せしめる役割を果たしたわけではあるが、それはあくまで、被告人が自己の利益を追及する目的のもとに取引活動をしたことの結果に過ぎないと見るべきである」[9]。本件における被告人の関与行為も、取引活動の一部として理解できることから、議論の射程に入るように思われる。

いわゆる「中立的行為」というカテゴリーに属すると思われる事案は他にもいくつか見受けられるが[10]、少なくともここで挙げた二つの事案を見る限り、下級審は、中立的行為であることを理由に幇助犯の可罰性を一律に否

---

(7) 東京地判昭和63年4月18日判時1279号156頁。
(8) 東京高判平成2年12月10日判タ752号246頁。
(9) 熊本地判平成6年3月15日判タ863号281頁。
(10) 詳細は、豊田兼彦「Winny事件と中立的行為」刑事法ジャーナル22号（2010年）54頁以下参照。

定しているわけではなかった。こうした状況の中、ウィニー提供事件は、当該テーマについて初めて最高裁まで争われた事件として大きな関心の的になった。

(2) ウィニー提供事件の意義

そもそもウィニー（Winny）とは、インターネットにつながったパソコンの間でデータを交換し合うソフトの1つで、今日、音楽CDやDVD映画のコピー情報の交換に使われている。そのようなコピーのやり取りには著作権者の許可が必要だが、実際には許可を取らずにデータを交換し合っている者が多く、そのような行為は著作権法に基づく公衆送信権[11]の侵害にあたるとされている。そこで、先のような性質を持つウィニーをインターネット上に提供した行為について、公衆送信権侵害罪の幇助に該当するのか問題となったのが、ウィニー提供事件である。

有罪とした第一審の京都地裁は[12]、判断基準として次のように述べている。まずウィニーについて、「それ自体はセンターサーバを必要としないP2P技術の一つとしてさまざまな分野に応用可能で有意義なものであって、被告人がいかなる目的の下に開発したかにかかわらず、技術それ自体は価値中立的であること、さらに、価値中立的な技術を提供すること一般が犯罪行為となりかねないような、無限定な幇助犯の成立範囲の拡大も妥当でないことは弁護人らの主張するとおりである」と言及した。その上で「結局、そのような技術を実際に外部へ提供する場合、外部への提供行為自体が幇助行為として違法性を有するかどうかは、その技術の社会における現実の利用状況やそれに対する認識、さらに提供する際の主観的態様如何による」と明示している。本判決の注目すべき点は、違法性を判断するに当たって関与者の主観面を重視した点であろう。

これに対して、大阪高裁は第一審判決を破棄し、被告人を無罪とした[13]。その判断基準については、次のように述べている。すなわち、「一般に中立

---

(11) 著作権法23条1項参照。
(12) 京都地判平成18年12月13日刑集65巻9号1609頁。
(13) 大阪高判平成21年10月8日刑集65巻9号1635頁。

行為による幇助犯の成立につき、正犯の行為について、客観的に、正犯が犯罪行為に従事しようとしていることが示され、助力提供者もそれを知っている場合に、助力提供の行為は刑法に規定される幇助行為であると評価することができるが、これとは逆に、助力提供者が、正犯がいかにその助力行為を運用するのかを知らない場合、又はその助力行為が犯罪に利用される可能性があると認識しているだけの場合には、その助力行為は、なお刑法に規定する幇助犯であると評価することはできないというべきである」。そして、「価値中立のソフトをインターネット上で提供することが、正犯の実行行為を容易ならしめたといえるためには、ソフトの提供者が不特定多数の者のうちには違法行為をする者が出る可能性・蓋然性があると認識し、認容しているだけでは足りず、それ以上に、ソフトを違法行為の用途のみに又はこれを主要な用途として使用させるようにインターネット上で勧めてソフトを提供する場合に幇助犯が成立すると解すべきである」。控訴審の意義は、中立的行為に対する幇助犯の成否を正面から論じ、第一審で示された「提供する際の主観的態様」の基準をより具体化した点に見出すことができよう。違法行為をする者が出る蓋然性の認識や認容だけでは足りないと述べていることに鑑みれば、故意の特定性に関して、一般的に要求される程度よりハードルを高く設定しているようにも感じられる。

　もっとも、そのような故意の特定性に関する基準の相違が第一審判決と控訴審判決の結論に違いをもたらした、と理解するのはいささか早計であろう。事実認定に着目すると、ウィニーの社会における利用状況について、第一審では、「平成16年4月に社団法人コンピュータソフトウェア著作権協会（ACCS）等によって実施されたファイル交換ソフト利用実態調査によれば、……ファイル共有ソフトにより利用されているコンテンツのうち、著作権等の対象になり、かつ著作権者の許諾が得られていないと考えられるコンテンツは音楽ファイルで92パーセント、映像ファイルで94パーセント、ソフトウェアで87パーセントであった」と認定した。一方、控訴審では、第一審で証言した同協会の職員とは異なる職員の証言に基づいて、「平成19年9月28日から29日の調査によると、……著作権の対象となり、かつ、著作権者

の許諾が得られていないと推定されるものは、約47％」であり、「平成17年の調査によれば、Winnyのネットワーク上にあるファイルの120万件の調査の結果、著作権のある音楽のCD、あるいは映像のDVD等、市販の著作物のそのままのコピー、すなわち、著作物で、かつ、著作権者の許諾が得られていないと推測されるものは40％程度である」と認定した。控訴審では、ファイル共有ソフトによる著作権侵害の状況について、時期や統計の取り方によって調査結果に相当の幅がある点にも留意して、被告人を無罪とする結論を導いたように思われる。なお、問題とされた被告人の行為が平成14年から平成15年であることに鑑みれば、被告人の行為時に最も近い調査結果が第一審で認定されたものであることは指摘しておきたい。

　ともあれ、第一審判決と控訴審判決が結論を異にする中、最高裁は、被告人に幇助の故意が欠けるとして検察官の上告を棄却し、被告人を無罪とした[14]。価値中立ソフトと称されるウィニーの提供行為は、「ソフトの提供者において、当該ソフトを利用して現に行われようとしている具体的な著作権侵害を認識、認容しながら、その公開、提供を行い、実際に当該著作権侵害が行われた場合や、当該ソフトの性質、その客観的利用状況、提供方法などに照らし、同ソフトを入手する者のうち例外的とはいえない範囲の者が同ソフトを著作権侵害に利用する蓋然性が高いと認められる場合で、提供者もそのことを認識、認容しながら同ソフトの公開、提供を行い、実際にそれを用いて著作権侵害（正犯行為）が行われたときに限り」、著作権侵害の幇助行為に当たる、と述べた。その上で、「被告人による本件Winnyの公開、提供行為は、客観的に見て、例外的とはいえない範囲の者がそれを著作権侵害に利用する蓋然性が高い状況の下での公開、提供行為であったことは否定できない」としつつも、「被告人において、本件Winnyを公開、提供した場合に、例外的とはいえない範囲の者がそれを著作権侵害に利用する蓋然性が高いことを認識、認容していたとまで認めることは困難である」と認定した。

　最高裁決定は、控訴審判決で見られたような中立的行為に対する幇助犯の

---

　(14)　最決平成23年12月19日刑集65巻9号1380頁。

一般的成立要件を述べていないため、あくまで事例判断を示したものと思われる。もっとも、本決定においても幇助犯の成否に当たって行為者の主観が極めて重要な基準とされていることは、指摘できよう。その上で、本件被告人に対する幇助犯としての故意を特定する基準について、最高裁が控訴審で示された「ソフトを違法行為の用途のみに又はこれを主要な用途として使用させるようにインターネット上で勧めてソフトを提供する場合」との基準を採用しなかった点は、特筆に値すると思われる。

2　客観的帰属論の展開とその所見

(1) 遡及禁止説

これに対して、学説の多くは、客観的な見地から幇助犯としての可罰性を限界づけようとしている[15]。とりわけ以下では、客観的帰属論の枠内で解決を試みる見解に的を絞り、客観的帰属性を判断する基準について見ていきたい。

まずは、遡及禁止（Regreßverbot）の原則を持ち出す見解が挙げられよう。遡及禁止の概念については論者によって相違が見られるため、以下では、ヤコブスを代表とするアプローチとプッペを代表とするアプローチを区別して、それぞれ検討する。

前者のアプローチは、実際にペルー最高裁判所が下した判決の中でも登場している[16]。そこでまずは、この興味深い判決を紹介したい。

ペルーでは、タクシー運転手である被告人に加重強盗の共同正犯を認めた下級審判決に対して、2001年3月7日、最高裁判決が出された。最高裁に

---

(15)　実際、ハースは「幇助犯の客観的諸要件」という見出しの下で、中立的行為による幇助の議論を紹介している。*Volker Haas*, in: Holger Matt/Joachim Renzikowski (Hrsg.), Strafgesetzbuch, 2013, § 27 Rn.2ff. 近時、わが国でも、例えば林幹人は、ウィニー事件に対する最高裁の判断について、客観的に幇助犯の構成要件該当行為にはあたらないとした方が良かったのではないか、と述べて、被告人の行為が許された危険の範囲内かどうかを検討すべきである、と主張している。林幹人「共犯行為と故意―最高裁平成23年12月19日決定を契機として―」井田良／高橋則夫／只木誠／中空壽雅／山口厚編『川端博先生古稀記念論文集　上巻』（成文堂、2014年）791頁以下。

208　第8章　幇助行為の可罰性と故意帰属

よって認定された事実の概要によれば、1999年2月14日早朝、被告人は、タクシー運転手としての通常業務中に、被害者の家の近くを走っていた。その時、被告人は、見知らぬ客から乗車を頼まれた。二人が目的地に到着すると、客は被告人に、タクシーをガレージに入れるよう頼んだ。被告人がタクシーをガレージに入れたところ、その場所でタクシーを待っていた五人ほどが、さまざまな物を車の中に乗せた。そして彼らは被告人に、出発するよう命じた。しかし、走行して間もなく、タクシーは警察により呼び止められた。検察官による立会いの下での警察の尋問、裁判官による尋問、公判での証言等の証拠によると、被告人は、タクシーを家のガレージに入れた時に初めて彼らの犯罪的意図に気づいたが、そのような状況下で要求を拒むことはもはやできなかった、ということである。

　このような被告人に加重強盗の共同正犯が帰責されうるかを決定するに当たっては、まず被告人の行動を評価しなければならないが、その起点となるのは、当該行動が刑法上重要か否かである。そのことは、行為のコンテクストにおいて行為者が担う役割を特定することによって判断されうるが、その役割とは、代替可能な個人によっても担うことが可能な「規範的に輪郭づけられた地位の体系を意味するものである」(Vgl. *Günther Jakobs*, La imputación objetiva en Derecho penal, Übersetzt von Manuel Cancio Meliá, Verlag Grijley, Lima 1998, S.21)。この役割の限界を超えた場合に、当該事象は犯罪の担い手に客観的に帰属されうる。もっとも、複数の関与者によって可能となる犯罪行為において、関与者間の共働は決して無制限に認められるわけではない。なぜなら、社会的に相当な行為をする者は、他者の規範違反的な行動に対して責任を負わないからである。

　以上のことから、訴訟の中で認められた次のことは維持されうる。すなわ

---

(16)　ペルー最高裁判所2001年3月7日判決 (Revista Peruana de Doctrina y Jurisprudencia Penales 2, 2001, 693)。ペルー最高裁判所の判決は、川口浩一から、2009年度日本刑法学会関西部会夏期例会における共同研究「客観的帰属論と共犯論の関係」の中で紹介された。川口浩一「客観的帰属論と共犯の関係」刑法雑誌50巻1号 (2010年) 2頁参照。当該判決の独訳は、ミゲル・ポライノオルツ (Miguel Polaino Orts) による。

ち、被告人は、無罪であると判断されるタクシー運転手としての役割を果たしたにとどまり、その職務それ自体は加重強盗と決して等価値ではない。他方、被告人は行為遂行中、乗車した客の行為の違法性に関する認識を持っていたが、そのことから直ちに被告人の行為が構成要件に該当するわけではない。換言すれば、単なる認識は、当該行為の違法性を根拠づけるものではない。以上から判断すると、仮に被告人が当該犯罪行為に関与していたとしても、被告人はタクシー運転手としての職務を全うするにとどまっていたことが認められる。他の関与者の行動が規範違反であるにもかかわらず、その結果は遡及禁止に基づいて被告人に帰属されえず、当該被告人の行動は、刑法上重要であると判断することはできない。

　幇助犯ではなく共同正犯の成否が問われた事例ではあるが、概観したペルー最高裁判所判決の注目すべき点は、タクシー運転手の無罪を導く論理として、ヤコブスの文言を引き合いに出しながら遡及禁止の原則を明確に持ち出している点である。結論の当否はさておき、このような論拠は果たして支持されうるであろうか。

　ヤコブスは、古典的な意味によらない遡及禁止による解決を目指している。ヤコブスによれば、広義の意味における「関与」に対しては、他者によって客観的構成要件を充足する行動に故意または過失で共働する責任なき領域が存在する。この領域は、「関与者」が、それ自体害がなく日常的で、侵害経過において他者の計画の実現を通じて歪曲されるに過ぎない関与をなすことによって特徴づけられる。現実的な例として、ある者が、義務に従って債権者に債務を返済するものの、債権者が返済された金銭で犯罪の道具を調達することを知っている場合が挙げられる。「関与者」の中からそのような者を区別する論理は遡及禁止である。というのも、当該関与者は、確かに正犯による構成要件実現の継続を可能にしているものの、関与者自身からはまさに構成要件を実現する意味が与えられていないからである。こうした議論は許された危険の理論と同一である[17]。具体的には、パン職人がパンを

---

(17)　*Günther Jakobs*, Strafrecht Allgemeiner Teil, 2.Aufl., 1991, S.696ff.

販売する際、購入者がパンに毒を混入して来客に差し出すことを知っている場合でも、そのパン職人に故殺共犯の成立は認められない。もっとも、パン職人が、毒を隠す目的にしか役立たず、その目的以外には販売しえないパンを製作した場合、パン職人の責任が問われうる[18]。ヤコブスは、こうした二つの事例の取り扱いに違いが生じることを、関与行為の意味を客観的に捉えることによって説明している[19]。

客観的な行為の意味、あるいはコミュニケーションの社会的意味から帰属性ないし可罰性を判断するこのようなアプローチは[20]、ヤコブスに師事したペルーのカーロ・ジョンにも受け継がれている。カーロ・ジョンは、関与行為の可罰性を検討するに当たって、役割概念やその性質を詳細に論究している[21]。人間の行為は常に、社会のインターラクションにおいて、ステレオタイプである社会的に相当な役割（stereotyp-sozialadäquate Rollen）を充足することで、すなわち社会的なコンテクストの中で具体的になる[22]。役割に従って行動する者の行為は、それぞれの役割にあてられる規範的な期待が具体的・社会的な行為のコンテクストの中で充足される限り、客観的には常に中立的である。それゆえ、中立的行為は、客観的な見地から法的に保護される自由領域の枠内で行われ、そのような行為に対しては遡及禁止が妥当する。そして、当該関与行為が中立的であるかどうかを判断するに当たって重要なのが、当為連関である。もっとも、この当為連関は、単なる抽象的・潜在的な当為ではなく、純粋かつ具体的な刑法上の当為でなければなら

---

[18] *Günther Jakobs*, Regreßverbot beim Erfolgsdelikt Zugleich eine Untersuchung zum Grund der strafrechtlichen Haftung für Begehung, ZStW 89, 1977, S.27, Fn.83.

[19] *Günther Jakobs*, Akzessorietät, Zu den Voraussetzungen gemeinsamer Organisation, GA 1996, S.263f. 松宮孝明／豊田兼彦「ギュンター・ヤコブス『従属性―共同組織化の前提条件について―』」立命館法学253号（1997年）206頁以下参照。

[20] *Jakobs*, a.a.O. (Anm.17), S.699.

[21] *José Antonio Caro John*, Das erlaubte Kausieren verbotener Taten—Regressverbot, 2007, S.125ff.

[22] *Caro John*, a.a.O. (Anm.21), S.126.

ず、刑法上の当為の内容は、社会的なコンテクストを通じて明確に規定される(23)。

このように見てみると、ヤコブスのアプローチは、社会的なコンテクストを通じて客観的な観点から受け取ることのできる、関与者の行為の意味を重視していることがわかる(24)。しかし、ヤコブスが述べているように行為の意味づけは行為が存在している文脈に依拠するものであるとしても(25)、故意というものが純粋に主観的・内心的な要素ではなく、一定の社会的文脈を背景とする外部的行為と一体のものとして捉えられるべきであるならば(26)、行為の意味づけには関与者の故意も考慮されなければならない。そうだとすれば、行為の意味づけに関与者の主観面を考慮しないヤコブスらの見解は、一面的であるとの謗りを免れない。

これに対して、プッペのアプローチによれば、遡及禁止の原則は注意義務の決定に対するメタルールとして位置づけられ、そのメタルールは信頼の原則の中に認められる(27)。このように理解された遡及禁止が当てはまる重要な観点として、プッペは正犯行為の時期に着目している。犯罪行為が差し迫っていない場合、正犯は他の方法によって当該手段を入手することが可能であるため、一般的に入手可能な手段を正犯に提供することは許容される(28)。しかし、犯罪行為が差し迫っている場合は、実行行為が確実にまたは高い蓋然性をもって行われ、提供者がそのことについて知りうることを理由に、行為手段の提供は許容されない(29)。

このようにプッペは、いわゆる中立的行為による幇助の可罰性を判断する際、正犯が関与者による援助を別の方法でも得られたかどうか、すなわち仮

---

(23) *Caro John*, a.a.O. (Anm.21), S.130f.
(24) Vgl. *Günther Jakobs*, Theorie der Beteiligung, 2014, S.28ff.
(25) *Jakobs*, a.a.O. (Anm.19), S.264.
(26) 増田豊『規範論による責任刑法の再構築』(勁草書房、2009年) 268頁。
(27) *Ingeborg Puppe*, in: Urs Kindhäuser/Ulfrid Neumann/Hans-Ullrich Paeffgen (Hrsg.), Strafgesetzbuch, Nomos Kommentar, Band 1, 4.Aufl., 2013, Vor § 13 Rn.167ff.
(28) *Puppe*, a.a.O. (Anm.27), Vor § 13 Rn.173.
(29) *Puppe*, a.a.O. (Anm.27), Vor § 13 Rn.174.

定的因果経過を考慮している。仮定的因果経過を考慮する見解は、わが国でも例えば、島田聡一郎が主張している。島田は、広義の共犯の処罰範囲を限界づけるに当たって、中立的行為による幇助の事例を引き合いに出し、特殊なルールを用いて限界づけるよりも共犯の因果性あるいは結果帰属の観点からアプローチすべきである、と述べている[30]。そして、正犯行為による結果発生の蓋然性が、関与行為がなかった場合に比べて、相当因果関係が肯定される程度に高まっていた場合には現実に生じた結果についての危険増加が肯定され、結果帰属が肯定される、としている[31]。

仮定的因果経過を考慮する見解は、射程事例における関与行為の可罰性を客観的な因果性、あるいは客観的な結果帰属のレヴェルで解決するものである。しかし、このような解決方法には賛同し難い。仮定的因果経過を考慮することによって結果発生の蓋然性を判断するアプローチは、いわば確率論であり、客観的な結果帰属の判断基準として明確ではないからである[32]。また、仮定的な因果経過を考慮する中で正犯が別の方法で実行行為に出ることを想定する論拠に対しては、通常行動規範の名宛人は行動規範に違反しない者であることが刑事訴訟の前提とされている限りにおいて、正犯の側から見れば許されない推定を犯していると言えるのではないだろうか。

---

(30) 島田聡一郎「広義の共犯の一般的成立要件―いわゆる『中立的行為による幇助』に関する近時の議論を手がかりとして―」立教法学57号（2001年）76頁。

(31) 島田・前掲註（30）88頁、同『正犯・共犯論の基礎理論』（東京大学出版会、2002年）365頁。もっとも、ウィニー提供事件については、法秩序の統一性の観点から、民事法理論に基づく限り損害賠償責任が認められにくいのであれば、その限りにおいて刑法35条によって正当化を認めることは可能であるとして、違法性阻却によるアプローチを提唱している。島田聡一郎「Winny事件2審判決と、いわゆる『中立的行為による幇助論』」刑事法ジャーナル22号（2010年）65頁以下。違法性阻却や責任阻却を試みる見解は、すでにドイツで主張されている。Vgl. *Rackow*, a.a.O. (Anm.4), S.271ff.

(32) 仮定的因果経過を用いる見解に批判を向ける論者として、*Kai Müller*, Beihilfe durch wirtschaftliches Handeln, in: Festschrift für Hans-Ludwig Schreiber zum 70. Geburtstag, 2003, S.352f; *Rackow*, a.a.O. (Anm.4), S.159; 曲田統「日常的行為と従犯（2）―主にわが国における議論を素材にして―」法学新報112巻1・2号（2005年）452頁以下、山中・前掲註（3）98頁等参照。また、本書第6章第4節も参照。

(2) 相当性説

　遡及禁止の原則からアプローチするヤコブスの見解では、関与者の行為の意味が重要なメルクマールとされ、その意味づけを行う際にカーロ・ジョンは、役割にあてられる規範的な期待が充足されているかどうかを判断基準とした。このようなアプローチを前提としつつ、相当性の理論を取り入れて幇助犯の成立範囲を制限するのが、ヴォルフ・レスケである。わが国でも、松生光正が、ヤコブスやヴォルフ・レスケの見解を前提としている。松生は、行為が行われた具体的状況の中で通常的業務行為を逸脱していると見られない限り、幇助犯は存在しないと考えるべきである、と論じている[33]。

　ヴォルフ・レスケは、客観的帰属の観点から幇助犯の構成要件を捉え[34]、関与者による許されない危険の創出を判断する際、職業的役割（Berufsrolle）の超越に着目している[35]。その超越の有無の基準となるのが、職業的役割の相当性である[36]。この見解は、ハッセマーによって主張されている職業的相当性（professionelle Adäquanz）からのアプローチと関連しているため[37]、ここでハッセマーの見解にも目を向けたい。

　ハッセマーは、客観的帰属を制限する基準として社会的相当性（soziale Adäquanz）を出発点としている。もっとも、「社会的」というものは規範的ではないため、社会的相当性という基準をそのまま用いると規範を実際に具体化することができない。それゆえ、社会的相当性という基準から特定領域における相当性（regionale Adäquanz）、すなわち職業的相当性という基準に具体化すべきである[38]。そして、当該行為が社会において是認されている責務を果たし、職業上の行為規則など規範的要素を兼ね備えた規則を遵守している場合、幇助の可罰性は否定される、と主張している[39]。

---

(33)　松生・前掲註（3）294頁。
(34)　*Monika Wolff-Reske*, Berufsbedingtes Verhalten als Problem mittelbarer Erfolgungsverursachung, 1995, S.107f.
(35)　*Wolff-Reske*, a.a.O. (Anm.34), S.139.
(36)　*Wolff-Reske*, a.a.O. (Anm.34), S.143ff.
(37)　Vgl. *Rackow*, a.a.O. (Anm.4), S.210f.
(38)　*Winfried Hassemer*, Professionelle Adäquanz, wistra 1995, S.81.

ハッセマーによる職業的相当性という基準は、結果帰属の基準としてなお漠然としているように思われる。それにばかりか、ハッセマーは、問題となっている行為の二面性、すなわち当該行為には行為価値と行為無価値が並存していることを看過しているように思われる。確かに当該行為は、社会的に許容されている職業上典型的な行為ではあるが、他方で、個別的な状況の下で法益侵害の具体的・客観的危険性が認められる行為であり、そのような行為は刑法上禁止される場合があるのではないだろうか[40]。それにもかかわらず、先のように職業上関連する規則を遵守していれば直ちに結果の帰属性が否定されるのであれば、法益の保護という刑法の目的は著しく軽視されてしまうことになるだろう。刑法の目的に鑑みると、ハッセマーの見解には疑問を抱かざるをえない。

それゆえ、職業的に相当な役割の超越を判断基準とするヴォルフ・レスケの見解に対しても、ハッセマーに向けられた批判が妥当するだろう。さらに、ヴォルフ・レスケの見解は、前提とするヤコブスの見解に向けられる批判も受けることになるため、相当性説に依拠することは相当ではないと思われる。

(3) 利益衡量説

そこでレーヴェ・クラールは、中立的行為に行為価値と行為無価値が併存している点に着目し、両者を利益衡量する。

レーヴェ・クラールによれば、職業上典型的な行為を通じて発生した法益侵害結果に対する関与者の不可罰性を判断する際に重要なのは、関与者の行動と構成要件に該当する結果との間における客観的帰属の枠内で仮定的因果経過を考慮することである[41]。そして、包括的な評価と衡量が必要であるとして、ドイツ法学では憲法上の原理として位置づけられている比例の原則

---

(39) *Hassemer*, a.a.O. (Anm.38), S.82.

(40) Vgl. *Hero Schall*, Strafloses Alltagsverhalten und strafbares Beihilfeunrecht, in: Gedächtnisschrift für Dieter Meurer, 2002, S.107.

(41) *Oliver Löwe-Krahl*, Beteiligung von Bankangestellten an Steuerhinterziehungen ihrer Kunden—die Tatbestandmäßigkeit berufstypischer Handlungen, wistra 1995, S.205.

(Grundsatz der Verhältnismäßigkeit）を通じて関与者の不可罰性を導いている。すなわち、法益保護の利益と関与者による行為を遂行する利益との衡量を判断基準としている(42)。異なる状況の下で同様の援助を得ることができるような幇助者の関与行為は、対立する法益にとって相対的に危険ではない。このような場合は、正当な利益が優越しているため、行為の禁止を発動するのは相当ではないだろう、と述べている(43)。

こうした見解に対してラッコーは、単なる優越的利益の認定は刑法解釈の中心的原理ではないとして異論を唱えている(44)。もっとも、ラッコーの批判は必ずしも的を射ていないように思われる。比例の原則における相当性の原則（Grundsatz der Angemessenheit）は、前提とされた目的によって手段としての国家的行為がただ単に経験的に有用であるだけでなく、利益と不利益とを評価的観点から衡量して妥当・相当なものでなければならず、価値合理性の観点に対応するものである(45)。そして、行動規範の内容を縮小・限定するためには、刑法にとっての価値論的前提に整合するように規範内容を縮小・限定することが、この原則によって要請されている(46)。そうであるならば、刑法解釈学にとって相当性の原則は極めて重要であり、優越的利益の有無を相当性の判断基準として用いることは、比例の原則からも推奨されよう。

適切にもレーヴェ・クラールは、中立的行為がまず比例の原則のトポスから導かれる客観的危険性について問題となりうることを指摘している。確かに、行為価値と行為無価値が相殺されて当該行為が許容される場合は考えられうる。しかし、中立的行為であるとしても、それが個別的な状況の下で具体的・客観的に危険な行為として認められる場合があり、そのような行為について刑法上禁止することは、比例の原則にも違反しないだろう。その際、

---

(42) *Oliver Löwe-Krahl*, Steuerhinterziehung bei Bankgeschäften, 2000, S.38.
(43) *Löwe-Krahl*, a.a.O. (Anm.42), S.39.
(44) *Rackow*, a.a.O. (Anm.4), S.225.
(45) 増田・前掲註（26）170頁。
(46) 増田・前掲註（26）171頁。

次に問われるべきなのは、客観的帰属性の有無と共に、当該関与者が個別的な状況の下で具体的危険性（危険性を基礎づける事情）を認識していたか否かではないだろうか[47]。幇助犯については、故意犯に対してのみ固有の行動規範が発動されるのであり、過失幇助犯に対しては発動されない[48]。それゆえ、客観的帰属性が認められるとしても、直ちに幇助犯固有の行動規範を発動させてはならないだろう。

それゆえ、比例の原則を考慮するレーヴェ・クラールの見解は、それが客観的帰属論の枠内にとどまっている限り、不十分であると言えよう。

(4) 重大性説

客観的帰属性を判断する基準として、危険増加原理を参照する見解もある。この見解によれば、関与行為が正犯によって創出される許されない危険を著しく増加させた場合に、当該関与行為の可罰性が認められる。

ロガートによれば、因果性は幇助の可罰性に対する必要条件ではあるが十分条件ではない。幇助行為の可罰性を認めるためには、狭義の意味における客観的帰属というフィルターを通さなければならない[49]。すなわち、結果に対して因果的な幇助関与は、幇助者によって危険増加がもたらされる場合にのみ、幇助者に帰属される。もっとも、幇助者によって設定される危険は、偶然に実現されたものではなく、量的観点においても質的観点においても重大であるとみなされなければならない[50]。ロガートは、幇助者による関与を通じてもたらされる、法益侵害に向けたチャンスの増加（Chancensteigerung）が無視しえない場合、量的観点における危険増加の重大性が認められる、としている。その判断に際しては、個々の事例における全体的な事情、すなわ

---

(47) 増田豊によれば、比例の原則のトポスからは危険性（客観的に危険な事情）の認識ないし（個人的）認識可能性が行動規範侵害の合理的・個人的要件になる。というのも、客観的には危険な行為であっても、行動規範は行為者個人の認識や能力に訴えなければ、その規範目的を達成することができないからである。増田・前掲註（26）197頁以下参照。

(48) 本書第1章第4節を参照。

(49) *Stefan Rogat*, Die Zurechnung bei der Beihilfe, 1997, S.47.

(50) *Rogat*, a.a.O. (Anm.49), S.163.

ち正犯行為と幇助者の関与との時間的・場所的近接性が重要となるだろう。構成要件的結果を容易にしたり、その結果の実現を確実なものにしたりする幇助者の関与行為を通じて設定された危険の増加が些細なものである場合は、不可罰となる[51]。

　ミューラーも、ロガートと同様の判断基準を示している。幇助行為の因果性は、客観的帰属の基準によってさらに制限される必要がある。共犯者は、正犯行為に表れた結果不法の発生に対する許されない危険を創出しなければならない。それゆえ、正犯行為の成功という視点から、幇助行為を通じて（正犯行為の実現の）チャンスが著しく高まることが必要不可欠である、と述べている[52]。

　ヴァイゲントは、幇助者の可罰性を判断するに当たって、一般的に入手可能な供給物が通常存在する状態を超えて正犯行為に重大な援助をしたこと（wesentliche Förderung）を要求する[53]。例えば、ねじ回しや清涼飲料水、はしごやナイフを提供する行為は、提供する対象物が容易に入手されうることから、原則的には重大な援助とみなされない[54]。しかし、犯罪の実行に必要不可欠な対象物を入手するのに甚大な努力を要するもの、具体的には戦争兵器や麻薬等の提供行為、行為の遂行にとって特定の異常な性質を有する特別な製作物を提供する行為は、重大な援助と判断される。また、喧嘩をしている目の前で正犯にナイフを販売する行為も、行為の成功に必要不可欠であり、当該対象物が直ちに提供者の意図している通りに使われることになるため、重大な援助行為とされる[55]。

　関与行為の重大性や正犯行為が実現するチャンスの増加によって判断するこうした見解に対しては、重大性や見通しの増加をいかなる基準で判断するのかが不明確である、との批判が向けられよう[56]。また、先に検討したよ

---

(51)　*Rogat*, a.a.O. (Anm.49), S.103.
(52)　*Müller*, a.a.O. (Anm.32), S.354.
(53)　*Thomas Weigend*, Grenzen strafbarer Beihilfe, in: Festschrift für Haruo Nishihara zum 70. Geburtstag, 1998, S.208.
(54)　*Weigend*, a.a.O. (Anm.53), S.210.
(55)　*Weigend*, a.a.O. (Anm.53), S.211.

うに、幇助犯の因果性を危険増加原理に基づいて理解すると、幇助犯を具体的危険犯と捉えることにつながりかねない[57]。さらに、関与者が他者の犯罪に対してかなりの程度において重要な関与をもたらした場合でも、関与行為の態様が、弁護人による適切な法律上の助言等、ある一定の諸事情からすでに正当化される場合もある、との指摘も見られる[58]。このような事情を考慮すると、重大性説それ自体では、可罰的な幇助行為の領域を十分に制限することが難しく、別の基準に頼らざるをえないように思われる。

(5) 犯罪的意味連関説

客観的帰属論の下でも、主観的な基準を色濃く反映する見解が存在する。犯罪的意味連関説によれば、関与行為と正犯行為との間に犯罪的意味連関(deliktischer Sinnbezug)、すなわち関与行為と正犯行為との間に存在する機能的かつ特別な関連性が認められる場合には、許されない危険が当該関与行為によって創出されたと判断されうる。

犯罪的意味連関説の代表的な論者としては、フリッシュを挙げることができよう。フリッシュによれば、犯罪的意味連関が認められる行動態様とは、客観的に正犯行為を促進し、その行動の意味内容が他者の犯罪行動を可能にしたり容易にしたりする機能的な関連性を有しており[59]、行為時の状況や正犯とのコミュニケーション等から、犯罪の促進を志向する行為である[60]。このような犯罪的意味連関が否定される行為として、フリッシュは、日常生活における通常業務を挙げている。なぜなら、そのような業務行為は、犯罪的にのみ説明可能な特別の諸要素から解放されるだけでなく、その行為自体、合法的な「生活する」という状況との関連性からも十分な意味を有して

---

(56) *Wolfgang Wohlers*, Hilfeleistung und erlaubtes Risiko—zur Einschränkung der Strafbarkeit gemäß § 27 StGB, NStZ 2000, S.173.
(57) 本書第6章第4節を参照。
(58) *Wohlers*, a.a.O.(Anm.56) S.173; *Rackow*, a.a.O.(Anm.4), S.136.
(59) *Wolfgang Frisch*, Tatbestandmäßiges Verhalten und Zurechnung des Erfolgs, 1988, S.280; *ders.*, Beihilfe durch neutrale Handlungen, in: Festschrift für Klaus Lüderssen, 2002, S.544.
(60) *Frisch*, Beihilfe durch neutrale Handlungen, a.a.O.(Anm.59), S.545f.

Ⅱ　いわゆる中立的行為による幇助をめぐる議論　219

いるからである(61)。もっとも、ナイフが無条件で敵の生命を奪う目的で販売された場合、その販売行為は、身体への侵害あるいはナイフによる殺害の意味連関的な促進として理解されうることを理由に、犯罪的意味連関が認められる(62)。

　関与行為と正犯行為との特別な関連性を要求するアプローチは、ケラーにも採用されている。ケラーは、正犯行為との関連性を要求する根拠として、自己答責性原理を挙げている。外見上中立的な誘発的状況を創出した場合、自己答責性原理によれば、関与者への帰属として重要な基準は、（正犯によって意図された）法益侵害の惹起ではなく、（抽象的に危険な）行為への関与である。それゆえ、危険な意図が実現されることはないだろうと誘発者がみなしている場合でも、行為を支配しているのは正犯者なのであるから、誘発者も責任を負うことはありうる。こうしたことから、共犯者となるのは、第三者の行為に因果的に関与する者ではなく、客観的に行為と特別に関連する関与をなす者である(63)。ケラーによれば、正犯行為との関連性は、平均的な観察者にとって、関与という態様から犯罪の促進が認識可能である場合に認められる(64)。

　また、ランジークは、故意結果犯の場合、義務違反性が結果の客観的帰属のメルクマールに組み込まれ(65)、共犯の場合、その義務違反性のメルクマールは、共犯者と正犯者との関係、すなわちインターラクション関係（Interaktionsverhältnis）である、と主張している(66)。そして、日常的行為は客観

---

(61)　*Frisch*, Tatbestandmäßiges Verhalten und Zurechnung des Erfolgs, a.a.O. (Anm.59), S.297.

(62)　*Frisch*, Beihilfe durch neutrale Handlungen, a.a.O. (Anm.59), S.545.

(63)　*Rainer Keller*, Rechtliche Grenzen der Provokation von Straftaten, 1989, S.262.

(64)　*Keller*, a.a.O. (Anm.63), S.261.

(65)　*Andreas Ransiek*, Pflichtwidrigkeit und Beihilfeunrecht, wistra 1997, S.42; *ders.*, Neutrale Beihilfe in formalen Organisationen, in: Knut Amelung (Hrsg.), Individuelle Verantwortung und Beteiligungsverhältnisse bei Straftaten in bürokratischen Organisationen des Staates, der Wirtschaft und der Gesellschaft, 2000, S.96f.

(66)　*Ransiek*, Neutrale Beihilfe in formalen Organisationen, a.a.O. (Anm.65), S.97.

的な観点から幇助の可罰性と区別されるべきであるとして、可罰的な幇助と認められないグループとして次の三つを挙げている。一つ目は、関与行為が正犯行為を促進してはいるものの、当該関与行為が通常、正犯の基本的な生活の上で欠かせない場合である。二つ目は、関与者による関与行為がなかったとしても、正犯が同じような状況を手に入れることができたであろう場合である。三つ目は、犯罪目的など正犯行為との特別な関連性が欠如している場合である[67]。

犯罪的意味連関説の特徴は、「客観的」帰属論の限界を示唆している点にあるだろう。フリッシュは、出発点として客観的に判断すべきとする犯罪的意味連関が、結果犯における行動の構成要件該当性を示す要素であり、故意の中に包括されることを認めている[68]。すなわち、客観的な判断の限界を認め、最終的には故意が重要であることを認めてしまっているのである。ニーダーマイヤーが指摘するように、結局のところ犯罪的意味連関が幇助者の故意かつ従属的な法益侵害を表しているならば[69]、客観的判断に本来なじまない基準から客観的帰属を制限していると言えるだろう。

また、ケラーのように自己答責性原理を挙げるものの、関与者への帰属として法益侵害の惹起を必要条件としていないことには問題がある。というのも、こうした考えは、共犯の処罰根拠における惹起説とは相容れず、むしろ堕落説的不法共犯説に親和的になるからである[70]。

さらに、ランジークの見解に対しては、義務違反が果たして客観的帰属のメルクマールとなりうるのか、疑問の余地があろう。刑法以外の法規による義務が、刑法上の犯罪とどう関係し、どのように認定されるのか明らかではない、との指摘も存在する[71]。

---

(67) *Ransiek*, Neutrale Beihilfe in formalen Organisationen, a.a.O. (Anm.65), S.101ff.
(68) *Frisch*, Tatbestandmäßiges Verhalten und Zurechnung des Erfolgs, a.a.O. (Anm.59), S.285.
(69) *Harald Niedermair*, Beihilfe durch neutrale Handlungen?, ZStW 107, 1995, S.543.
(70) 本書第2章第2節を参照。
(71) 山中・前掲註(3) 80頁。また、*Hans Kudlich*, Die Unterstützung fremder Straftaten durch berufsbedingtes Verhalten, 2004, S.96ff. も参照。

もっとも、ロクシンのように、犯罪的意味連関を出発点としつつ[72]、さらに信頼の原則に基づいて、関与行為の可罰性を制限する見解も主張されている。一般的に信頼の原則は、道路交通やチーム医療等の分業的共同作業の場合に用いられているが、他者が故意による犯罪行為を行わないと通常信頼してよい場合、すなわち日常的行為の場合にも適用されるべきである、とロクシンは主張している[73]。日常的行為者が一般的な憂慮をしているに過ぎない場合、求められた援助をなしたり適法な行動を信頼したりしてはならないとすると、現代の社会生活はおよそ不可能になってしまうからである[74]。ねじ回し事例のように、いわゆる日常的行為による幇助が問題となる事例の多くでは、関与者は、正犯の犯罪決意を認識しているのではなく、自らの関与が犯罪に用いられる可能性を計算に入れているに過ぎず、そのような事案においては関与者に未必の故意による幇助が成立するかどうかが検討されるべきなのである。通常、それは信頼の原則によって否定される。すなわち、全ての者は、その推定が第三者の「犯行に至る明白な流れ」を越えない限り、第三者が故意による犯罪行為を行わないことを信頼してもよい[75]。ロクシンは、信頼の原則によって根拠づけられる許された危険に従って客観的構成要件への帰属が否定されるのであるならば、もはや故意については問題にする余地がない、と述べている[76]。すなわち、ロクシンの見解によれば、故意の前段階として、信頼の原則によって可罰的幇助行為の領域が制限されることになる。

しかし、ロクシンはこのような論理の限界を示唆している。すなわち、犯罪的意味連関の要件が、直接的故意をもって促進する構成要件的結果の惹起であることを明確に述べている[77]。未必の故意の事例では、関与者の故意は許されない危険に及んでおらず、関与者に法益侵害が欠如している、と主

---

(72) *Claus Roxin*, Strafrecht Allgemeiner Teil, Band II, 2003, S.207ff.
(73) *Claus Roxin*, Strafrecht Allgemeiner Teil, Band I, 4.Aufl., 2006, S.1072ff.
(74) *Roxin*, a.a.O. (Anm.73), S.1072; *ders.*, a.a.O. (Anm.72), S.215.
(75) *Roxin*, a.a.O. (Anm.72), S.214.
(76) *Roxin*, a.a.O. (Anm.72), S.215.
(77) *Roxin*, a.a.O. (Anm.72), S.216.

張する[78]。信頼の原則によって客観的帰属が否定されれば故意は問題にならないと述べながら、信頼の原則に一定の制限を働きかける際に単独犯の場合よりも高いハードルを要求する故意を基準として、結果の帰属性を判断しているのである。これは、信頼の原則による基準が貫徹されないことを表しているだろう。また、ロクシンのように未必の故意では幇助犯の成立が否定されると解すると、単独犯や正犯の場合には未必の故意でも犯罪が成立することとの整合性が問題となる。以上の理由から、ロクシンの見解に従うことも困難であると考える。

3 故意帰属の基準としての「故意的に創出された許されない危険な行為」

ここまで客観的帰属性の判断基準を見比べると、そもそも客観的帰属論自体がいかなる理論なのか、という根本的な問題が浮き彫りになるだろう。いずれにせよ、客観的帰属の概念が「法益侵害結果を構成要件に該当する許されない行動に、客観的に帰属すること」であるとするならば[79]、客観的帰属論によって解決を試みる見解は、いわゆる中立的行為が許された行為なのか、許されない行為なのかを判断するにとどまり、過失的に設定された危険創出行為か、それとも故意的に設定された危険創出行為かを問わずに結果帰属性を判断していると言えよう。なるほど、客観的帰属論が当該関与行為を客観的に判断し、それが危険な行為であるとしても、中立的行為であるがゆえに許された行為なのか、それとも許されない行為であるのか、という点に着目する限り、諸説の出発点はいずれも適切なものであると思われる。

しかし、許されない行為であると判断される限り、当該関与行為が故意行為であろうと過失行為であろうと、一律に帰属性が認められて幇助犯が成立するのであるならば、そのような論理は、故意既遂犯を拡大する方向へつながることになり、妥当ではない。故意行為は過失行為よりも高度な行為無価値を有するものであり、高度な不法を構成するものであるから、行為者を故

---

(78) Roxin, a.a.O. (Anm.72), S.215.
(79) Vgl. *Frisch*, Tatbestandmäßiges Verhalten und Zurechnung des Erfolgs, a.a.O. (Anm.59), S.570.

II いわゆる中立的行為による幇助をめぐる議論 223

意既遂犯として処罰するためには、故意的に設定された危険が法益侵害結果の中に実現されていることが要求されるべきである[80]。それゆえ、故意的に設定された危険創出行為と過失的に設定された危険創出行為を区別した上で、結果が故意に帰属されうるのかを判断することが決定的に重要であると考える。このような「故意帰属」の要件こそが、中立的行為による幇助の可罰性が問題となる事例において故意犯の成立範囲を制限する有効な基準となるのではないだろうか[81]。

　中立的行為による幇助の可罰性をめぐる問題の核心は、当該関与行為が故意による危険創出行為であるのか、過失による危険創出行為であるのか、それとも、そもそも許された危険創出行為であるのか、という点にある。そのため、まずは関与行為の客観的な危険性が検討され、危険性が認められた場合、当該関与行為による危険創出が故意的に設定されたのかを検討しなければならない。そして、故意的に設定された危険創出行為であると認められた場合、そのような危険創出行為から結果が実現したのか検討を要する。このようなプロセスからも示唆されるように、故意帰属性の有無を判断する際には、関与者の故意が極めて重要となるであろう。

　もっとも、関与者の故意に着目すべきであるとしても、幇助犯の故意に新たなグレードを求める見解が主張されている。例えばオットーは、職業上特殊な行為または相当な行為について、援助者が正犯行為を知らない場合、または未必の故意を具備しているが正犯行為を促進する意図を持っていない場合、可罰的な幇助構成要件は充足されない、と主張している[82]。同様に、わが国では曲田統が、不確定的故意に基づく促進的関与行為に危険増加行為の性質を肯定するのは妥当でない、と述べている[83]。これは、関与行為が

---

(80)　増田・前掲註（26）241頁以下参照。
(81)　故意帰属については、増田・前掲註（26）227頁以下参照。また、*Urs Kindhäuser*, Der subjektive Tatbestand im Verbrechensaufbau, GA 2007, S.464f. も参照。
(82)　*Harro Otto*, „Vorgeleistete Strafvereitelung" durch berufstypische oder alltägliche Verhaltensweisen als Beihilfe, in: Festschrift für Theodor Lenckner zum 70. Geburtstag, 1998, S.225.
(83)　曲田・前掲註（32）462頁。

中立的行為の場合には未必の故意では足りないとすることによって幇助犯の成立範囲を限定する見解であると言えよう。しかし、こうした見解に対しては、ロクシンの見解に対する批判の中でも言及したように、なぜ狭義の共犯に限って未必の故意では足りないのかを説得的に論証しなければならないように思われる。

　なお、制限的正犯者概念を過失犯にも採用するならば、過失共犯を処罰するためには、過失正犯と区別された過失共犯に関する規定を置くことが必要であろう。しかし、わが国の現行刑法にはそのような規定がないため、過失幇助は不可罰となる。それゆえ、自らの行為が正犯による法益侵害結果を援助することになるということを注意すれば知りえた場合、そのような関与者に故意既遂犯として結果を帰属させてはならないと考える。

Ⅲ　幇助犯における因果経過の齟齬事例

　幇助犯論において「故意帰属」が重要となる場面は、いわゆる中立的行為の事例に限られない。次のような事例を想定したい。

　　事　例：Xは、Yから「Aに焼きを入れたいので短い鉄パイプを貸してほしい」と依頼され、Yに鉄パイプを提供した。後日、Yがその鉄パイプをカバンの中に隠し持ってAの家を訪ねたところ、AはYを見るやいきなり包丁で襲ってきた。それゆえYは、自らの生命を守るため、持っていた鉄パイプでAに傷害を負わせた。Xにとって、YとAが犬猿の仲であることは知っていたが、まさかAに対する正当防衛の武器として鉄パイプが使われることなど、想像もしていなかった。

　この事例では、Yに正当防衛が認められる場合でもXに傷害罪の幇助犯が成立するか、問題となるだろう。その際、従来の議論によれば違法の相対性を容認してもよいかが主要なテーマとされ、質的従属性の程度をめぐって最小従属性説と制限従属性説の対立がクローズアップされることになる[84]。

しかし、幇助者にとって正犯行為も故意の認識対象である限り[85]、そもそもＸの認識したＹの行為と現実に行われたＹの行為との間に齟齬が生じている。そうであるならば、質的従属性の程度をめぐる論争以前に、幇助犯における因果経過の齟齬が問題となるのではないだろうか。幇助者の側から見れば、現実に行われた正犯行為は、広義の結果であると同時に最終的な法益侵害結果に至る因果経過の一部分でもあるからだ。

確かに、幇助者が志向している法益侵害結果と構成要件的には同一の結果が発生しており、その点では齟齬が生じていない。ＸとＹとの間にはコミュニケーション関係が存在し、Ｘの提供行為自体、傷害罪の幇助としての客観的危険性も認められよう。それゆえ、一括消去モデルに基づき、Ｘにも、傷害結果との間に条件関係の意味における因果関係が認定されうる。しかしＸは、鉄パイプが正当防衛の武器として使用されることについて全く想像していない。このように因果経過の齟齬が生じている場合、事前に認識していた法益侵害結果と齟齬が生じていないことを理由として、Ｘに傷害結果を帰属させることは可能だろうか。

因果経過の齟齬事例に対しては、相当説あるいは客観的帰属論に基づく解決方法が主張されている。以下では、こうした見解の当否を見極め、客観的帰属論の意義と限界を明らかにしたい。

1 客観的帰属論の意義と限界

例えば、因果経過のあり方についての錯誤は何ら故意を阻却するものではないと理解する山口厚は、因果経過の齟齬事例について、具体的法定符合説の立場から、行為者が認識・予見した事実と実際に生じた事実とが構成要件の枠内において重なり合う（符合する）場合に、その限度で故意を肯定する考え方を因果関係に適用すれば解決されうる、と主張する[86]。この立場からは、相当因果関係が認められる程度に主観と客観が符合すればよいことに

---

(84) 本書第2章第3節を参照。
(85) 本書第7章第3節を参照。
(86) 山口厚『刑法総論 第2版』（有斐閣、2007年）203頁、212頁。

なるだろう(87)。

　また、辰井聡子は、因果経過の齟齬事例を客観的帰属の問題として捉えている。辰井によれば、因果経過の認識・予見は故意を認めるための要件ではなく、結果の行為意思への帰属を確認するための要件である。したがって、通常の事案では予見可能性が、人の行為の介在の場合には同行為につき誘発等の関係が認められれば、結果の発生・不発生を行為者が意思的に左右することが可能であった、すなわち規範的には「左右した」ということであるから、当該結果は行為に帰せられるべきである、と主張する(88)。

　このような主張は、すでにドイツにおいて展開されている。ルドルフィーは、行為者の表象した因果経過との逸脱が重大でない事例において、因果経過を故意の構成要素と捉えるドイツの判例や通説が用いる判断基準、すなわち因果経過が予見可能性の枠内にとどまり、行為の別様な評価が正当化されない限り、その逸脱は刑法上重要ではない、とする判断基準に反対している。なぜなら、ドイツの判例や通説の判断基準は、因果経過それ自体が故意の対象であるとする誤ったテーゼに依拠しているからである。予見可能性の問題はまさに客観的帰属の問題であり、予見可能性がない場合、主観的帰属や因果経過に関する錯誤の重大性についてはもはや問題とならない、と論じている(89)。

　因果経過の齟齬事例の特殊類型として理解される打撃の錯誤（aberratio ictus）の事例を予見可能性の有無によって判断する相当説と結びつく法定的符合説（同価値説）も、同様の立場に位置づけられるだろう(90)。この見解によると、錯誤が予見可能であれば既遂が成立し、予見可能でない場合に

---

(87) 同様の見解を主張する論者として、西田典之『刑法総論 第2版』（弘文堂、2010年）227頁。

(88) 辰井聡子「因果関係論―解題と拾遺―」川端博／浅田和茂／山口厚／井田良編『理論刑法学の探究①』（成文堂、2008年）14頁以下。同様の見解を主張する論者として、山中敬一『刑法総論 第2版』（成文堂、2008年）348頁。

(89) Hans-Joachim Rudolphi, in: Systematischer Kommentar zum Strafgesetzbuch, Band I, Allgemeiner Teil, 7.Aufl., 2002, § 16 Rn.31.

(90) もっとも、打撃の錯誤として扱うべき事例については洗練する必要があろう。この点について、増田・前掲註（26）249頁以下参照。

は未遂のみが認められる。例えば、同価値説論者のヴェルツェルは次のように述べて、打撃の錯誤に関する事例を解決している。因果経過の細部まで人間がコントロールすることは不可能であり、人間は一般的な経過を制御しうるに過ぎない。それゆえ、相当性判断が大きな役割を果たすだろう。一般的な生活経験の枠内、要するに相当な惹起の枠内にとどまる因果経過の逸脱は、重要ではない。打撃の錯誤の事例においても、逸脱した事象経過が相当因果性の枠内にあり、惹起された結果が、意図していたものと構成要件的に等価値である場合には、故意既遂犯が成立する[91]。

確かに、因果経過の齟齬事例においては、すでに参照した諸説のように予見可能性ないし客観的帰属が問題となる事例が考えられよう。殺意をもった行為者に刺された被害者が、一命をとりとめて救急車で病院に運ばれる途中、救急車と乗用車の交通事故により死亡した、という事例においては、シュレーダーが述べているように、通常、行為者が現実の因果経過を認識していたかどうかについて問題とならないだろう。というのも、行為者による切実な願望が交通事故を引き起こしたのではなく、その願望は、せいぜい不慮の事故が重なった不能未遂を生じさせたに過ぎないからである[92]。

しかし、因果経過の齟齬事例全てを相当説や客観的帰属論によって解決できると捉える考え方は適切ではないと思われる。客観的帰属のカテゴリーでは、構成要件に該当する許されない行動と「客観的な」結果帰属との関係のみが問題となるのであるならば[93]、そこでは予見可能性が基準となるだろ

---

(91) *Hans Welzel*, Das Deutsche Strafrecht, 11.Aufl., 1969, S.73. 打撃の錯誤の事例についてドイツで通説となっている具体化説に反対し、客体の錯誤と同様に処理する見解として、*Puppe*, a.a.O. (Anm.27), § 16 Rn.95ff.; *Ulrich Schroth*, Vorsatz und Irrtum, 1998, S.100ff.; *Michael Heuchemer*, Zur funktionalen Revision der Lehre vom konkreten Vorsatz: Methodische und dogmatische Überlegungen zur aberratio ictus, JA 2005, S.277 を参照。

(92) Vgl. *Horst Schröder*, in: Burkhard Jähnke/Heinrich Wilhelm Laufhütte/Walter Odersky (Hrsg.), Strafgesetzbuch, Leipziger Kommentar, 11.Aufl., 2003, § 16 Rn.29. ドイツでは、わが国のように不能未遂が必ず不可罰とされるわけではない。

(93) Vgl. *Frisch*, Tatbestandmäßiges Verhalten und Zurechnung des Erfolgs, a.a.O. (Anm.59), S.570.

う。そうだとすると、行為者が行為当時に予見可能であったものの認識していない（事前的）因果性が実現した場合、因果経過に齟齬が生じていることになるが、客観的帰属論によれば、予見可能性が認められる限りで故意既遂犯としての結果帰属を認めることになる。故意犯における結果帰属の要件を過失犯における結果帰属の要件にまで緩和する手法は、構成要件該当性を規範違反性と捉える規範論と決して調和することなく、故意既遂犯の成立範囲を肥大化させることにつながるだろう。

また、わが国で主張されている相当説の中でも客観説を支持すると、行為当時に存在した事情は全て考慮されることにより、行為当時に存在した異常な事態が行為者に認識不可能であっても因果関係全体は相当性がある、ということになる。行為者が行為当時に認識不可能であるにもかかわらず、相当性が認められて故意既遂犯の可罰性が肯定されるのは、極めて問題があるように思われる[94]。

もっとも、客観的帰属の「客観的」は、評価主体の客観性・第三者性を意味しているに過ぎず、客観的要素・主観的要素いずれを含めても客観的帰属論であるならば[95]、先の批判は回避されうるかもしれない。実際、このような理解に基づくロクシンによれば、因果経過の齟齬事例では結果の故意への客観的帰属が問われる、と表現している[96]。しかし、このような理解に基づくと、客観的帰属論がスーパーカテゴリーであるとの批判にどのように答えるのか、という新たな問題が浮上するだろう[97]。

---

(94) 内藤謙『刑法講義総論（下）I』（有斐閣、1991年）952頁以下、中山研一／浅田和茂／松宮孝明『レヴィジオン刑法3　構成要件・違法性・責任』（成文堂、2009年）376頁参照。

(95) このように捉える者として、わが国では松宮孝明が挙げられよう。中山／浅田／松宮・前掲註（94）83頁。

(96) *Roxin*, a.a.O. (Anm.73), S.515.

(97) Vgl. *Frisch*, Tatbestandmäßiges Verhalten und Zurechnung des Erfolgs, a.a.O. (Anm.59), S.22. また、山本高子「フリッシュ、ヴォルターの客観的帰属論」中央大学大学院研究年報39号法学研究科篇（2009年）209頁以下も参照。

2　故意帰属の基準としての「故意的に創出された許されない危険の実現」

　そうであるならば、因果経過の齟齬事例では、客観的帰属が問題になるとともに、それとは異なる「故意帰属」、すなわち結果の故意への帰属が問題となる、と理解すべきではないだろうか。故意帰属は、決して客観的帰属と二者択一の関係にあるわけではない。客観的帰属のカテゴリーでは構成要件に該当する許されない行動と客観的な結果帰属との関係が問題となる一方、故意帰属のカテゴリーでは、故意ないし過失と主観的な結果帰属との関係が吟味される[98]。言い換えれば、故意帰属のカテゴリーでは第一に、行為者によって「故意的に」設定された危険があるか否かが問われ、故意的に設定された危険があると認められた場合、第二段階として、故意的に設定された危険が結果の中に実現されているか否かが検討されるのである。故意帰属性の有無がいわゆる中立的行為による幇助の可罰性が争われる事例でも問題となることはすでに前節で論究したが、中立的行為の事例では、故意帰属性判断における第一段階、すなわち、中立的行為を行った関与者が故意的に危険を設定したのかが問題となるのに対して、因果経過の齟齬事例では、故意帰属性判断における第二段階が最も問題になると言えよう。

　こうした理解を前提にするならば、因果経過の齟齬事例は次のように処理されると考えられる。まず、事実上の因果経過について、行為者が予見可能であったか否かが問題となる。予見可能性、つまり客観的帰属性が認められない場合は、発生した結果に対する故意既遂犯が成立せず、過失犯の成立も否定される。客観的帰属性が認められた次の段階では、危険が故意的に設定されたのかが問題となる。設定された危険行為の中に確定的故意あるいは特定された故意が認められず、未必的、択一的、概括的故意も認められない場合は、過失犯の成否が問題となる。何らかの形であれ故意が認められた場合、故意的に設定された危険が結果の中に実現されたと言えるか否かが、さらに問題となる。因果経過に齟齬が生じている場合は、故意的に設定された危険が結果の中に実現されたとは言えないだろう。その場合は、結果の故意

---

(98)　Vgl. *Frisch*, Tatbestandmäßiges Verhalten und Zurechnung des Erfolgs, a.a.O. (Anm.59), S.570.

への帰属が否定され、未遂犯の成否が問題となる。したがって、故意的に設定された危険行為が認められる以上、故意自体が阻却されることは決してないのであり、故意既遂犯としての可罰性が阻却されるため未遂犯の成否が問われるとともに、発生した結果については過失犯の成否が考慮されることになる。

　こうした故意帰属の観点から本節の冒頭に挙げた事例を検討すると、Yの正当防衛行為によるAの傷害結果、すなわち傷害結果に至る因果経過がXにとって予見不可能であれば、そもそも故意帰属性を論ずる以前に、傷害結果のXへの客観的帰属性は否定されることになるだろう。しかし、YとAが犬猿の仲であることを知っていたとすれば、傷害結果に至る因果経過を予見することがXにとって可能である場合も想定されよう。その場合、客観的帰属性は肯定されうる。その上で、故意帰属性を検討すると、Xは幇助行為時に、提供した鉄パイプが正当防衛の武器として使用されることを全く認識していなかった。それゆえ、故意的に設定された危険が結果の中に実現していないため、被害者の傷害結果をXの故意に帰属することはできないだろう。幇助犯に対しては未遂処罰がなく、過失幇助に関する処罰規定も存在しないと理解する立場を前提とすれば、Xは不可罰となるように思われる。

Ⅳ　まとめ

　本章では、共犯論における客観的帰属論について、いわゆる中立的行為による幇助の事例や因果経過の離齬事例を引き合いに出しながら、幇助犯の可罰性を判断する基準として不十分であることを明確に示して、故意帰属性の検討が決定的に重要であることを主張した。もっとも、故意帰属の重要性を提唱する本書は、客観的帰属性の検討が不要であることを主張するものではない。共犯論においても客観的帰属性が問題となる事例は想定されうる。例えば、殺意を抱いている正犯に竹刀を販売し、その正犯に当該竹刀で殴られて重傷を負った被害者が、運ばれた病院で未曾有の大震災に遭遇して死亡した、という事例においては、竹刀を販売した店員への故意帰属の問題以前

Ⅳ　まとめ

に、予見しえない因果経過が存在しているため、販売行為への客観的帰属性は否定されることになる。しかし、共犯者が因果経過を予見しうる場合、結果帰属の重要な判断基準となるのは客観的帰属ではなく、故意的に設定した危険創出行為と過失的に設定した危険創出行為を区別した上で、正犯によって発生した結果を関与者の故意に帰属しうるか否か、すなわち故意帰属であると考える。

　いわゆる中立的行為による幇助の事例では、故意帰属性判断における第一段階、すなわち、中立的行為を行った関与者が故意的に危険を設定したのかが問題となるのに対して、因果経過の齟齬事例では、故意帰属性判断における第二段階が最も問題になると言えよう。前者については、客観的帰属論を主張する論者から、単に故意があれば故意犯が成立するだけのことである、という批判が想定される。そのような批判を向ける論者は、故意と過失に共通する帰属性が認められれば幇助の不法は存在するものの、故意が存在しないために幇助犯が不成立になると解しているように思われるが、私見によれば、客観的帰属が認められたとしても帰属性は完全に認められたことにならない。故意の有無を検討し、故意が認められ、その故意が結果の中に実現されていた場合に初めて、結果の帰属性が完全に認められることになる。帰属性判断が客観的帰属論の下で行われるにとどまる限り、故意行為と過失行為の不法の相違は無視ないし軽視されてしまうことになるのではないだろうか。また、幇助犯における因果経過の齟齬事例については、予見可能性を基準として結果を行為に客観的に帰属しうるかが問題となるが、さらに、幇助者の故意内容が正犯結果の中に実現され、結果を幇助者の故意に帰属しうるかをも検討しなければならないことを強調したい。行動規範論に基づく幇助犯の不法を明らかにするためには、故意帰属性まで検討することが重要である。

終　章

　本書では、いかなる場合に幇助犯が成立するのか、というテーマの下、共犯の基礎理論を再検討し、幇助者によって行われる故意行為、とりわけ幇助者の故意内容が、その成否を左右する決定的な基準となりうることを提唱した。最後に、本書で得られた結論について確認したい。

1．刑法における行動規範が行動の自由の保障に資することから、まず第1章では、幇助行動規範とはいかなるものかを検討した。そもそも共犯概念を認めない統一モデルも提唱されているが、そのモデルも直接正犯との従属性を暗黙のうちに認めていること等からすると、やはり共犯概念を認めて正犯概念と区別する、区別モデルを採用すべきであろう。区別モデルの内部では、正犯者概念の理解をめぐって、拡張的正犯者概念と制限的正犯者概念が対立しているが、刑罰権の謙抑性の観点から制限的正犯者概念に基づくのが妥当である。制限的正犯者概念によれば、幇助行動規範は、正犯行動規範とは異なる固有の規範であると考えられる。もっとも、その存在は、刑法各則の正犯規定と刑法総則の共犯規定によって初めて認められる。したがって、正犯行動規範の存在が前提となる幇助行動規範は、二次的・補充的な規範であり、その限りで行動の自由に一定の制限を加えるものである、と捉えられるだろう。なお、制限的正犯者概念は、故意犯の領域のみならず、過失犯の領域においても貫徹されるべきである。

2．幇助行動規範や幇助制裁規範が二次的な規範であり、二次的に法益保護に資するとしても、幇助犯はいかなる根拠で処罰されるのだろうか。第2章では、その処罰根拠について論究した。わが国でも通説的地位を占めている混合惹起説（従属的法益侵害説）や従属性指向惹起説（いわゆる修正

惹起説)は、純惹起説を修正する見解であるが、それらは責任主義に反するとの批判が当てはまるだろう。純惹起説は、その理念が正当であるとしても、制限的正犯者概念と相容れない正犯なき共犯を認めることになるため、制限的正犯者概念と整合性を有する形で純惹起説を修正すべきである。そのような見解が、惹起志向説である。惹起志向説によれば、幇助犯の処罰根拠は、法益侵害結果の惹起を志向する行為に求められる。そして、共犯従属性の体系的地位は、責任主義の観点から、不法に位置づける(処罰根拠と捉える)通説とは異なり、処罰条件として理解するのが適切であると考える。このように考えれば、制限従属性説からも違法の相対性を認めることができよう。

3. これらの基礎理論に基づいて、共同正犯と幇助犯の区別基準を第3章で検討したが、その際、共同正犯と幇助犯はそれぞれ行動規範が異なることを想起しなければならない。コミュニケーション事象(関係)である共同正犯の成立に際しては、各則に規定された内容に関する双方向の自律的な決断が要求される。具体的に述べれば、共同正犯は、各則の構成要件に該当する行為を実行するかどうか、そのような実行行為をどのように形成するかについて、他の関与者と双方向でありながらも自律的に決定する場合に認められよう。これに対して、幇助犯も確かにコミュニケーション事象ではあるが、そのような自律的な決断は存在せず、総則に規定された内容、すなわち幇助行為に関する自律的な決断が存在するにとどまる。したがって、関与者に認められる自律的な決断の内容に着目すべきであるが、それは真正の故意ではない事前の故意である場合も考えられるため、真正の故意行為、すなわち「実行行為に内在する構成要件的故意」が、共同正犯と幇助犯を区別する適切な基準となりうる。

4. 共謀共同正犯も実行行為を行う者であることは、第4章で論証された。確かに判例理論や通説によれば、共謀者は実行行為を行わない者であると理解されているが、共謀行為が実行行為と別物であるとしながら共謀者に

共同正犯としての罪責を認めようとする論拠は、罪刑法定主義に反する。もっとも、強固な共謀が成立すれば、共謀者の間で犯罪実現を相互に拘束し合う、ある種の規範的な関係あるいに連帯関係が構築され、直接行為への「推進力」が間接正犯における利用行為と同程度にまで強化されるという面が見て取れる。そのような場合には、共謀行為自体も、法益侵害に対する具体的・直接的危険性を有する共同正犯の実行行為そのものとして、極めて限定的ではあるが、理論的に認められよう。事前共謀は、まさに離隔犯の構造を有し、承継的共同正犯の裏返しと言えるのではないだろうか。したがって、共謀共同正犯と幇助犯を区別する際にも「実行行為に内在する構成要件的故意」が有効な基準となりうる。

5．承継的共同正犯も、第5章で行動規範論に基づいて検討すると、実行行為を行わない共謀共同正犯と共に否定されるべきである。これに対して、いわゆる承継的幇助、すなわち加担前の事象を含めた全体事象に対する幇助犯は、幇助行為のプロトタイプではないものの、後続行為者が正犯行動規範の射程内である実行行為の途中に参加した場合であれば成立しうる。こうした帰結は、コミュニケーション事象がいつ生じたか、という基準に支えられている。先行行為の時点でコミュニケーション関係が構築されていれば、そうした関係が解消されない限り、共同正犯としての真正の故意は存在する。しかし、後続行為の時点で初めてコミュニケーション関係を構築した場合には、正犯としての構成要件的故意は、後続行為に関する部分しか認められない。もっとも、そのような場合でも全体事象に対する幇助犯としての構成要件的故意は認められうる。正犯行為の予備段階でプロトタイプの幇助行為を行う場合でも、実行行為の途中で行う場合でも幇助犯としての故意が認められることに鑑みれば、正犯行為の一部を行う後続行為者に、全体事象に対する幇助犯としての故意を認めても差し支えないだろう。

6．幇助犯における因果関係の意味をめぐっては、条件説の意味で捉えるこ

とに従来から否定的な態度が示されてきた。それは、幇助犯の因果関係を同時犯と同様の仕方で個別に認定することを前提としていたため、袋小路に迷い込んでしまったからであろう。しかし、第6章において幇助犯の因果性を検討したところ、一括消去モデルに基づいて、なお条件関係を要求すべきであるように思われる。共同正犯の趣旨である一部実行全部責任の法理を振り返れば、複数人の行為を一括して因果の起点とすることが認められている。行為態様によって共同正犯と幇助犯が区別されるのであれば、幇助犯の場合でも、幇助行為と正犯行為を一括して因果の起点とすることが認められるはずである。これは、幇助者の行為無価値が必ずしも正犯の行為無価値と同時に成立するわけではないのに対して、幇助者の結果無価値（事態無価値）が正犯の結果無価値（事態無価値）と同時に成立する、という理解にも整合する。幇助犯の因果性を危険増加原理によって捉えようとする見解は、幇助犯を危険犯と捉えることにつながりかねない危険性を孕んでいるため、妥当ではない。

7．ところで、「実行行為に内在する構成要件的故意」は、共同正犯と幇助犯を区別する基準のみならず、可罰的な幇助行為と不可罰的関与行為を区別する基準としても適切である。両者の最も顕著な相違点は構成要件該当性の有無であり、構成要件が故意規制機能を有することに鑑みれば、関与行為に内在する行為者の表象によって、当該関与行為が幇助構成要件に該当するか否かを判断することができるからである。そこで第7章では、幇助犯の成立に必要不可欠な故意の認識対象について探究した。幇助犯の処罰根拠を惹起志向説に求めるならば、幇助犯が成立するためには、幇助者が法益侵害結果を認識していなければならない。志向対象としての法益侵害結果に向かう危険性（因果性）の認識が行動規範論の問題であることに鑑みれば、幇助者にとって因果性の一部と考えられる正犯行為も、故意の認識対象となる。志向対象としての正犯行為は事前的に認識可能なものであるため、未必的、択一的、概括的な認識でよい。総じて、幇助犯が成立するためには、結果発生の方法として具体化された正犯行為の表象が認め

8．こうした区別基準を基に、幇助犯と不可罰的関与行為の区別が問題となる具体的な事例を第8章で取り上げた。その結果、客観的帰属論は、幇助犯の成否を限界づける上で不十分であることが明らかになった。本書では、客観的帰属性に加えて故意帰属性の有無をも検討すべきであることを提唱した。すなわち、第一段階として、当該行為が許された行為であるのか、それとも客観的帰属性を有する許されない行為であるのかを検討し、後者であるとすれば当該行為が「故意的に」設定された危険な行為か、「過失的に」設定された危険な行為か、その点まで見極めるべきである。当該行為が故意的に設定された危険な行為であるとすれば、第二段階において、そのような危険が結果の中に実現されているかどうかを判断すべきである。

9．いわゆる中立的行為による幇助の事例は、故意帰属性を検討するプロセスの第一段階が問題となる事案である。近時有力に主張されている客観的帰属論は、当該関与行為が許された危険創出行為であるか否かを問う限りでは着眼点として適切なものの、それが故意的に設定されたのか、それとも過失的に設定されたのかを帰属論の中で検討しないため、不十分なのである。そのような客観的帰属性に加えて、いわゆる中立的行為が過失的に設定された行為なのか、それとも故意的に設定された行為なのか、その点まで検討すべきである。幇助犯の場合も、未必の故意で足りる。故意的な設定が認められず、過失的な設定にとどまる場合は、結果を過失に帰属しうるとしても、過失幇助の行動規範が存在しないため、不可罰となる。ウィニー提供事件最高裁決定では、被告人に幇助の故意が欠けるとして検察官の上告を棄却し、被告人を無罪としたが、当該決定における理論の方向性は、幇助者の故意内容が決定的に重要な問題であると主張する本書の問題意識と軌を一にすると言えよう。

10. 故意帰属性を検討するプロセスの第二段階が問題となる事案は、幇助犯における因果経過の齟齬事例が考えられよう。確かに、因果経過の齟齬事例においては、予見可能性ないし客観的帰属性の有無も問題となる。しかし、客観的帰属論にとどまる限り、故意犯における結果帰属の要件が過失犯における結果帰属の要件にまで緩和されることになるため、妥当ではない。客観的帰属性に加えて、さらに故意帰属性の有無、すなわち、幇助者の故意内容が正犯結果の中に実現され、結果を幇助者の故意に帰属しうるかをも検討する必要がある。故意帰属論を展開する本書が客観的帰属論に基づく判断基準を不要と解しているわけではないことは、改めて付言しておきたい。なお、故意的に設定された危険な行為が認められ、因果経過に齟齬が生じて故意的に設定された危険が結果の中に実現しなかった場合、故意が阻却されることは決してなく、故意既遂犯としての可罰性が阻却されるため未遂犯の成否が問題になると共に、発生した結果については過失犯の成否が考慮される。もっとも、幇助犯の場合は過失幇助に関する処罰規定が存在しないため、過失幇助犯は成立しないと考えられる。

参考文献一覧

1　邦語文献

相内信「故意ある幇助的道具の問題」金沢法学23巻1・2号（1981年）
青井秀夫『法理学概説』（有斐閣、2007年）
浅田和茂「因果関係の錯誤」内藤謙／芝原邦爾／西田典之編『刑事法学の課題と展望 香川達夫博士古稀祝賀』（成文堂、1996年）
—「共犯論覚書」中山研一先生古稀祝賀論文集編集委員会編『中山研一先生古稀祝賀論文集 第三巻 刑法の理論』（成文堂、1997年）
—『刑法総論 補正版』（成文堂、2005年）
—「共犯の本質と処罰根拠―川端説を契機として―」井田良／高橋則夫／只木誠／中空壽雅／山口厚編『川端博先生古稀記念論文集 上巻』（成文堂、2014年）
—／斉藤豊治／佐久間修／松宮孝明／山中敬一編『刑法各論 補正版』（青林書院、2000年）
安達光治「共同正犯と幇助の区別 自動車の側面に跳ね上げられた被害者を、走行中故意に路上に転落させた同乗者について（連邦裁判所第4刑事部1962年6月15日判決）」法学ジャーナル70号（2001年）
—「客観的帰属論―犯罪体系論という視点から―」川端博／浅田和茂／山口厚／井田良編『理論刑法学の探究①』（成文堂、2008年）
阿部力也「承継的共同正犯について―部分的肯定説の再検討」井田良／高橋則夫／只木誠／中空壽雅／山口厚編『川端博先生古稀記念論文集 上巻』（成文堂、2014年）
A・カウフマン（上田健二訳）『法哲学 第2版』（ミネルヴァ書房、2006年）
石井徹哉「共同正犯に関する一考察」西原春夫先生古稀祝賀論文集編集委員会編『西原春夫先生古稀祝賀論文集 第2巻』（成文堂、1998年）
—「いわゆる『デュアル・ユース・ツール』の刑事的規制について（下）」千葉大学法学論集27巻2号（2012年）
井田良『刑法総論の理論構造』（成文堂、2005年）
—『講義刑法学・総論』（有斐閣、2008年）
伊東研祐「特別背任罪における正犯性―非身分者による共犯の成否―」板倉宏博士古稀祝賀論文集編集委員会編『現代社会型犯罪の諸問題』（勁草書房、2004年）
—『刑法講義 総論』（日本評論社、2010年）
—『刑法講義 各論』（日本評論社、2011年）
—／高橋則夫／只木誠／増田豊／杉田宗久『法科大学院テキスト 刑法各論』（日本評

論社、2008年）
井上宜裕「正犯と共犯の区別」清和法学研究11巻2号（2004年）
植田重正『共犯の基本問題』（三和書房、1952年）
―「承継的従犯について」関西大学法学会編『岩崎教授在職三十五年記念論文集』
　　（関西大学人文科学研究所、1958年）
上野幸彦「幇助犯における因果連関と客観的帰責」日本法学70巻3号（2004年）
内田文昭「幇助の因果性」判例タイムズ717号（1990年）
―『改訂 刑法Ⅰ（総論）補正版』（青林書院、1997年）
内田幸隆「背任罪の共犯―不良融資における借り手の刑事責任―」季刊 企業と法
　　創造2巻1号（2005年）
内山良雄「教唆犯処罰・未遂犯処罰の根拠と『未遂の教唆』の周辺問題について」
　　斉藤豊治／日髙義博／甲斐克則／大塚裕史編『神山敏雄先生古稀祝賀論文集
　　第一巻 過失犯論・不作為犯論・共犯論』（成文堂、2006年）
内海朋子「遡及禁止論と過失共犯論」亜細亜法学39巻1号（2004年）
―『過失共同正犯について』（成文堂、2013年）
榎本桃也『結果的加重犯論の再検討』（成文堂、2011年）
大越義久『共犯の処罰根拠』（青林書院新社、1981年）
―『共犯論再考』（成文堂、1989年）
大塚仁『刑法概説（総論）第3版増補版』（有斐閣、2005年）
大谷實『刑法講義総論 新版第4版』（成文堂、2012年）
―『刑法講義各論 新版第4版』（成文堂、2013年）
岡野光雄『刑法要説総論 第2版』（成文堂、2009年）
小野上真也「従犯における客観的成立要件の具体化」早稲田法学会誌60巻2号
　　（2010年）
香川達夫『共犯処罰の根拠』（成文堂、1988年）
金澤真理「実行の着手判断における行為計画の意義」法学75巻6号（2011年）
金子博「過失犯の共同正犯について」立命館法学326号（2009年）
亀井源太郎『正犯と共犯を区別するということ』（弘文堂、2005年）
―「承継的共犯」松原芳博編『刑法の判例 総論』（成文堂、2011年）
亀本洋「一般条項について―広中俊雄教授の民法解釈方法論覚書 その二―」法学
　　論叢160巻3・4号（2007年）
川口浩一「客観的帰属論と共犯の関係」刑法雑誌50巻1号（2010年）
川端博『共犯の理論』（成文堂、2008年）
―『刑法総論講義 第3版』（成文堂、2013年）
金尚均「承継的共同正犯における因果性」立命館法学310号（2006年）
木村龜二「包括的正犯者概念の比較法的意義」法律論叢39巻4・5・6号（1966年）

―『犯罪論の新構造（下）』（有斐閣、1968年）
―（阿部純二増補）『刑法総論 増補版』（有斐閣、1978年）
木村靜子「未遂犯における既遂故意と主観的違法要素」福田雅章／名和鐵郎／村井敏邦／篠田公穂編『刑事法学の総合的検討（上）』（有斐閣、1993年）
草野豹一郎『刑法改正上の重要問題』（厳松堂書店、1950年）
葛原力三「共犯の処罰根拠と処罰の限界（下）」法学教室282号（2004年）
江家義男『刑法（総論）』（千倉書房、1952年）
小島秀夫「共謀共同正犯」法学セミナー690号（2012年）
後藤啓介「間接正犯論の新展開―ドイツ刑法の現状が日本刑法に示唆するもの―」慶應法学24号（2012年）
小林憲太郎「いわゆる承継的共犯をめぐって」研修791号（2014年）
斎藤信治『刑法総論 第6版』（有斐閣、2008年）
斉藤誠二「いわゆる『故意のある幇助的な道具』」受験新報516号（1994年）
齋野彦弥「危険概念の認識論的構造」松尾浩也／芝原邦爾編『刑事法学の現代的状況 内藤謙先生古稀祝賀』（有斐閣、1994年）
―『基本講義 刑法総論』（新世社、2007年）
佐伯千仭『4訂 刑法講義（総論）』（有斐閣、1981年）
佐伯仁志「共同正犯の基本問題 コメント②」山口厚／井田良／佐伯仁志『理論刑法学の最前線』（岩波書店、2001年）
―『刑法総論の考え方・楽しみ方』（有斐閣、2013年）
佐川友佳子「ルネブロイ『ドイツ及びオーストリアにおける統一的正犯論の近時の展開傾向』」立命館法学303号（2005年）
塩見淳「共同正犯における実行の着手」法学論叢162巻1～6号（2008年）
―「間接正犯・離隔犯における実行の着手時期」川端博／浅田和茂／山口厚／井田良編『理論刑法学の探究④』（成文堂、2011年）
品田智史「不正融資に対する刑事責任」阪大法学61巻3・4号（2011年）
島田聡一郎「広義の共犯の一般的成立要件―いわゆる『中立的行為による幇助』に関する近時の議論を手がかりとして―」立教法学57号（2001年）
―『正犯・共犯の基礎理論』（東京大学出版会、2002年）
―「間接正犯と共同正犯」斉藤豊治／日髙義博／甲斐克則／大塚裕史編『神山敏雄先生古稀祝賀論文集 第一巻 過失犯論・不作為犯論・共犯論』（成文堂、2006年）
―「取引の相手方による背任行為への加功―銀行取引を中心に―」上智法学論集50巻3号（2007年）
―「Winny事件2審判決と、いわゆる『中立的行為による幇助論』」刑事法ジャーナル22号（2010年）

―「共謀共同正犯論の現状と課題」川端博／浅田和茂／山口厚／井田良編『理論刑法学の探究③』（成文堂、2010年）
嶋矢貴之「過失犯の共同正犯論（1）―共同正犯論序説―」法学協会雑誌121巻1号（2004年）
下村康正『共謀共同正犯と共犯理論』（学陽書房、1975年）
荘子邦雄『刑法総論 第3版』（青林書院、1996年）
杉本一敏「同時傷害と共同正犯」刑事法ジャーナル29号（2011年）
鈴木彰雄「共同正犯の未遂」法学新報96巻1・2号（1990年）
―「ドイツ刑事判例研究（11）」名城ロースクールレビュー9号（2008年）
―「共謀共同正犯における『共謀の射程』について」川端博／椎橋隆幸／甲斐克則編『立石二六先生古稀祝賀論文集』（成文堂、2010年）
須之内克彦『刑法における被害者の同意』（成文堂、2004年）
関哲夫「不正融資における借手の刑事責任（背任罪・特別背任罪）に関する学説の検討」国士館法学38号（2006年）
十河太朗『身分犯の共犯』（成文堂、2009年）
―「承継的共犯の一考察」同志社法学64巻3号（2012年）
曽根威彦『刑法の重要問題〔総論〕第2版』（成文堂、2005年）
―『刑法総論 第4版』（弘文堂、2008年）
―『刑法各論 第5版』（弘文堂、2012年）
髙橋直哉「承継的共犯に関する一考察」法学新報113巻3・4号（2007年）
高橋則夫『共犯体系と共犯理論』（成文堂、1988年）
―『規範論と刑法解釈論』（成文堂、2007年）
―『刑法総論 第2版』（成文堂、2013年）
―「承継的共同正犯について」井田良／高橋則夫／只木誠／中空壽雅／山口厚編『川端博先生古稀記念論文集 上巻』（成文堂、2014年）
田川靖紘「期待可能性論と従犯について」愛媛法学会雑誌39巻3・4号（2013年）
瀧川幸辰『犯罪論序説』（有斐閣、1955年）
辰井聡子「因果関係論―解題と拾遺―」川端博／浅田和茂／山口厚／井田良編『理論刑法学の探究①』（成文堂、2008年）
立石二六「『共謀共同正犯』論の現在」現代刑事法28号（2001年）
団藤重光『刑法綱要総論 第3版』（創文社、1990年）
筑間正泰「刑法207条（同時傷害）について」広島法学11巻2号（1988年）
照沼亮介『体系的共犯論と刑事不法論』（弘文堂、2005年）
―「共同正犯と幇助犯―承継的共犯を素材として―」刑法雑誌48巻3号（2009年）
―「共犯論」法律時報81巻6号（2009年）
―「共同正犯の理論的基礎と成立要件」岩瀬徹／中森喜彦／西田典之編『刑事法・

医事法の新たな展開 町野朔先生古稀記念 上巻』(信山社、2014年)
冨川雅満「詐欺罪における推断的欺罔の概念─行為者が事実を黙秘した場合の作為犯成立の限界─」中央大学大学院研究年報41号法学研究科篇 (2012年)
豊田兼彦『共犯の処罰根拠と客観的帰属』(成文堂、2009年)
─「Winny事件と中立的行為」刑事法ジャーナル22号 (2010年)
─「客観的帰属論と共犯の処罰根拠論の関係」刑法雑誌50巻1号 (2010年)
内藤謙『刑法講義総論 (上)』(有斐閣、1983年)
─『刑法講義総論 (中)』(有斐閣、1986年)
─『刑法講義総論 (下) Ⅰ』(有斐閣、1991年)
─『刑法講義総論 (下) Ⅱ』(有斐閣、2002年)
長井圓「背任罪における自己答責原理と取引相手に対する共犯の成否─北国銀行事件控訴審判決をめぐって─」神奈川法学35巻3号 (2003年)
永井善之「『中立的行為による幇助』について」浅田和茂/川崎英明/葛野尋之/前田忠弘/松宮孝明編『刑事法理論の探求と発見 斉藤豊治先生古稀祝賀論文集』(成文堂、2012年)
中野次雄『刑法総論概要 第3版補訂版』(成文堂、1997年)
仲道祐樹『行為概念の再定位』(成文堂、2013年)
中森喜彦「実行行為を行う従犯」判例タイムズ550号 (1985年)
中山研一「共犯の処罰根拠」中山研一/浅田和茂/松宮孝明『レヴィジオン刑法1 共犯論』(成文堂、1997年)
─/浅田和茂/松宮孝明『レヴィジオン刑法3 構成要件・違法性・責任』(成文堂、2009年)
名和鐵郎「未遂犯の論理構造」福田雅章/名和鐵郎/村井敏邦/篠田公穂編『刑事法学の総合的検討 (下)』(有斐閣、1993年)
西田典之『刑法総論 第2版』(弘文堂、2010年)
─『共犯理論の展開』(成文堂、2010年)
野村稔『刑法総論 補訂版』(成文堂、1998年)
萩原滋「共同正犯の構造について」岡山大学法学会雑誌59巻1号 (2009年)
橋本正博『『行為支配論』と正犯理論』(有斐閣、2000年)
─「『共謀共同正犯』概念再考」斉藤豊治/日髙義博/甲斐克則/大塚裕史編『神山敏雄先生古稀祝賀論文集 第一巻 過失犯論・不作為犯論・共犯論』(成文堂、2006年)
─「『承継的共同正犯』について」井田良/高橋則夫/只木誠/中空壽雅/山口厚編『川端博先生古稀記念論文集 上巻』(成文堂、2014年)
林幹人『刑法の基礎理論』(東京大学出版会、1995年)
─「犯罪の終了時期─最高裁平成18年12月13日決定を契機として─」刑事法

ジャーナル9号（2007年）
——『刑法総論 第2版』（東京大学出版会、2008年）
——「共犯行為と故意——最高裁平成23年12月19日決定を契機として——」井田良／高橋則夫／只木誠／中空壽雅／山口厚編『川端博先生古稀記念論文集 上巻』（成文堂、2014年）
林美月子「状態犯と継続犯」神奈川法学24巻2・3号（1988年）
林陽一『刑法における因果関係理論』（成文堂、2000年）
早渕宏毅「判批」研修777号（2013年）
日髙義博「幇助の因果関係」植松正／川端博／曽根威彦／日髙義博『現代刑法論争Ⅰ 第2版』（勁草書房、1997年）
平野仁彦／亀本洋／服部高宏『法哲学』（有斐閣、2002年）
平野龍一『刑法 総論Ⅱ』（有斐閣、1975年）
——『刑法概説』（東京大学出版会、1977年）
——『犯罪論の諸問題（上）総論』（有斐閣、1981年）
平場安治『刑法総論講義』（有信堂、1961年）
福田平『刑法総論 全訂第5版』（有斐閣、2011年）
藤木英雄「共謀共同正犯の根拠と要件（1）」法学協会雑誌78巻6号（1962年）
——『可罰的違法性の理論』（有信堂、1967年）
藤吉和史「共同正犯の未遂——シリンクとキューパーの所説をめぐって——」明治大学大学院紀要法学篇20巻（1983年）
振津隆行『抽象的危険犯の研究』（成文堂、2007年）
古田佑紀「犯罪の既遂と終了」判例タイムズ550号（1985年）
前田雅英『刑法総論講義 第5版』（東京大学出版会、2011年）
——『刑法各論講義 第5版』（東京大学出版会、2011年）
曲田統「日常的行為と従犯（2）——主にわが国における議論を素材にして——」法学新報112巻1・2号（2005年）
牧野英一『刑法総論 下巻 全訂版』（有斐閣、1959年）
増田豊『刑事手続における事実認定の推論構造と真実発見』（勁草書房、2004年）
——『語用論的意味理論と法解釈方法論』（勁草書房、2008年）
——『規範論による責任刑法の再構築』（勁草書房、2009年）
町野朔「惹起説の整備・点検」松尾浩也／芝原邦爾編『刑事法学の現代的状況 内藤謙先生古稀祝賀』（有斐閣、1994年）
——『プレップ刑法 第3版』（弘文堂、2004年）
松尾浩也増補解題・倉富勇三郎／平沼騏一郎／花井卓蔵監修『増補刑法沿革綜覧』（信山社、1990年）
松生光正「ワークショップ1 過失と共犯」刑法雑誌40巻2号（2000年）

―「中立的行為による幇助（2）」姫路法学31・32合併号（2001年）
松澤伸「教唆犯と共謀共同正犯の一考察―いわゆる『間接教唆と教唆犯の錯誤』を切り口として―」Law&Practice 4号（2010年）
松原芳博「共謀共同正犯論の現在」法曹時報63巻7号（2011年）
―『刑法総論』（日本評論社、2013年）
松宮孝明「自殺関与罪と実行の着手」中山研一先生古稀祝賀論文集編集委員会編『中山研一先生古稀祝賀論文集 第1巻 生命と刑法』（成文堂、1997年）
―『刑事立法と犯罪体系』（成文堂、2003年）
―『刑法総論講義 第4版』（成文堂、2009年）
―「共謀共同正犯」法学教室387号（2012年）
―「承継的共犯について―最決平成24年11月6日刑集66巻11号1281頁を素材に―」立命館法学352号（2013年）
―／豊田兼彦「ギュンター・ヤコブス『従属性―共同組織化の前提条件について―』」立命館法学253号（1997年）
水落伸介「共謀共同正犯の構造について」中央大学大学院研究年報41号法学研究科篇（2012年）
宮崎万壽夫「承継的共犯論の新展開」青山法務研究論集7号（2013年）
森川恭剛「因果的共犯論の課題―教唆の未遂の否定と正犯と共犯の区別―」九大法学68号（1994年）
―「教唆犯の因果性と行為の目的論的解釈―ベルンスマンの『非因果的惹起』構想をうけて―」九大法学69号（1995年）
森永真綱「欺罔により得られた法益主体の同意」川端博／浅田和茂／山口厚／井田良編『理論刑法学の探究④』（成文堂、2011年）
山口厚『危険犯の研究』（東京大学出版会、1982年）
―『問題探究刑法総論』（有斐閣、1998年）
―「共犯論の課題」山口厚編『クローズアップ刑法総論』（成文堂、2003年）
―『刑法総論 第2版』（有斐閣、2007年）
―『刑法各論 第2版』（有斐閣、2010年）
山中敬一「幇助の因果関係」関西大学法学論集25巻4・5・6号（1975年）
―「具体的事実の錯誤・因果関係の錯誤」中山研一／森井暲／山中敬一編『刑法理論の探究―中刑法理論の検討― 中義勝先生古稀祝賀』（成文堂、1992年）
―「クルト・シュモラー『承継的共犯？』」ノモス13号（2002年）
―「中立的行為による幇助の可罰性」関西大学法学論集56巻1号（2006年）
―『刑法総論 第2版』（成文堂、2008年）
―「共謀関係からの離脱」川端博／椎橋隆幸／甲斐克則編『立石二六先生古稀祝賀論文集』（成文堂、2010年）

山本高子「フリッシュ、ヴォルターの客観的帰属論」中央大学大学院研究年報39号法学研究科篇（2009年）
山本紘之「構成要件論の機能について」川端博／椎橋隆幸／甲斐克則編『立石二六先生古稀祝賀論文集』（成文堂、2010年）
山本雅昭「犯罪の終了について」法政研究13巻3・4号（2009年）
山本雅子「承継的共同正犯論」川端博／椎橋隆幸／甲斐克則編『立石二六先生古稀祝賀論文集』（成文堂、2010年）
四條北斗「『漸次犯』という概念について―ストーキングに対する構成要件と実行行為―」東北学院法学73号（2012年）
渡辺忠嗣「判批」ジュリスト803号（1983年）

2　外国語文献

Baumann, Jürgen/Weber, Ulrich/Mitsch, Wolfgang: Strafrecht Allgemeiner Teil, 11.Aufl., 2003.
Becker, Karina: Der Strafgrund der Verabredung gem. § 30 Abs.2, Alt.3 StGB, 2012.
Beling, Ernst: Grundzüge des Strafrechts, 1930.
Binding, Karl: Strafrechtliche und Strafprozessuale Abhandlungen, Band 1, 1915.
Birkmeyer, Karl: Teilnahme am Verbrechen, VDA, Band II, 1907.
Bitzilekis, Nikolaos: Vollendung und Beendigung der Straftat, ZStW 99, 1987.
Block, Florian: Atypische Kausalverläufe in objektiver Zurechnung und subjektivem Tatbestand, 2008.
Bloy, René: Die Beteiligungsform als Zurechnungstypus im Strafrecht, 1985.
―: Neuere Entwicklungstendenzen der Einheitstäterlehre in Deutschland und Österreich, in: *Klaus Geppert/Joachim Bohnert/Rudolf Rengier* (Hrsg.), Festschrift für Rudolf Schmitt zum 70. Geburtstag, 1992.
Börner, René: Die sukzessive Anstiftung, Jura 2006.
Caro John, José Antonio: Das erlaubte Kausieren verbotener Taten―Regressverbot, 2007.
Dahm, Georg: Täterschaft und Teilnahme im amtlichen Entwurf eines allgemeinen deutschen Strafgesetzbuchs, 1927.
Dencker, Friedrich: Kausalität und Gesamttat, 1996.
―: Beteiligung ohne Täter, in: *Cornelius Prittwitz/Michael Baurmann/Klaus Günther/Lothar Kuhlen/Reinhard Merkel/Cornelius Nestler/Lorenz Schulz* (Hrsg.), Festschrift für Klaus Lüderssen, 2002.

Derksen, Roland: Heimliche Unterstützung fremder Tatbegehung als Mittäterschaft, GA 1993.
Engert, Florian: Einheitstäter oder getrennte Behandlung von Täter und Teilnehmer?, 2005.
Engisch, Karl: Die Kausalität als Merkmal der strafrechtlichen Tatbestände, 1931.
Engländer, Armin: Die Täterschaft beim Bandendiebstahl, GA 2000.
Erb, Volker: Mord in Mittäterschaft—BGH, NJW 1991, 1068, JuS 1992.
Eser, Albin/Bosch, Nikolaus: in: *Adolf Schönke/Horst Schröder*, Strafgesetzbuch, Kommentar, 29.Aufl., 2014.
Fahl, Christian: Anforderungen an den objektiven und subjektiven Tatbestand der Beihilfe, JA 1997.
Feuerbach, Anselm Ritter von: Lehrbuch des gemeinen in Deutschland gültigen peinlichen Rechts, 14.Aufl., 1847.
Fieber, Ulrich: Die Verbrechensverabredung, § 30 II, 3.Alt., 2001.
Fischer, Thomas: Strafgesetzbuch mit Nebengesetzen, 61.Aufl., 2014.
Freund, Georg: Strafrecht Allgemeiner Teil, 2.Aufl., 2009.
Frisch, Wolfgang: Vorsatz und Risiko, 1983.
—: Tatbestandmäßiges Verhalten und Zurechnung des Erfolgs, 1988.
—: Beihilfe durch neutrale Handlungen, in: *Cornelius Prittwitz/Michael Baurmann/ Klaus Günther/Lothar Kuhlen/Reinhard Merkel/Cornelius Nestler/Lorenz Schulz* (Hrsg.), Festschrift für Klaus Lüderssen, 2002.
Frister, Helmut: Strafrecht Allgemeiner Teil, 6.Aufl., 2013.
Geerds, Friedrich: Täterschaft und Teilnahme—Zu den Kriterien einer normativen Abgrenzung—, Jura 1990.
Geppert, Klaus: Zum Begriff der »Hilfeleistung« im Rahmen von Beihilfe (§ 27 StGB) und sachlicher Begünstigung (§ 257 StGB), Jura 2007.
Grabow, Stefan: Die sukzessive Anstiftung, Jura 2009.
—/*Pohl, Stefan*: Die sukzessive Mittäterschaft und Beihilfe, Jura 2009.
Gropp, Walter: Strafrecht Allgemeiner Teil, 3.Aufl., 2005.
Haas, Volker: Kritik der Tatherrschaftslehre, ZStW 119, 2007.
—: Die Theorie der Tatherrschaft und ihre Grundlagen, 2008.
—: in: *Holger Matt/Joachim Renzikowski* (Hrsg.), Strafgesetzbuch, 2013.
Hamdorf, Kai, Beteiligungsmodelle im Strafrecht, 2002.
Hassemer, Winfried: Professionelle Adäquanz, wistra 1995.
Hefendehl, Roland: in: *Wolfgang Joecks/Klaus Miebach* (Hrsg.), Münchener Kommentar zum Strafgesetzbuch, Band 5, 2.Aufl., 2013.

Heine, Günter/Weißer, Bettina: in: *Adolf Schönke/Horst Schröder*, Strafgesetzbuch, Kommentar, 29.Aufl., 2014.

Herzberg, Rolf Dietrich: Anstiftung und Beihilfe als Straftatbestände, GA 1971.

Heuchemer, Michael: Zur funktionalen Revision der Lehre vom konkreten Vorsatz: Methodische und dogmatische Überlegungen zur aberratio ictus, JA 2005.

Hillenkamp, Thomas: 32 Probleme aus dem Strafrecht Allgemeiner Teil, 14.Aufl., 2012.

Hippel, Robert von: Deutsches Strafrecht, 1930.

Hochmayr, Gudrun: Das sukzessive Delikt—ein neuer Deliktstypus, ZStW 122, 2010.

Hsueh, Chih-Jen: Abschied vom Begriff der Tatbeendigung im Strafrecht, 2013.

Jakobs, Günther: Regreßverbot beim Erfolgsdelikt Zugleich eine Untersuchung zum Grund der strafrechtlichen Haftung für Begehung, ZStW 89, 1977.

—: Strafrecht Allgemeiner Teil, 2.Aufl., 1991.

—: Akzessorietät, Zu den Voraussetzungen gemeinsamer Organisation, GA 1996.

—: Theorie der Beteiligung, 2014.

Jescheck, Hans-Heinrich/Weigend, Thomas: Lehrbuch des Strafrechts Allgemeiner Teil, 5.Aufl., 1996.

Joecks, Wolfgang: in: *Wolfgang Joecks/Klaus Miebach* (Hrsg.), Münchener Kommentar zum Strafgesetzbuch, Band 1, 2.Aufl., 2011.

Kamm, Simone: Die fahrlässige Mittäterschaft, 1999.

Keller, Rainer: Rechtliche Grenzen der Provokation von Straftaten, 1989.

Kienapfel, Diethelm: Erscheinungsformen der Einheitstäterschaft, in: *Heinz Müller-Dietz* (Hrsg.), Strafrechtsdogmatik und Kriminalpolitik, 1971.

—: Das Prinzip der Einheitstäterschaft, JuS 1974.

—/*Höpfel, Frank/Kert, Robert*: Grundriss des Strafrechts Allgemeiner Teil, 14.Aufl., 2012.

Kindhäuser, Urs: Handlungs- und normtheoretische Grundfragen der Mittäterschaft, in: *Joachim Bohnert/Christof Gramm/Urs Kindhäuser/Joachim Lege/Alfred Rinken/Gerhard Robbers* (Hrsg.), Festschrift für Alexander Hollerbach zum 70. Geburtstag, 2001.

—: Der subjektive Tatbestand im Verbrechensaufbau, GA 2007.

—: Strafrecht Allgemeiner Teil, 6.Aufl., 2013.

—: in: *Urs Kindhäuser/Ulfrid Neumann/Hans-Ullrich Paeffgen* (Hrsg.), Strafgesetzbuch, Nomos Kommentar, Band 3, 4.Aufl., 2013.

Klesczewski, Diethelm: Strafrecht Allgemeiner Teil, 2.Aufl., 2012.

Köhler, Michael: Strafrecht Allgemeiner Teil, 1997.
Kohler, Josef: Leitfaden des Deutschen Strafrechts, 1912.
Kramer, Ernst A.: Juristische Methodenlehre, 4.Aufl., 2013.
Kretschmer, Joachim: Welchen Einfluss hat die Lehre der objektiven Zurechnung auf das Teilnahmeunrecht?, Jura 2008.
Krey, Volker/Esser, Robert: Deutsches Strafrecht Allgemeiner Teil, 5.Aufl., 2012.
—/*Hellmann, Uwe/Heinrich, Manfred*: Strafrecht Besonderer Teil, Band 2, 16.Aufl., 2012.
Kudlich, Hans: Die Unterstützung fremder Straftaten durch berufsbedingtes Verhalten, 2004.
Kühl, Kristian: Strafrecht Allgemeiner Teil, 7.Aufl., 2012.
Lesch, Heiko Hartmut: Das Problem der sukzessiven Beihilfe, 1992.
—: Die Begründung mittäterschaftlicher Haftung als Moment der objektiven Zurechnung, ZStW 105, 1993.
Less, Günter: Der Unrechtscharakter der Anstiftung, ZStW 69, 1957.
Letzgus, Klaus: Vorstufen der Beihilfe, in: *Otto Triffterer* (Hrsg.), Gedächtnisschrift für Theo Vogler, 2004.
—: in: *Dieter Dölling/Gunnar Duttge/Dieter Rössner* (Hrsg.), Gesamtes Strafrecht, 3.Aufl., 2013.
Liszt, Franz von: Lehrbuch des deutschen Strafrechts, 21. und 22.Aufl., 1919.
Lobe, Adolf: in: *Ludwig Ebermayer/Adolf Lobe/Werner Rosenberg*, Reichs-Strafgesetzbuch nach seinen Abänderungen durch die neueste Gesetzgebung, Leipziger Kommentar, 5.Aufl., 1933.
Löwe-Krahl, Oliver: Beteiligung von Bankangestellten an Steuerhinterziehungen ihrer Kunden—die Tatbestandmäßigkeit berufstypischer Handlungen, wistra 1995.
—: Steuerhinterziehung bei Bankgeschäften, 2000.
Lüderssen, Klaus: Zum Strafgrund der Teilnahme, 1967.
—: Der Typus des Teilnehmertatbestandes, in: *Hans-Heiner Kühne* (Hrsg.), Festschrift für Koichi Miyazawa, 1995.
Maurach, Reinhart/Gössel, Karl Heinz: Strafrecht Allgemeiner Teil, 2.Aufl., 1973.
—/*Gössel, Karl Heinz/Zipf, Heinz*: Strafrecht Allgemeiner Teil, Teilband 2, 7.Aufl., 1989.
Mayer, Hellmuth: Strafrecht Allgemeiner Teil, 1953.
—: Täterschaft, Teilnahme, Urheberschaft, in: *Siegfried Hohenleitner/Ludwig Lindner/Friedrich Nowakowski* (Hrsg.), Festschrift für Theodor Rittler,

1957.
Mayer, Max Ernst: Der allgemeine Teil des deutschen Strafrechts, 1923.
Mezger, Edmund: Strafrecht, 3.Aufl., 1949.
—: in: *Heinrich Jagusch/Edmund Mezger*, Strafgesetzbuch, Leipziger Kommentar, 8.Aufl., 1957.
Müller, Kai: Beihilfe durch wirtschaftliches Handeln, in: *Knut Amelung/Werner Beulke/Hans Lilie/Henning Rosenau/Hinrich Rüping/Gabriele Wolfslast* (Hrsg.), Festschrift für Hans-Ludwig Schreiber zum 70. Geburtstag, 2003.
Murmann, Uwe: Grundkurs Strafrecht, 2.Aufl., 2013.
Niedermair, Harald: Beihilfe durch neutrale Handlungen?, ZStW 107, 1995.
Nikolidakis, Marios: Grundfragen der Anstiftung: Strafgrund —agent provocateur— Objektsverwechslung, 2004.
Osnabrügge, Stephan A.: Die Beihilfe und ihr Erfolg, 2002.
Otto, Harro: „Vorgeleistete Strafvereitelung" durch berufstypische oder alltägliche Verhaltensweisen als Beihilfe, in: *Albin Eser/Ulrike Schittenhelm/Heribert Schumann* (Hrsg.), Festschrift für Theodor Lenckner zum 70. Geburtstag, 1998.
—: Grundkurs Strafrecht. Allgemeine Strafrechtslehre, 7.Aufl., 2004.
Puppe, Ingeborg: Die Erfolgszurechnung im Strafrecht, 2000.
—: in: *Urs Kindhäuser/Ulfrid Neumann/Hans-Ullrich Paeffgen* (Hrsg.), Strafgesetzbuch, Nomos Kommentar, Band 1, 4.Aufl., 2013.
Rackow, Peter: Neutrale Handlungen als Problem des Strafrechts, 2007.
Ransiek, Andreas: Pflichtwidrigkeit und Beihilfeunrecht, wistra 1997.
—: Neutrale Beihilfe in formalen Organisationen, in: *Knut Amelung* (Hrsg.), Individuelle Verantwortung und Beteiligungsverhältnisse bei Straftaten in bürokratischen Organisationen des Staates, der Wirtschaft und der Gesellschaft, 2000.
Renzikowski, Joachim: Restriktiver Täterbegriff und fahrlässige Beteiligung, 1997.
—: Die Unterscheidung von primären Verhaltens- und sekundären Sanktionsnormen in der analytischen Rechtstheorie, in: *Dieter Dölling/Volker Erb* (Hrsg.), Festschrift für Karl Heinz Gössel zum 70. Geburtstag, 2002.
Rogall, Klaus: Bemerkungen zum Versuch der Beteiligung, in: *Hans-Ullrich Paeffgen/Martin Böse/Urs Kindhäuser/Stephan Stübinger/Torsten Verrel/Rainer Zaczyk* (Hrsg.), Festschrift für Ingeborg Puppe zum 70. Geburtstag, 2011.
Rogat, Stefan: Die Zurechnung bei der Beihilfe, 1997.

Rotsch, Thomas: „Einheitstäterschaft" statt Tatherrschaft, 2009.
Roxin, Claus: Zum Strafgrund der Teilnahme, in: *Wilfried Küper/Jürgen Welp* (Hrsg.), Festschrift für Walter Stree und Johannes Wessels zum 70. Geburtstag, 1993.
―: in: *Burkhard Jähnke/Heinrich Wilhelm Laufhütte/Walter Odersky* (Hrsg.), Strafgesetzbuch, Leipziger Kommentar, 1.Aufl., 2003.
―: Strafrecht Allgemeiner Teil, Band II, 2003.
―: Strafrecht Allgemeiner Teil, Band I, 4.Aufl. 2006.
―: Täterschaft und Tatherrschaft, 8.Aufl., 2006.
Rudolphi, Hans-Joachim: Zur Tatbestandsbezogenheit des Tatherrschaftsbegriffs bei der Mittäterschaft, in: *Arthur Kaufmann/Karl Engisch* (Hrsg.), Festschrift für Paul Bockelmann zum 70. Geburtstag, 1979.
―: Die zeitlichen Grenzen der sukzessiven Beihilfe, in: Theo Vogler (Hrsg.), Festschrift für Hans-Heinrich Jescheck zum 70. Geburtstag, 1985.
―: in: *Hans-Joachim Rudolphi/Eckhard Horn/Erich Samson* (Hrsg.), Systematischer Kommentar zum Strafgesetzbuch, Band I, Allgemeiner Teil, 7.Aufl., 2002.
Samson, Erich: Hypothetische Kausalverläufe im Strafrecht, 1972.
―: Die Kausalität der Beihilfe, in: *Jürgen Baumann/Klaus Tiedemann* (Hrsg.), Festschrift für Karl Peters zum 70. Geburtstag, 1974.
―: in: *Hans-Joachim Rudolphi/Eckhard Horn/Erich Samson* (Hrsg.), Systematischer Kommentar zum Strafgesetzbuch, Band I, Allgemeiner Teil, 3.Aufl., 1981.
―: in: *Hans-Joachim Rudolphi/Eckhard Horn/Erich Samson* (Hrsg.), Systematischer Kommentar zum Strafgesetzbuch, Band I, Allgemeiner Teil, 5.Aufl., 1993.
Sauer, Wilhelm: Allgemeine Strafrechtslehre, 3.Aufl., 1955.
Sax, Walter: Zur Problematik des „Teilnehmerdelikts", ZStW 90, 1978.
Schaffstein, Friedrich: Die Risikoerhöhung als objektives Zurechnungsprinzip im Strafrecht, insbesondere bei der Beihilfe, in: Juristische Fakultät der Georg-August-Universität Göttingen (Hrsg.), Festschrift für Richard M.Honig zum 80. Geburtstag, 1970.
Schall, Hero: Strafloses Alltagsverhalten und strafbares Beihilfeunrecht, in: *Eva Graul/Gerhard Wolf* (Hrsg.), Gedächtnisschrift für Dieter Meurer, 2002.
Schild, Wolfgang: in: *Urs Kindhäuser/Ulfrid Neumann/Hans-Ullrich Paeffgen* (Hrsg.), Strafgesetzbuch, Nomos Kommentar, Band 1, 4.Aufl., 2013.

Schild Trappe, Grace Marie Luise: Harmlose Gehilfenschaft? Eine Studie über Grund und Grenzen der Gehilfenschaft, 1995.
Schilling, Georg: Der Verbrechensversuch des Mittäters und des mittelbaren Täters, 1975.
Schmidhäuser, Eberhard: Strafrecht Allgemeiner Teil, 2.Aufl., 1975.
Schröder, Horst: in: *Burkhard Jähnke/Heinrich Wilhelm Laufhütte/Walter Odersky* (Hrsg.), Strafgesetzbuch, Leipziger Kommentar, 11.Aufl., 2003.
Schroth, Ulrich: Vorsatz und Irrtum, 1998.
Schünemann, Bernd: in: *Heinrich Wilhelm Laufhütte/Ruth Rissing-van Saan/Klaus Tiedemann* (Hrsg.), Strafgesetzbuch, Leipziger Kommentar, 12.Aufl., 2006.
Schumann, Heribert: Strafrechtliches Handlungsunrecht und das Prinzip der Selbstverantwortung der Anderen, 1986.
Seher, Gerhard: Vorsatz und Mittäterschaft—Zu einem verschwiegenen Problem der strafrechtlichen Beteiligungslehre, JuS 2009.
Spendel, Günter: Beihilfe und Kausalität, in: *Hans-Heinrich Jescheck/Hans Lüttger* (Hrsg.), Festschrift für Eduard Dreher zum 70. Geburtstag, 1977.
Stein, Ulrich: Die strafrechtliche Beteiligungsformenlehre, 1988.
Stratenwerth, Günter/Kuhlen, Lothar: Strafrecht Allgemeiner Teil, 6.Aufl., 2011.
Stree, Walter/Hecker, Bernd: in: *Adolf Schönke/Horst Schröder*, Strafgesetzbuch, Kommentar, 29.Aufl., 2014.
Thalheimer, Karol: Die Vorfeldstrafbarkeit nach §§ 30, 31 StGB, 2008.
Theile, Hans: Tatkonkretisierung und Gehilfenvorsatz, 1999.
Trechsel, Stefan: Der Strafgrund der Teilnahme, 1967.
Tröndle, Herbert/Fischer, Thomas: Strafgesetzbuch und Nebengesetze, 54.Aufl., 2007.
Vogel, Joachim: Norm und Pflicht bei den unechten Unterlassungsdelikten, 1993.
Warneke, Nikolai: Die Bestimmtheit des Beteiligungsvorsatzes, 2007.
Wegner, Arthur: Strafrecht Allgemeiner Teil, 1951.
Weigend, Thomas: Grenzen strafbarer Beihilfe, in: *Albin Eser* (Hrsg.), Festschrift für Haruo Nishihara zum 70. Geburtstag, 1998.
Welzel, Hans: Das Deutsche Strafrecht, 11.Aufl., 1969.
Wessels, Johannes/Beulke, Werner/Satzger, Helmut: Strafrecht Allgemeiner Teil, 43.Aufl., 2013.
Wild, Peter: Bestimmtheit des Gehilfenvorsatzes und Teilanfechtung von Strafurteilen – BayObLG, NJW 1991, 2582, JuS 1992.

Wohlers, Wolfgang: Hilfeleistung und erlaubtes Risiko —zur Einschränkung der Strafbarkeit gemäß § 27 StGB, NStZ 2000.

Wolf, Gerhard: Anmerkung zu BayObLG Urt. v. 27. 3. 1991—RReg. 4 St 198/90. JR 1992.

Wolff-Reske, Monika: Berufsbedingtes Verhalten als Problem mittelbarer Erfolgungsverursachung, 1995.

Zaczyk, Rainer: in: *Urs Kindhäuser/Ulfrid Neumann/Hans-Ullrich Paeffgen* (Hrsg.), Strafgesetzbuch, Nomos Kommentar, Band 1, 4.Aufl., 2013.

Zieschang, Frank: Die Gefährdungsdelikte, 1998.

—: Der Begriff „Hilfeleisten" in § 27 StGB, in: *Michael Hettinger/Jan Zopfs/ Thomas Hillenkamp/Michael Köhler/Jürgen Rath/Franz Streng/Jürgen Wolter* (Hrsg.), Festschrift für Wilfried Küper zum 70. Geburtstag, 2007.

Zimmerl, Leopold: Grundsätzliches zur Teilnahmelehre, ZStW 49, 1929.

事項索引

(あ)

アジャン・プロヴォカトゥール …… 36

(い)

石川銀行事件 …………………… 38
意思連絡 ………………………… 112
板橋宝石商殺害事件 …………… 159
一部実行全部責任の法理 …… 100, 121, 177, 179, 235
一括消去モデル …… 174, 179, 225, 235
一般条項 ………………………… 100
イトマン絵画取引事件 ………… 38
違法の相対性 …………… 44, 62, 224, 233
因果関係不要説 ………………… 157
因果経過の齟齬 ………… 224, 231, 237
因果的共犯論 …… 33, 98, 109, 123, 130, 138, 155

(う)

ウィニー提供事件 …………… 204, 236
疑わしきは被告人の利益に ……… 176

(え)

援助正犯 ………………………… 11

(か)

概括的故意 ……………………… 229
拡張解釈 ………………………… 104
拡張的正犯者概念 …… 9, 17, 21, 29, 127, 232
確定的故意 ……………………… 229
科刑上一罪 ……………………… 150
過失教唆 ……………………… 20, 27
過失幇助 …………… 20, 27, 28, 236, 237
仮定的因果経過 ………… 173, 212
管轄性 …………………………… 15

間接教唆 ………………………… 23
間接正犯 ………………… 61, 85, 110
——類似説 …………………… 103
間接幇助 ………………………… 23
観念的競合 ……………………… 149
管理・監督過失 ………………… 25

(き)

危険増加原理 …… 167, 179, 216, 235
危険創出 ………………… 222, 231, 236
期待可能性 ……………………… 128
機能的行為支配 ………………… 81
機能的統一的正犯者体系 …… 9, 26
規範意識 ………………………… 119
規範力 …………………………… 119
規範論 …………… 30, 112, 122, 124, 228
客観説 ………………………… 69, 70
客観的危険事態 ………………… 179
客観的危険説 …………………… 172
客観的帰属 …… 15, 222, 230, 236
客観的共犯論 …………………… 17
旧派理論 ………………………… 52
強化原理 ………………………… 171
教唆行動規範 …………………… 99
共同意思主体説 …………… 102, 148, 177
共同正犯の行動規範 …………… 101
共犯意思 ………………………… 75
共犯従属性 ……………… 44, 67, 233
——説 …………………… 51, 67, 233
共犯独立性説 ……………… 51, 54, 67
共犯なき正犯 …………………… 66
共謀共同正犯 …… 96, 105, 110, 121, 153, 233, 234
極端従属性説 ……………… 35, 64, 66
挙動犯 ………………………… 53, 157
緊急避難 ………………………… 58

（く）

具体的危険性犯 …………………… 118
具体的危険犯 ……………………… 170
具体的結果観 ……………………… 162
具体的法定符合説 ………………… 225

（け）

形式的客観説 ………… 70, 105, 111, 145
形式的統一的正犯者体系 …………… 9
継続犯 ……………………………… 135
刑罰拡張事由 …………………… 20, 30
刑罰縮小事由 ……………………… 18
刑罰必要性 ………………………… 143
決意させる正犯 …………………… 11
結果的加重犯 ……………………… 151
結果無価値 ………… 59, 120, 156, 177, 235
結合犯 ……………………… 143, 150
決断支配 ……………………… 83, 84
限定主観説 ………………………… 78
現場共謀 …………………… 97, 122
謙抑性 ……………… 1, 2, 54, 127, 232

（こ）

故意（の）ある幇助的道具 …… 124, 129
故意規制機能 ……………… 30, 187, 235
故意帰属 ……………… 223, 229, 230, 236
故意の特定性 ………………… 191, 205
故意の認識対象 ………… 182, 197, 199
故意犯処罰の原則 ………………… 28
行為価値 …………………………… 214
行為支配説 …………… 69, 79, 103, 112
行為促進説 ……………………… 159
行為無価値 ……… 120, 130, 156, 178, 214, 235
構成要件拡張事由 ……………… 20, 30
構成要件的故意 …… 80, 88, 92, 93, 121, 129, 146, 153, 181, 182, 233, 234, 235
行動規範論 ……… 152, 153, 158, 186, 235
合法則的条件公式 ……………… 165

個人責任の原理 ………………… 55, 57
個別解決説 ……………………… 106
コミュニケーション事象 …… 143, 146, 153, 175, 177, 180, 233, 234
混合惹起説 …… 33, 42, 45, 55, 67, 138, 232

（さ）

罪刑法定主義 ………… 1, 104, 121, 234
最小従属性説 ……………… 61, 64, 224

（し）

事後従犯 ………………………… 133
事後的危険増加説 ……………… 172
自己答責性原理 …………… 67, 84, 177
事後の故意 ……………………… 145
自殺関与罪 ………………… 59, 77
事象形成支配 …………………… 84
事前共謀 ……………… 97, 105, 234
事前的な因果性 ……………… 187, 199
事前の故意 ……………… 88, 145, 233
事態無価値 ……………………… 59
実行共同正犯 …… 96, 101, 105, 121
実行行為を行う従犯 …………… 124
実行従属性 ……………………… 54
実行の着手 …………… 107, 113, 120
実質数罪 ………………………… 150
実質的客観説 ………… 72, 103, 111, 145
質的従属性 ……………… 45, 60, 224
社会的相当性 …………………… 213
惹起志向説 …… 56, 58, 59, 67, 139, 233
惹起説 ………………… 33, 39, 126
集合犯 …………………………… 154
修正惹起説 ………………… 41, 138, 232
住専事件 ………………………… 38
従属性指向惹起説 …… 33, 41, 45, 55, 67, 133, 232
従属的法益侵害説 …… 33, 42, 138, 232
重大性説 ……………………… 193, 216
終了概念 ………………………… 132
終了未遂 ……………………… 107

主観主義 …………………………… 51
主観説 ………………… 69, 75, 111, 127
主観的共犯論 ……………………… 17, 78
取得説 ……………………………… 137
純惹起説 ……………… 40, 48, 56, 233
準抽象的危険犯 …………………… 115
承継的教唆 ………………………… 126
承継的共同正犯 …… 105, 110, 122, 123, 139, 147, 153, 234
承継的共犯 ………………………… 123
承継的幇助 ………… 130, 147, 153, 234
条件説 ………………… 18, 162, 179, 234
状態犯 ………………………… 132, 135
職業的相当性 ……………………… 213
処罰条件 ……… 48, 56, 59, 67, 188, 233
自律性 ………………………… 86, 112
人格的不法論 ……………………… 56
真正の故意 ……… 88, 145, 153, 233, 234
真正身分犯 ………………………… 37
新派理論 …………………………… 52
信頼の原則 …………………… 211, 221
心理的因果性 ………………… 165, 201
心理的幇助 ………………………… 125

（す）

推進力 ………………………… 119, 234
スーパーマーケット・レジ外持ち出し事件 ……………………………… 133
スタシンスキー事件 ……………… 76
ストーカー ………………………… 154

（せ）

制限従属性説 …… 35, 61, 66, 67, 224, 233
制限的正犯者概念 ……… 19, 21, 29, 112, 128, 232
制裁規範論 …………………… 152, 186
正当防衛 …………………………… 57
正犯意思 ……………………… 75, 127
正犯故意説 …………………… 75, 91
正犯構成要件 ………………… 29, 30

正犯行動規範 ……… 8, 30, 124, 128, 144, 158, 232
正犯制裁規範 ……………………… 144
正犯なき共犯 ………… 22, 56, 66, 233
責任共犯説 ……………… 33, 34, 39
責任主義 ………………… 53, 67, 233
接続犯 ……………………………… 143
全体解決説 ………………………… 108
占有説 ……………………………… 137

（そ）

相当因果関係 ……………………… 225
相当性説 …………………………… 213
相当性の原則 ……………………… 215
相当説 ……………………………… 226
遡及禁止 ……………………… 74, 207
──説 ……………………………… 207
即成犯 ……………………………… 135

（た）

代替原因 …………………………… 171
択一的故意 ………………………… 229
択一的認定 ………………………… 11
打撃の錯誤 ………………………… 226
堕落説 ………………………… 34, 39
堕落説的不法共犯説 ………… 33, 35, 39
断片性 ……………………………… 1

（ち）

チーム医療 …………………… 27, 221
注意義務 …………………………… 211
中間結果 ……………………… 164, 185
抽象的危険犯 ………… 115, 118, 157
中立的行為 ………… 201, 231, 236
重畳的故意 ………………………… 152
直接正犯 …………………………… 11

（と）

統一的正犯者概念 …………… 8, 29, 127
当為連関 …………………………… 210

等価説 …………………………… 18, 77
同価値説 ……………………………… 226
同時傷害の特例 …………………… 175
同時犯 ……………………… 179, 235
特別関係 …………………………… 152

(に)

二重処罰の禁止 …………………… 152
二重の故意 …………………… 14, 192
ニュートラルなケース ………… 101

(ね)

練馬事件 …………………………… 101

(は)

排他的正犯者概念 ………………… 9
犯罪的意味連関説 ……………… 218

(ひ)

引き受け原理 …………………… 171
必要条件公式 ……………… 162, 179
必要的共犯 ………………………… 37
否定的なケース ………………… 104
比例の原則 ………………………… 214

(ふ)

不確定的故意 ……………………… 223
付加的共同正犯 ………………… 180
福岡県青少年保護育成条例事件 … 202
複数行為 …………………… 110, 143
物理的因果性 …………………… 201
物理的幇助 ……………………… 125
不能犯 …………………… 172, 178
不能未遂 ………………………… 227
不法共犯説 ………………………… 32
不法の人格性の理論 ………… 51, 56
振り込め詐欺 …………………… 154
文理解釈 …………………………… 101

(へ)

片面的共同正犯 ………………… 112
片面的幇助 ……………… 178, 183

(ほ)

法益保護 …………………………… 1
包括的正犯者概念 ………………… 9
法規内の欠缺 …………………… 100
法条競合 ………………………… 152
幇助構成要件 ………………… 29, 30
幇助行動規範 …… 8, 29, 30, 124, 128, 137, 147, 158, 232
幇助制裁規範 …………………… 232
幇助の未遂 ……………………… 53
法治国家の原理 ……… 1, 100, 176
法定的符合説 …………………… 226
保護機能 ………………………… 100
補充性 ……………………………… 1
保障機能 ………………………… 100
本権説 …………………………… 137

(ま)

前向き推論 ……………………… 166
巻き込み説 ……………………… 35

(み)

未遂結果 ………………………… 173
未遂の教唆 ………………… 36, 66
未必の故意 ……………… 221, 236
身分犯 …………………… 13, 147

(め)

明確性の原則 …………………… 115

(も)

申し合わせ ……………… 97, 114
モデル併用説 …………………… 26

(ゆ)

許された危険 …………………… 209, 221
許されない危険 …………………… 221

(よ)

要素従属性 ……………………………… 45
浴槽事件 ………………………………… 76
予見可能性 ………………… 226, 231, 237
予備段階 ……………… 114, 130, 153, 234

(り)

利益衡量説 …………………………… 214
利益説 ……………………………… 75, 91
離隔犯 ……………… 110, 122, 169, 234
量的従属性 ……………………… 54, 58, 127

(る)

類推禁止 ……………………………… 104

(れ)

連帯説 …………………………… 43, 45, 55

著者紹介

小島　秀夫（こじま　ひでお）

1982 年　東京都生まれ
2005 年　明治大学法学部卒業
2008 年　明治大学法学部専任助手
2011 年　大東文化大学法学部専任講師
2012 年　明治大学大学院法学研究科博士後期課程修了　博士（法学）
現在　　大東文化大学法学部准教授

幇助犯の規範構造と処罰根拠

2015 年 3 月 10 日　　初版第 1 刷発行

著　者　　小　島　秀　夫
発行者　　阿　部　耕　一
〒162-0041　東京都新宿区早稲田鶴巻町514番地
発行所　　株式会社　成　文　堂
電話 03(3203)9201　Fax 03(3203)9206
http://www.seibundoh.co.jp

製版・印刷　シナノ印刷　　　　　　　　製本　佐抜製本
©2015　H. Kojima　　Printed in Japan
☆乱丁・落丁本はおとりかえいたします☆
ISBN978-4-7923-5137-3 C3032　　　　　　検印省略

定価（本体4500円＋税）